BIBLIOTHÈQUE-DIDIER

ÉTUDES
D'HISTOIRE
MODERNE

PAR M. VILLEMAIN

Nouvelle Édition
revue, corrigée et augmentée

PARIS
DIDIER, LIBRAIRE-ÉDITEUR
35, QUAI DES AUGUSTINS
1846

OEUVRES
DE M. VILLEMAIN

ÉTUDES

D'HISTOIRE MODERNE

Imprimerie de Crapelet, rue de Vaugirard, 9.

ÉTUDES
D'HISTOIRE
MODERNE

PAR M. VILLEMAIN

Nouvelle Édition
revue, corrigée et augmentée

PARIS
DIDIER, LIBRAIRE-ÉDITEUR
35, QUAI DES AUGUSTINS

1846

VUE GÉNÉRALE
DE L'EUROPE
AU XVᵉ SIÈCLE

VUE GÉNÉRALE
DE L'EUROPE
AU XVᵉ SIÈCLE.

Une des époques les plus curieuses de l'histoire moderne, doit être celle qui forme la liaison du moyen âge aux siècles de la civilisation, et qui, participant à la fois de ces deux périodes, conserve encore les lois féodales et les mœurs chevaleresques, en même temps qu'elle est marquée par l'agrandissement de la puissance royale, et par les progrès de l'industrie, du commerce et des arts.

Cette époque est le xvᵉ siècle. L'intervalle d'un siècle ne présente pas une simple division de temps, arbitraire et sans conséquence morale. Il est naturel, et presque inévitable, que chaque siècle amène, par la succession des événements, quelque révolution dans le génie des peuples : on appliquerait difficilement cette remarque au vıᵉ, au vıɪᵉ siècle; on ne saurait les distinguer. Rien n'est plus uniforme que l'ignorance ; et la barbarie n'admet pas de degrés. Il n'en est pas de même des temps où l'esprit humain travaille et se déploie : le mouvement une fois commencé se prolonge; et si l'esprit humain, traversé dans ses théories par les passions sur lesquelles on ne calcule jamais, ne s'avance pas constamment vers la perfection, cependant il marche toujours, et du moins, par ses chutes et ses égarements, il atteste sa perpétuelle instabilité.

Mais comment exposer à la fois, et placer sous un seul coup d'œil, les intérêts et les caractères des différents États de l'Europe, à une époque où ils n'étaient pas réunis par un lien commun, où les révolutions de l'un étaient étrangères à l'autre, où il n'y avait aucune politique européenne? Faut-il retracer successivement et isolément l'histoire de chaque État, sans leur donner dans le récit une liaison qu'ils n'ont pas eue dans la réalité? ce serait perdre les avantages, et manquer le coup d'œil de l'histoire générale. Essayerait-on de créer un centre fictif, autour duquel on ramènerait les événements contemporains? mais on falsifie les faits quand on les unit par de faux rapports. Rome et l'autorité du pape, que quelques écrivains ont considérée comme le centre des mouvements du moyen âge, et qui le fut réellement à l'époque des croisades, n'a jamais eu, dans le XVe siècle, qu'une influence incertaine et inégale qui n'agissait pas sur le gouvernement intérieur et sur les guerres réciproques des divers États. Cette suprématie politique, attribuée et violemment reprochée à la cour romaine, est une exagération dont nous ne pouvons faire une base historique. Mais la division des événements, les vicissitudes et les diverses translations de la puissance indiquent une autre marche que l'on peut suivre dans l'examen rapide du XVᵉ siècle.

Tant que Constantinople sera libre et chrétienne, par respect pour ce débris de la grandeur et de la civilisation romaine, il est naturel de s'arrêter près de la ville impériale, dont les étroites frontières se rétrécissent chaque jour. En 1400, c'est un Français, le maréchal de Boucicault, avec quelque centaines de gendarmes, qui vient défendre Constantinople, et former la garde avancée de l'Europe.

Le péril de Constantinople ouvre le tableau du XVᵉ siècle. A cette époque elle était presque seule tout l'empire; et cependant il restait encore une place pour les guerres civiles et pour les partages entre le père et le fils. Bajazet, conquérant de plusieurs royaumes d'Asie, après avoir ravagé dans l'Europe la Moldavie, la Hongrie, la Thessalie, les bords du Danube, revient sur Constantinople, qu'il avait négligée. Mais la puissance de Bajazet est encore plus fragile et moins durable que la faiblesse de Constantinople : au moment où il croit vaincre, il est arraché et précipité loin de sa conquête par le choc épouvantable d'un autre vainqueur asiatique. C'est ici qu'apparaît Timur et ses sanglantes victoires, tableaux affreux, dont nous n'apercevons qu'une partie dans les ravages que ce désolateur du monde a portés à travers le Nord jusqu'à Moscow, et dans le coup terrible qui délivra Constantinople; car Timur, content d'avoir vaincu et enchaîné Bajazet, se détourne aussitôt de l'Europe, et il va, loin de nos yeux, se replonger dans la malheureuse Asie, marquant son passage par des pyramides de têtes humaines, qu'il élève sur les débris des villes incendiées. N'a-t-on pas tressailli quand on a vu ces deux Tartares qui luttent sur le seuil de l'Europe, devant le frêle sanctuaire où sont renfermés tous les arts?

Constantinople, presque prise en 1400, et prolongeant son agonie encore un demi-siècle, confond son histoire avec celle de l'Italie, qu'elle instruit, que ses empereurs visitent, et dont ils veulent acheter les secours au prix d'une conversion qu'ils n'accomplissent jamais. Là se réunissent les établissements des Génois et des Vénitiens dans la Grèce; le tableau des républiques d'Italie; les guerres des Turcs en Hongrie; le grand caractère, l'élévation et le règne de Huniade; les prodigieux exploits de Scanderberg; les victoires et le génie de Mahomet, qui pousse et précipite enfin les ruines pendantes de l'empire grec; la victorieuse résistance des chevaliers de Rhodes, dernier modèle de l'héroïsme des croisades et de l'enthousiasme militaire et religieux du moyen âge, qui va faire place à l'esprit d'érudition et d'industrie.

Quand Constantinople n'est plus, nos regards, accoutumés à chercher en Europe les débris de l'empire romain, doivent se reporter sur l'Allemagne, qui s'en disait l'héritière. Sous le règne de Sigismond et d'Albert elle réunit la Bohême et la Hongrie longtemps indépendantes. L'influence primitive de l'empire sur Rome et l'Italie reprit une force nouvelle par la puissante intervention de Sigismond, pour terminer dans le concile de Constance le schisme et les prétentions contradictoires des papes ; mais en même temps éclatèrent les secondes hérésies armées depuis les Albigeois. Le supplice de Jean Hus et de Jérôme de Prague, condamnés par le concile, produisit dans la Bohême des guerres longues et sanglantes, qui préparèrent dans toute l'Allemagne les dispositions que, plus tard, Luther mit en mouvement avec un résultat si décisif pour le sort de l'Europe.

Le long règne de Frédéric III permettait à ce prince d'achever quelque chose de grand. L'entreprise du siècle c'était une croisade. Il fallait renouveler dans le cœur des Turcs la terreur de Frédéric Barberousse et de saint Louis ; il fallait que la croix, jadis victorieuse dans la Syrie, arrêtée du moins sur le Bosphore, fît reculer les Barbares, et couvrît la chrétienté de son ombre. Vienne n'aurait pas vu deux fois les Turcs sous ses murs ; et le rigoureux censeur des croisades, Voltaire, n'aurait pas, trois siècles après, sonné *le tocsin des rois*, pour avertir l'Europe de se garder des Turcs qui ravageaient encore la Pologne.

Ce que la politique n'a jamais su faire, les papes le réclamaient, l'imploraient au xve siècle. On délibéra sur leur prière dans la diète de Ratisbonne. Mais Frédéric manqua cette occasion d'agrandir l'Allemagne pour le salut de l'Europe. Contredit par les électeurs, sans pouvoir et sans génie, il laissa la Bohême et la Hongrie se défendre elles-mêmes contre les Turcs. La Hongrie, abandonnée, choisit pour roi, par une sorte d'hérédité nouvelle, Mathias Corvin, le fils du héros qui l'avait autrefois défendue ; la Bohême ne reconnut plus l'empire ; et ce royaume fut gouverné, comme la Pologne, par la famille des Ladislas.

Ainsi, l'Allemagne présente un second centre historique, auquel nous ramènerons les révolutions papales et le schisme d'Occident, les guerres civiles et religieuses de la Bohême, les troubles de la Hongrie et l'histoire de la Pologne. Nous remarquerons que l'empire d'Allemagne jusqu'à Maximilien paraît décroître, et qu'il n'eut pas cette prépondérance politique à laquelle il a toujours prétendu, pour ainsi dire, en vertu d'un titre, et qu'il n'a reçue que des victoires de Charles-Quint et de la réunion de l'Espagne. Nous voyons seulement que l'empereur Sigismond essaya d'étendre une sorte d'influence pacifique sur la France et sur l'Angleterre ; mais il ne la manifesta que par des conseils, des remontrances, et même des voyages qu'il fit dans les deux royaumes ennemis.

Ce sont les inimitiés et les guerres de ces deux États qui formeront une nouvelle époque historique. Cette époque remonte plus haut que le xve siècle, dont les premières années nous montrent déjà les affreuses misères de la France envahie. L'Angleterre n'offre pas moins d'intérêt dans ses révolutions intérieures, qui servent à expliquer ses conquêtes. Au commencement du siècle, Richard II est misérablement précipité du trône par Henri IV, de la maison de Lancastre. Cette usurpation produisit des révoltes qui, toujours inutiles, fortifièrent dans les mains de Henri IV un pouvoir dont son fils abusa pour jeter sur la France toutes les forces de l'Angleterre. On suit avec peine l'établissement du trône anglais au milieu de Paris, la sainte loi de l'hérédité violée, et les efforts longtemps impuissants de Charles VII, qui, sous les jeux et les faiblesses d'un caractère frivole, cache un esprit adroit, ferme et patient. C'est l'époque la plus humiliante peut-être de notre histoire : tous les ordres de l'État furent également vils ; le parlement de Paris prononça la proscription de l'héritier royal ; le clergé essaya de la sanctifier ; une reine, une mère l'avait préparée ; un père, que la folie sauvait de la bassesse, y consentit : la succession des Valois fut transportée dans la famille des Lancastres, qui, même en Angleterre, avait encore l'instabilité de l'usurpation. Ce scandaleux triomphe des Anglais s'explique par le concours puissant de la maison de Bourgogne, du sang des Valois, mais qu'un ressentiment légitime et une fausse ambition armaient contre la France : elle sera le contre-poids décisif dans la lutte des deux États, surtout après la mort prématurée de Henri V. Quand la maison de Bourgogne quitte enfin le parti des Anglais, nous verrons tomber leur usurpation, attaquée d'ailleurs en France par des miracles, du moins d'héroïsme et de chevalerie. Ici, sans doute, avant les capitaines de Charles VII, avant les Dunois, les Lahire, on doit placer cette Pucelle d'Orléans, dont il n'est permis de prononcer le nom qu'avec un respectueux attendrissement; car il n'y a rien que de grave et de sérieux dans ce qui fit l'opinion d'un siècle et le sort d'un État. C'est un préjugé, et ce n'est pas le moins ridicule des préjugés, de vouloir apprécier tous les temps avec l'esprit du nôtre, et mesurer tous les hommes sur la taille des hommes de nos jours. Dans la variété des opinions humaines, on admire toujours les grands services rendus à la patrie. Voilà ce qui ne change pas, les actions; mais les sentiments, les mobiles des actions diffèrent; tantôt c'est la religion, tantôt c'est la gloire, tantôt même l'intérêt : ne serait-ce pas une injuste erreur d'attacher moins de prix à la source la plus noble? Ajoutons une vérité : le sentiment, qui dans un siècle a produit les grandes choses, pouvait seul les produire, et n'eût été que mal remplacé par tout autre; il était unique, il était nécessaire; nos Français d'alors n'avaient pas, comme les peuples libres de l'antiquité, cette vigueur républicaine qui survivait au milieu des ruines de la patrie; ils n'avaient pas, comme les peuples modernes, le sentiment de leur intérêt national, le secours de l'unité intérieure et des alliances étrangères; ils étaient divisés, incertains; ils comprenaient à peine cette vérité, souvent méconnue, que l'immortalité d'une famille sur le trône est une sauvegarde pour les droits du peuple, et que tout conquérant est oppresseur. Quand ils voyaient un Lancastre conquérir la France, et son fils au berceau proclamé roi dans Paris, pour ne pas croire que Dieu avait transféré l'héritage des Valois et la liberté de la patrie, ils avaient besoin, dans l'esprit de leur temps, de voir un signe surnaturel qui les avertît que la cause n'était pas jugée sans retour, et que les Français pouvaient toujours appeler du malheur à la victoire.

Les Anglais étonnés cédaient à cette héroïne; son courage semblait le miracle de sa mission : l'usurpateur anglais ne règne plus dans la France, du jour où Charles VII, à travers mille périls, est entré, comme au port de la royauté, dans la ville sainte de ses aïeux, tandis que la jeune fille, en habit de combat, debout près de l'autel, élève au-dessus de la tête du monarque consacré sa bannière victorieuse. Ce qui semble lier plus particulièrement l'histoire de France et celle d'Angleterre à cette époque, c'est l'alternative de malheurs qui frappe ces deux États. Henri VI, que la mort de Bedfort et les victoires de Charles ont forcé de repasser en Angleterre, envoie à sa place un descendant de la maison d'York, qui bientôt s'arme contre lui.

Après les humiliants désastres de l'invasion, le règne de Charles offre une consolante image dans cette succession de victoires qui rend à la France presque toutes ses provinces, et surtout dans la sage administration qui ferme les plaies du royaume. On a donné à Charles le nom de *Victorieux,* que méritent ses généraux; il a droit à celui de *Réparateur*. Cette gloire est moins visible. Tacite le disait : les remèdes sont plus lents que les maux. Un règne qui répare a peu de mouvement et d'action. L'indolence et le goût des plaisirs, naturels à Charles, ralentissaient encore son pouvoir, mais n'en interrompirent jamais les bienfaits successifs et sagement amenés; sous ce rapport, sa frivolité servait presque sa prudence. Pour gagner des seigneurs puissants, il leur accordait sur lui-même une influence utile à l'État. En se faisant aimer des peuples, avant même de pouvoir les soulager, il leur ôta d'abord la plainte et le murmure, qui ne sont pas les moindres de leurs maux. Philippe de Commines dit qu'à sa mort il fut *pleuré par toute la ville*; cependant les embarras de la couronne et la création d'une milice régulière, jusqu'alors inconnue, avaient obligé ce prince de perpétuer les impôts, et, comme dit Philippe de Commines, *de charger par là son âme et celles de ses successeurs*.

Mais les peuples ont une résignation pour la justice. Les vingt dernières années du règne de Charles VII ne permettent jamais à la France de se défier d'elle-même; car jamais on ne vit un peuple sortir si promptement de l'excès des maux par un calme plein de force et de bonheur. L'histoire, souvent aussi peu sage que les contemporains, n'a point assez admiré ce régime politique, qui laisse, pour ainsi dire, les États d'un tempérament vigoureux se rétablir eux-mêmes. On a cru que Charles agissait peu, parce que sa main était douce et légère;

mais cette main touchait partout des blessures : le repos les guérit; et la France, ranimée par des progrès insensibles, s'aperçut un jour, enfin, qu'elle était unie, forte, paisible, sous un roi qu'elle aimait.

Cependant, quelle fut pour la famille des Lancastres l'issue de l'usurpation de la France? la perte du trône d'Angleterre. Au milieu de ces luttes sanglantes, on suit avec une admiration particulière les grandes actions, l'héroïsme, les malheurs de Marguerite d'Anjou, femme du malheureux Henri. Là paraît ce fameux Warwick qui, dans un mouvement de colère, détrôna le roi qu'il avait élevé. La part plus ou moins manifeste que la France prit à ces longues divisions, fait ressortir le lien de rivalité qui ne permit jamais, entre la France et l'Angleterre, que les révolutions de l'un des deux peuples soient faites sans l'autre. L'Écosse, qui devait combattre et gêner l'Angleterre, tant qu'elle n'était pas confondue avec elle, paraîtra le foyer de ses troubles, de même que la maison de Bourgogne fut longtemps l'appui de l'Angleterre, et l'ennemie de la France : tels sont les quatre royaumes dont l'histoire présente une sorte de correspondance et d'unité.

Mais ce serait une erreur de ne pas donner dans cette esquisse, au duché de Bourgogne, une importance bien supérieure à sa durée. Tous les mémoires contemporains attestent la puissance et même la pompe de cette cour; elle la devait au commerce concentré dans les villes de Flandre avec un succès sans partage; car l'Angleterre, comme le remarque Robertson, ignorait le commerce dans toute la durée du xv° siècle. Le commerce donne aux États, comme aux particuliers, une fortune rapide et prodigieuse ; mais il n'y a de fortune durable que la possession d'un territoire. Le duché de Bourgogne composé de provinces peu naturellement réunies, malgré ses richesses qui surpassaient celles de presque toute l'Europe, a disparu dans le siècle même de sa grandeur : et la France, à laquelle il avait imposé des lois, la France, désolée par la guerre, pauvre, sans industrie, sans commerce, mais occupant un territoire entier, compacte, a résisté à tous ses malheurs par le courage des habitants, et, pour ainsi dire, par la puissance du sol. Une autre cause est remarquable : l'esprit de commerce produit l'esprit de liberté, sans héroïsme, il est vrai. Or, cet esprit était prématuré au xv° siècle, dans la situation où se trouvait l'Europe. Le pouvoir absolu pouvait seul affermir, régler et mettre en ordre les divers États. Que ma pensée ne soit un scandale pour personne. Je vais l'expliquer. Philippe le Bon avait placé le royaume de Bourgogne au rang des premières monarchies ; il avait paru seul capable de former une croisade contre Mahomet. Si Charles le Téméraire, au lieu d'aller se briser contre la fière et indigente liberté des Suisses, avait fortifié son pouvoir intérieur, il fondait un royaume durable ; mais sa mort ayant placé la couronne sur la tête de sa fille, les États de Flandre, en invoquant leurs priviléges, en la forçant impérieusement d'épouser un prince d'Allemagne, produisirent la séparation de la Bourgogne, et l'anéantissement du royaume dont ils formaient la moitié. Toutes les parties de la France, au contraire, étaient plus resserrées, plus rapprochées, mieux employées que jamais par le gouvernement ferme et vigilant de Louis XI. Il est pénible d'avouer qu'un si méchant homme a fait quelque chose de grand ; mais, enfin, c'est Louis XI qui constitua cette monarchie que les ruineuses expéditions de Charles VIII et les désastres continuels de François Ier ne purent affaiblir ; à laquelle Richelieu donna tant d'activité et de crédit en Europe ; que Louis XIV fortifia par les conquêtes, tempéra par les mœurs, ennoblit par la gloire. Les petitesses et les basses cruautés de Louis XI n'en ont pas moins déshonoré justement sa politique. En croyant, avec l'historien Duclos, que son despotisme mit en valeur toutes les forces de la France, on peut ajouter qu'aucune autre cause n'aurait, dans le même temps, produit le même effet. L'Angleterre elle-même, qui fut presque toujours le pays du monde le plus avancé vers la liberté, ne pouvait alors terminer ses dissensions et se reposer de ses malheurs que par l'autorité ferme et absolue de Henri VII ; elle venait de supporter l'abominable tyrannie de Richard III, et il lui restait encore assez de patience pour épuiser les caprices violents et cruels de Henri VIII.

Louis XI, en fortifiant le pouvoir royal, n'en avait pas abusé pour entreprendre des expéditions éloignées et des guerres d'invasion. Quoique vaillant et habile dans les combats, il était peu guerrier par calcul plutôt que par ménagement pour ses peuples. Son fils, au contraire, le plus doux et le meilleur des rois, emporté par la jeunesse, se hâta de conduire les Français à la funeste invasion de l'Italie. Ici, l'Italie se présente avec éclat dans la seconde moitié du xv° siècle. Au milieu de tous les crimes et de toutes les fourberies politiques qui la souillent, l'extrême faiblesse se montre souvent jointe à la perfidie. Cependant, pour absoudre ce pays et ce siècle, il suffira de quelques grands caractères comme les Sforces, et surtout de quelques génies bienfaisants, comme les Médicis. Mais, que dis-je! ces hommes qui honoraient l'Italie seront assassinés par la main de leurs concitoyens.

Dès le commencement du xv° siècle, le Nord présentait l'image d'une constitution libre, déshonorée par une continuelle anarchie. La Suède, le Danemark, la Norwége, avaient des états généraux, réguliers et permanents, qui pouvaient élire et destituer les rois; ce privilége avait subsisté au milieu de la suprématie que s'était acquise le Danemark par le génie d'une femme, de Marguerite de Waldémar, qui, dans les premières années du xv° siècle, gouvernait les trois royaumes. Cette union se soutint mal sous Éric, son successeur. La nécessité imposée aux princes de résider alternativement dans chaque royaume, les plaintes, les violences des états généraux, amenèrent bientôt la dissolution de ce corps mal uni, qui pouvait former un empire dangereux pour l'Europe. Le sénat de Danemark déposa le prince Éric, et lui choisit un successeur que la Suède n'accepta point. De là naquirent de longues guerres qui rejetèrent plus d'une fois la Suède sous le joug du Danemark, jusqu'au moment où les cruautés de Christiern rompirent sans retour un lien abhorré.

La Russie ne nous offrira que des crimes sans intérêt, et des révolutions qui ne changent rien à la cruauté des princes et à la stupidité des peuples. Cependant ce fut dans le xv⁰ siècle que, séparée jusqu'alors en États divers et ennemis, la Russie se constitua duché de Moscovie, après avoir vaincu les Tartares et les habitants de la Lithuanie, province soumise aux chevaliers teutoniques, conquérants de la Prusse. Le Nord est la partie la moins heureuse du vaste tableau que présente le xv⁰ siècle. Le Nord avait besoin d'être éclairé par la lumière de notre Occident : il attendait la réflexion d'un soleil, qui n'était pas encore levé sur nos heureux climats. C'est la plus grande victoire qu'aient remportée le christianisme et l'humanité, d'avoir désarmé d'avance les destructeurs antiques de la civilisation, d'avoir vaincu la barbarie, en remplissant de nos arts les déserts qu'elle habitait ; et au lieu de ces murailles inutiles que les Romains élevaient aux confins de leur empire, d'avoir uni tous les peuples par le lien des mœurs et du génie. La constitution de l'Europe, plus durable que l'empire des Romains, n'a rien à craindre du reste de la terre. Cette Europe savante, industrieuse, guerrière et commerçante, forte de tous les raffinements de l'art de vaincre, plus brave que les peuples barbares; cette Europe qui a épuisé toutes les corruptions, subi toutes les expériences, semble inébranlable dans sa durée politique et même dans son repos, à moins qu'une partie d'elle-même ne veuille écraser toutes les autres, par un effort dont l'éternelle impuissance est aujourd'hui plus manifeste que jamais.

Nous avons gardé l'Espagne pour dernier point de cette revue générale, parce que, dans une grande partie du xv° siècle, elle n'eut en quelque sorte affaire qu'avec elle-même. C'est du milieu de cette lutte intérieure qu'elle sortit si puissante pour fonder, dans le siècle suivant, la première suprématie qu'ait vue l'Europe depuis Charlemagne. Assujettie d'abord aux armes des musulmans, puis délivrée par portions successives qui s'érigeaient à mesure en États indépendants, l'Espagne avait besoin de compléter son affranchissement et sa réunion. Chaque ville fortifiée voulait être souveraine; chaque vaillant capitaine voulait fonder un royaume sur le territoire où il gagnait une bataille: cette ambition augmentait encore le prix de la liberté; mais elle prolongeait la domination des Mores par des guerres civiles entre les chrétiens. Toutefois, avant le xv° siècle, le royaume de Castille et celui d'Aragon ramenaient à une sorte de dépendance les autres parties de l'Espagne. Le nom seul des Arabes fait espérer de brillantes peintures et des singularités romanesques. Grenade et l'Alhambra, le règne voluptueux et magnifique d'Abdérame, l'héroïsme d'Almanzor, la philosophie d'Averroës sont peut-être les souvenirs les plus intéressants du moyen âge ; mais au siècle dont nous parlons, il semble que les Arabes avaient perdu la grâce et le génie, en même temps que la victoire. Ces palais admirés des voyageurs, et qui réalisaient les féeries des poëtes orientaux, n'étaient plus habités que par de lâches et cruels despotes, que l'assassinat et le poison faisaient rapidement succéder l'un à l'autre. Cependant cette puissance dégénérée ne pouvait tomber qu'après la réunion de la Castille et de l'Aragon, événement qui doit être précédé de quelques réflexions sur ces deux États.

L'Espagne, où le pouvoir absolu s'est établi de la manière la plus forte et la plus incorrigible, eut longtemps des libertés excessives. Je vois en 1407 les états généraux de Castille accorder avec peine au roi le modique impôt qu'il demande, et lui prescrire, sous la condition du serment, l'usage qu'il en doit faire. C'est dans l'Aragon qu'existait cette singulière magistrature du *Justiza* qui s'interposait entre le peuple et le roi, tandis qu'elle était à son tour surveillée par les cortès. Sans doute, dans le commencement du xv⁰ siècle, l'autorité royale était partout balancée par la puissance des seigneurs ; mais ce contre-poids sans règle et sans titre devait bientôt céder au talent des princes, aux besoins des peuples et même à la civilisation, qui d'abord servant d'instrument à quelques hommes, au lieu d'éclairer tous les hommes, détruit la liberté que plus tard elle ramène en la corrigeant. L'Aragon avait seul un système d'institutions trop républicaines, mais légalement établies. C'est le tableau développé dans les *Annales* de Zurita, secrétaire de l'inquisition, et cependant historien sincère et courageux.

Le royaume de Portugal se trouve mêlé à l'histoire d'Espagne par des rapports de guerres et d'alliances. Avant le xv° siècle, il avait été quelque temps soumis à la Castille, comme il devint plus tard la conquête de Philippe II. La période que nous embrassons renferme un règne heureux et pacifique, des troubles où l'influence populaire prit une force sans exemple en Espagne, une régence habile et sage, l'extension du pouvoir royal, l'abaissement des seigneurs, la condamnation légitime de cette famille de Bragance, qui devait, un siècle après, sauver le Portugal ; car on a vu la gloire sortir d'une source déshonorée, aussi souvent que l'infamie sort de la gloire. Mais ce qui nous intéressera surtout dans le Portugal, ce sont les événements communs au reste du monde, c'est l'esprit de navigation et de découverte mis en mouvement par le prince Henri d'immortelle mémoire. Lorsque, dans le commencement du xv° siècle, les vaisseaux portugais s'avancent jusqu'à l'île de Madère, et regardent comme le premier point de la terre nouvelle ce dernier terme des navigateurs de l'antiquité, on peut concevoir qu'avant la révolution de cent années, Vasco de Gama doit ouvrir la route des Indes, à travers les côtes et les mers inconnues de l'Afrique : on peut concevoir que, sur le chemin d'un autre hémisphère, inspiré par l'exemple des Portugais, rassemblant les vagues espérances de ses contemporains, pour s'élancer au delà par l'audace d'une conviction sublime, Colomb, celui de tous les hommes qui a fait le plus beau présent au genre humain, doit bientôt voguer vers l'Amérique. Un homme, quel que soit son génie, est toujours poussé par les efforts des hommes qui l'ont précédé, et du siècle qui l'entoure. Quand un siècle commence à travailler sur quelque grande espérance, il ne se repose pas qu'elle ne soit accomplie; il accumule longtemps des matériaux qui paraissent inutiles, il prend des routes sans issue, il aperçoit des lueurs qu'il ne sait pas suivre, des traces qu'il ne reconnaît pas, jusqu'au moment où survient un homme extraordinaire qui, fort de toutes les erreurs essayées avant lui, saisit le petit nombre de vérités lentement amassées par le reste des hommes, les emploie, les multiplie, élève seul la pyramide, et mérite qu'on oublie devant sa gloire tous les travaux subalternes qui furent les premiers échelons de son génie.

En Espagne, la réunion future des deux couronnes semble annoncée par l'élévation d'un infant de Castille au trône d'Aragon. Le vieux roi d'Aragon venait de mourir; et comme si la grandeur de l'héritage excluait toute pudeur, on avait plaidé pendant ses derniers jours, et devant lui, sur la possession de sa couronne; à sa mort le procès fut continué, et les parlements de Catalogne, de Valence et d'Aragon, en attribuèrent le jugement à neuf commissaires, dont la majorité proclama Ferdinand premier infant de Castille. Après lui, sa famille occupa son trône, et remplit de continuelles intrigues la Castille gouvernée successivement par le faible don Juan et le méprisable Henri IV. Ce dernier prince porta sur le trône des scandales funestes à sa postérité. Forcé de renier sa fille et son héritière, il se déshonora, se repentit, vécut dans la guerre civile, et mourut empoisonné. Isabelle, sœur de ce malheureux prince, lui succéda par les ruses et les armes de Ferdinand, son époux, qui lui-même hérita bientôt du trône d'Aragon.

Les historiens, qui ont toujours une prédilection pour les vainqueurs, laissent cependant échapper ici quelques soupçons. Il serait pénible de trouver un crime au commencement de cette époque de gloire. J'ai lu dans l'historien Zurita le manifeste que la fille déshéritée de Henri IV adresse aux peuples de Castille. Soutenue par les armes du roi de Portugal, elle accuse Ferdinand et Isabelle de perfidie, de spoliation, d'empoisonnement; elle demande que sa cause soit jugée par son peuple. Ferdinand livra plusieurs batailles, et fut vainqueur. L'union de Ferdinand et d'Isabelle, tous deux souverains, et confondant leur mutuelle puissance, est un exemple peu commun dans l'histoire, et qui ne convenait qu'à l'Espagne, où il rétablissait l'unité naturelle. Deux grandes révolutions devaient suivre, l'abaissement des nobles et la soumission des Mores.

La soumission des Mores n'avait été que trop tardive. Tandis que les Turcs s'étendaient chaque jour dans l'Europe, et, maîtres de la Grèce, menaçaient la Sicile et l'Italie, il y aurait eu la plus inexcusable faiblesse à laisser dans l'Espagne les racines encore vives et fortes de la puissance arabe, qui pouvait tout à coup se rejoindre à de nouveaux conquérants. La religion et la politique demandaient cette guerre. Dans un projet légitime, Ferdinand se montra perfide. Par de funestes secours, par de menteuses promesses, il mit à profit toutes les divisions du royaume de Grenade, où le père, le fils et l'oncle se disputaient la couronne avec une espèce de fureur qui les consolait de la ruine de leur patrie. Enfin Grenade est assiégée, et, malgré les exhortations fanatiques de quelques imans, les Mores, trahis par leur lâche monarque, abandonnent tout ce qu'ils avaient créé. Ce fut un des grands événements du xv° siècle. Les causes en sont visibles. La décadence des Mores avait commencé dès que le torrent de leur invasion s'était arrêté. Ces enfants de la victoire et de l'enthousiasme pouvaient parcourir le monde avec le glaive de Mahomet; ils touchèrent la France, et perdirent dans nos plaines la conquête du monde. Rejetés sur l'Espagne, ils y chancelèrent dès lors au milieu de leurs esclaves, ranimés par leurs défaites. A mesure que leur empire se rétrécit, ils se divisèrent, et le malheur aigrissant les haines, ils aimèrent mieux céder tour à tour que de résister ensemble. Le christianisme, qu'ils n'avaient pu détruire, leur fut également funeste. Il n'y a point de conquête durable sans révolution dans le culte et les mœurs. Les chrétiens vaincus qui priaient dans les églises de l'Asturie, devaient un jour conquérir la pompeuse mosquée de Grenade. L'expulsion des Arabes, après leur défaite, passe pour une erreur politique. Montesquieu parle du vide qu'ils ont laissé dans l'Espagne et qui s'agrandit tous les jours. Ils emportèrent avec eux le commerce et l'industrie. Le cardinal de Ximenès crut qu'il valait mieux perdre des sujets que de s'exposer à garder des ennemis. Si quelque chose peut prouver l'importance de la défaite des Mores, c'est le prodigieux ascendant que l'Espagne prit dès lors en Europe, où elle conquit la Navarre et ce royaume de Naples, occupé successivement par des princes de France, d'Italie, d'Aragon.

Il est vrai que la loyauté chevaleresque avait disparu de la Castille. Gonzalve de Cordoue fut l'exécuteur vaillant et rusé des projets ambitieux du rusé Ferdinand. Ximenès eut l'activité, la profondeur et l'audace de notre Richelieu. Ce moine, qui se vantait de mener la noblesse d'Espagne avec le bout de son cordon, fut le plus grand promoteur de la fortune de Ferdinand, prépara la puissance de Charles-Quint, et, dans l'intervalle de ces deux règnes, chargé de quatre-vingts ans, il redoubla tout à coup de vigueur et de génie pour régner enfin lui-même avant de mourir. Mais cet homme alluma les flammes de l'inquisition, qui furent si longtemps à s'éteindre.

Isabelle semble avoir partagé cette politique austère qui animait les hommes de sa nation et de son siècle. La piété ne lui donna pas les vertus douces de son sexe. Elle eut celles d'un roi, et resta toujours l'égale de son époux. L'histoire n'oubliera jamais qu'elle seule permit à Colomb de trouver l'Amérique. Quoique les princes profitent eux-mêmes de leur justice, et gagnent tout à protéger les grands hommes, la postérité reconnaissante les en remercie comme d'une faveur.

Que de tableaux particuliers, quelles peintures des caractères et des mœurs offrirait cette époque! Avec quel intérêt nous pouvons y recueillir les nombreuses traces du moyen âge, les mœurs intermédiaires, et les premiers germes des siècles qui vont éclore! Jamais l'espèce humaine n'a plus changé dans un si court espace; c'est que jamais elle n'employa tant d'instruments nouveaux à la fois : l'artillerie, l'imprimerie, ce qui fait la force et l'opinion de l'Europe; la boussole, ce qui livre à l'Europe le reste du monde. Dans le même siècle, il se formait une politique adroite, profonde, laborieuse, bien imparfaite cependant, puisqu'elle ignorait qu'il faut aussi calculer dans l'intérêt de l'honneur, et qu'il n'y a pas de diplomatie plus savante que la franchise des intentions et la foi des promesses.

Dans cette revue générale, pourrait-on oublier les lettres? Nous ne les verrons pas, il est vrai, dans leur éclat. Les vers de Dante, répétés depuis le XIIIe siècle, n'avaient pas encore éveillé le génie des arts. Par un destin plus heureux pour le goût, c'était l'imitation des classiques de l'antiquité qui bientôt allait produire dans l'Italie, refuge de la Grèce, son immortel xvi° siècle. Accueillie dans le palais des Médicis, l'érudition s'occupait à recevoir les trésors de Constantinople, et cherchait sous les ruines du Latium le génie des Romains. On avait déjà retrouvé les dieux ; on attendait encore l'inspiration de leur présence. Devant les restes mutilés de l'antiquité, on n'osait hasarder aucune création nouvelle ; et, pour la première fois, l'enthousiasme nuisait au talent.

Mais il fallait cette ardeur, cette superstition, pour rassembler, pour enlever au temps qui détruisait chaque jour, pour entendre, pour deviner, pour rétablir les frêles monuments du génie littéraire, désormais impérissables : on voit ces pieux conservateurs de l'antiquité porter dans l'émulation de leurs recherches, dans la joie de leurs découvertes, dans l'idolâtrie de leurs commentaires, la même ferveur d'enthousiasme que plus tard les hommes de génie jetteront dans leurs ouvrages. Ils n'ont pas, comme on l'a dit, arrêté le génie moderne, ces réfugiés de la Grèce, ces savants de l'Italie qui, dans le xv° siècle, agitèrent les âmes par le plus salutaire de tous les sentiments, l'admiration du vrai sublime.

Quand l'étourdissement de la surprise aura cessé, il sortira de cette école des hommes dont l'admiration sera puissante et créatrice : le génie moderne qui s'égarait viendra rejoindre l'antiquité ; et les siècles de Périclès, d'Auguste, de Léon X, et de Louis le Grand, se soutiendront l'un l'autre pour la gloire éternelle de l'esprit humain.

LASCARIS

NOUVELLE HISTORIQUE

PRÉFACE.

Tout ce qui parle de la Grèce attire l'intérêt public. Il y a dans cette faveur générale un mouvement de curiosité, autant que d'enthousiasme et d'espérance ; il est naturel de se demander quel a été depuis tant de siècles ce peuple oublié si longtemps, et tout à coup ressuscité pour l'histoire.

Ainsi on a pu lire quelques scènes historiques du xve siècle, où les Grecs paraissent aussi différents de ce qu'ils sont aujourd'hui, que des cendres le sont de la vie. Nous avions essayé de les peindre en effet tels que sont les peuples civilisés qui vont mourir, ingénieux, diserts, capables même d'enthousiasme, mais d'un enthousiasme spéculatif, qui ne fait ni l'existence d'une nation ni le génie d'un homme. C'est de ce néant pompeux qu'est sortie la race grecque, pour reparaître à demi barbare, mutilée par les stigmates et les vices d'une longue servitude, mais ayant conservé la croyance et retrouvé le courage.

Les Grecs d'aujourd'hui sont comme ces hommes longtemps obscurs, dans la vie desquels on recherche toutes les époques, lorsqu'ils deviennent célèbres. Comment cette nation, morte depuis trois siècles, a-t-elle lentement repris la vie, et s'est-elle régénérée d'une vieille civilisation par un esclavage qui lui donnait la barbarie? Tout prend de l'importance dans ce nouveau point de vue. Les moindres détails de mœurs, les plus tristes images de misère et d'oppression, les plus faibles indices de courage et d'esprit national, les superstitions populaires, s'agrandissent par le dénoûment glorieux qu'elles préparaient et que nous voyons éclore.

Il faut le dire cependant, cette résurrection d'un peuple était naguère encore près de s'évanouir; et l'héroïque résistance de 1820 semblait menacée d'aller se perdre avec la nation elle-même dans l'abîme de la tyrannie musulmane, et de n'être qu'un dernier épisode un peu long de ces tristes annales. L'armée égyptienne, transportée par des vaisseaux chrétiens, servie par des officiers et des artilleurs chrétiens, conseillée, préconisée par des hommes d'État chrétiens, avait occupé le sol presque entier de la Morée. Tout périssait ou fuyait. Ibrahim, à la tête de ses nègres et de ses Arabes enrégimentés en lignes, et faisant un feu régulier, avait, d'après l'avis de ses conseillers diplomatiques, emprunté l'humanité comme la tactique de l'Europe; il ne brûlait pas d'abord tous les villages; il ne massacrait pas tous les vaincus; il avait une espèce de clémence moderne, qu'on lui avait soigneusement recommandée comme un moyen de victoire et de prochaine extermination. Il était, de Vienne à Trieste, célébré comme un vainqueur clément et un sage politique. Enfin, soit puissance de la discipline, soit supériorité du nombre, soit influence de l'intrigue et de l'or, le pacha voyait tout tomber devant lui ; mais il fut bientôt las de cette humanité apprise qui le privait du meurtre et ne lui donnait pas un sujet de plus. Les incendies, les massacres des prêtres, les envois de têtes coupées, recommencèrent avec une cruauté plus atroce que jamais. Ibrahim ne fit plus que des morts ou des captifs. Le fanatisme mahométan s'acharna même sur la malheureuse Grèce avec un redoublement de fureur ; et l'été de 1825 parut près de devenir le terme de cette guerre et la fin du nom chrétien dans la Grèce.

De nouveaux efforts ont enfin détourné ce péril : tandis que le plus expérimenté des anciens clephtes ramenait au combat ses bandes irrégulières, la discipline européenne a commencé de s'introduire parmi les Grecs de la Morée. Le système d'immobilité politique qui frappait de réprobation le courage de ce malheureux peuple, a été tout à coup ébranlé par un grand événement.

Le monde voyait avec étonnement, depuis cinq ans, un monarque d'une âme élevée, sensible à la religion et à la gloire, qui s'interdisait tout signe de pitié envers un peuple dont il partageait la foi, et dont ses ancêtres avaient souvent excité le zèle. Cette conduite s'expliquera peut-être par un sentiment de devoir singulièrement placé, mais concevable dans un homme qui se croyait garant de la paix de l'Europe et sacrifiait tout au scrupule de cette mission ; elle peut aussi s'expliquer par ce besoin de repos et cette hésitation à tenter la fortune que devait éprouver un prince jeté malgré lui dans une guerre immense, dont il était sorti vainqueur avec une dictature paisible, qu'il ne voulait pas compromettre. Enfin les troubles récents de la Russie peuvent indiquer un genre de péril connu du dernier empereur, et qui occupait tous ses soins. Mais s'il en est ainsi, on avouera que le succès n'a pas été proportionné à la grandeur du sacrifice. On conçoit difficilement qu'une guerre religieuse et nationale eût autant nourri les germes de mécontentement et de sédition, qu'a dû le faire le repos forcé d'un million de soldats, en présence du massacre des Grecs.

Souvent une guerre étrangère fut une diversion qui éloigna des troubles intérieurs, et il semble que les jeunes officiers du Nord engagés contre la Turquie auraient plus facilement oublié ces idées de révolution, qu'on les accuse d'avoir recueillies dans leurs expéditions d'Occident. Faudrait-il donc en conclure que là, comme ailleurs, la politique la plus généreuse eût été la plus habile?

Peut-être cette pensée a-t-elle troublé les derniers moments d'un prince qui comptait sur une vie plus longue et qui méritait de n'emporter aucun remords dans la tombe. On dit qu'Alexandre, en voyant la résistance obstinée des Grecs, en entendant les cris de tant de victimes égorgées par les ennemis de la croix, fut souvent inquiet sur l'inaction qu'il s'était imposée, et qu'enfin il voulait en sortir, lorsque la mort le prévint. A l'époque du débordement de la Newa, il n'avait pas vu sans douleur la religieuse consternation de son peuple interprêtant ce désastre comme un signe de la colère céleste, pour l'abandon des chrétiens de Grèce. Avant son départ pour la Crimée, il n'avait pas entendu sans émotion, le jour de la fête de saint Alexandre Newsky, un vénérable archevêque qui s'était écrié, en lui présentant la croix, au milieu de la cérémonie sainte : « Elle est foulée aux pieds par les infidèles, et elle ne trouve pas de vengeur ! » Mais la Providence ne permet pas toujours aux hommes de faire le bien qu'ils ont longtemps différé; et, dans un coin de cette Grèce abandonnée et sanglante, la garnison de Missolonghi a célébré l'office des morts pour l'autocrate Alexandre Petrowitz.

Il semble que désormais les puissances de l'Europe ont envers la mémoire d'Alexandre la même dette qu'envers l'humanité. On a peine à concevoir quels intérêts peuvent s'y opposer encore.

« L'empire des Turcs, disait un grand écrivain au milieu du siècle dernier, subsistera longtemps; car si quelque prince que ce fût mettait cet empire en péril, en poursuivant ses conquêtes, les trois puissances commerçantes de l'Europe connaissent trop leurs affaires pour n'en pas prendre la défense sur-le-champ. C'est leur félicité que Dieu ait permis qu'il y ait dans le monde des Turcs et des Espagnols, c'est-à-dire les hommes du monde les plus propres à posséder inutilement un grand empire. »

Un siècle ne s'est pas encore écoulé depuis cette prédiction, et les Espagnols ont perdu la plus riche moitié de ce grand empire qu'ils possédaient inutilement, suivant Montesquieu ; et la plus active des puissances commerciales s'est très-bien arrangée de ce changement ; et les autres attendent l'occasion d'y prendre part. La Turquie peut également perdre la Grèce, où elle n'avait colonisé que la barbarie, sans que le commerce de l'Europe ait à redouter ce changement. Car il gagnerait plus à l'activité des Grecs exploitant un sol fertile, qu'il n'a pu gagner jamais à l'indolente pénurie des Turcs.

Cependant ce vieux colosse de l'empire ottoman ne pourrait encore tomber du consentement de toutes les puissances ; car il est plus difficile à partager qu'à détruire. Mais du moins qu'on ne lui rende pas ce qu'il a perdu, ce qu'il ne peut reprendre que par la destruction de tout un peuple ; que l'on ne ranime pas la barbarie turque expirante ; qu'on laisse vivre les chrétiens échappés à cinq ans de guerre et de massacres ! Voilà ce que demandent le bon sens, l'humanité, la politique. Que la Grèce soit enlevée aux bêtes féroces qui la déchirent : ce n'est pas là une question de théorie sociale, c'est un vœu de religion et d'humanité. Nous avons rappelé à cet égard ce qu'avaient entrepris plusieurs pontifes dans le xve siècle et le siècle suivant. Pourquoi la même autorité sainte n'a-t-elle pas parlé de nos jours? Que n'eût-elle pas fait dans une semblable cause ? et qu'il eût été beau de voir, dans une occasion solennelle, le pontife de Rome appelant, sur les malheurs de la Grèce et la désolation de ses temples, la pitié de tous les chrétiens d'Occident! Il y a trois ans, lorsque la mort du vénérable Pie VII fut annoncée dans la Grèce, tous les vaisseaux grecs se couvrirent de drapeaux noirs. Portera-t-on le deuil de la Grèce dans l'Europe chrétienne?

Depuis cinq ans, rien de décisif pour la Grèce, excepté son héroïsme. Aucun signe de salut ne s'est levé sur l'horizon chrétien. Le Nord est immobile : la diplomatie voyage et délibère; cependant le sang coule, le sacrifice s'achève; la faim, la misère, le sabre des Turcs moissonnent cette nation, coupable d'avoir osé revivre au christianisme et à la liberté.

La Grèce meurt longtemps. Une de ses villes attire les yeux de toute l'Europe, par son intrépide résistance et l'incertitude de sa destinée. Missolonghi, sous les feux qui l'écrasent, sous les assauts redoublés des Barbares, est enveloppé pour nous d'un sombre nuage. Il semble par moments qu'il se dissipe, et que nous pouvons encore apercevoir sur des débris quelques hommes qui combattent au pied d'une croix. L'admiration publique les suit de ses vœux; elle tremble; elle espère; elle annonce leur victoire.

Ils ne peuvent avoir d'autre salut; l'empire ottoman ne veut plus même d'esclaves. Dans le sanguinaire orgueil de sa puissance au déclin, il aime mieux multiplier les cordons de têtes humaines attachées aux portes du sérail : c'est la réponse qu'auront les ambassadeurs chrétiens.

Et toutefois, peut-on songer sans frémir que jamais

plus affreux abus de la guerre ne fut plus facile à réprimer? La barbarie n'égorge en ce moment que sous la tolérance des États civilisés. Un conseil, une menace expressive feraient rentrer la Turquie dans le néant de son impuissance. Mais il faut pour cela l'accord de plusieurs gouvernements ; il y a des intérêts difficiles à régler, des troubles dangereux à prévenir. Ah! croyez-vous qu'aucun des grands hommes dont s'honore l'histoire, eût été, dans de pareilles circonstances, arrêté par de tels obstacles? Est-il un autre exemple d'une si longue atrocité soufferte en pleine civilisation, à la lumière du christianisme? Veut-on donc promulguer hautement que la religion, la justice, l'humanité, ne sont que de vains mots? Veut-on décréditer les solennités du culte interrompues par les cris lointains des martyrs de la croix? Que sont en effet les pratiques d'une piété facile et quelquefois ambitieuse, à côté de la communion vraiment sainte de ces guerriers quittant l'autel pour aller mourir, dévoués à leur Dieu et à leur pays?

Partout, il est vrai, dans l'Europe, la pitié publique se manifeste; des aumônes sont réunies, des secours sont envoyés. En France, d'éloquentes protestations sont consacrées par les suffrages de l'un des grands corps de l'État. On voit à Paris les femmes les plus distinguées à tous les titres faire de pieuses quêtes pour les combattants et les blessés de la Grèce : tous les arts rivalisent de zèle et de générosité ; le même sentiment éclate, le même exemple se renouvelle dans toutes nos villes. La Suisse, la Belgique, une partie de l'Allemagne, quelques hommes de l'Angleterre ne montrent pas moins d'humanité ; mais que seront tous ces secours si la pitié ne vient pas encore de plus haut?

Il est à croire que l'empire turc, aidé, recruté, dirigé par les secours de la civilisation moderne, pourrait, dans peu d'années, beaucoup avancer la destruction de la race grecque. Ces familles errantes, ces populations de vieillards et de femmes, réfugiées sur des îlots déserts, s'éteindraient promptement ; les bandes irrégulières ou disciplinées qui résistent encore succomberaient à leur tour. Alors, des hordes nouvelles seraient transplantées dans la Grèce ; une nouvelle avant-garde de peste et de barbarie viendrait border ce côté de l'empire turc ; Hydra, le dernier espoir de la Grèce, périrait assiégé par quelques-uns de ces vaisseaux turcs construits dans nos ports ; une race chrétienne aurait disparu lentement, difficilement, par une glorieuse agonie ; quelques malheureux restes échappés au massacre se répandraient dans l'Europe, comme ces Grecs réfugiés de Byzance, il y a trois siècles. Cette fois, ce ne seraient pas des théologiens et des lettrés, débris d'un peuple vieilli ; mais quelques enfants de ces héros, gloire immortelle d'un peuple rajeuni. Nous fonderions apparemment des hospices pour eux. Mais peut-on dire assez quel serait le sentiment de honte et de douleur, le sinistre malaise qui suivrait ce spectacle d'un peuple exterminé tout entier, pour avoir voulu conserver son culte et son indépendance ! Ah ! pour l'honneur de la religion, pour la paix des empires, qu'un si grand malheur ne s'accomplisse jamais !

Et si, comme tout l'annonce, ce dénoûment funeste

est retardé à force de courage ; si d'affreux désastres laissent encore quelque espérance, puisse la politique européenne profiter de cette trêve qui lui est laissée pour s'absoudre elle-même, et pour sauver un peuple dont la destruction achevée flétrirait à jamais notre époque ! Puisse le sacerdoce faire entendre sa voix, et se rappeler ces belles paroles de Chrysostôme conseillant un acte de justice et d'humanité : « Il ne s'agit pas seulement ici du sort d'une ville, mais de l'honneur du Christianisme tout entier. » Et cependant que les efforts de la charité publique ne se lassent pas ! que ce zèle si ingénieux à secourir le malheur s'anime et se multiplie ! que partout il parle, il agisse ! la civilisation à elle seule peut sauver la Grèce.

P. S. Enfin l'indifférence flegmatique des hommes d'État s'est lassée ; le temps a marché. Les effroyables spectacles que nous déplorions sont devenus des souvenirs. Missolonghi a péri dans le sang et la flamme ! Quelques centaines de guerriers traînant, au milieu d'eux, des enfants et des femmes, ont traversé, entre des batteries, par une route jonchée de leurs morts, le camp d'Ibrahim. Ces restes de la Grèce nouvelle sont allés mourir devant la citadelle d'Athènes, assiégée par les Turcs.

Mais ici, je ne sais par quel motif, notre Europe a eu plus de pitié pour des ruines que pour des héros. On n'a pas voulu peut-être que le Parthénon pérît dans une explosion dernière. On s'est interposé en faveur de la garnison d'Athènes ; et, grâces en soient rendues à un noble sentiment ! On a voulu sauver ce généreux Français, éprouvé par tant de fortunes diverses, et qui serait mort avec ceux qu'il avait défendus. Là commence, il faut le croire, une conduite nouvelle et décisive pour le salut de la Grèce. Le traité du 20 juin 1827 est venu promettre, par la signature de trois grandes puissances, un secours qui ne saurait être inutile, sans une dérision flétrissante. Vainement on remarque les expressions timides ou ambiguës de ce traité, le soin de garder une sorte de neutralité entre les bourreaux et les victimes, la menace éventuelle en réserve contre les malheureux Grecs; il faut admettre ces précautions, en partie dictées par la pudeur du passé, et par les difficultés même qui sont nées d'une fausse et cruelle politique. On ne peut pas renier tout à coup le langage que l'on a tenu si longtemps; on ne peut pas dire anathème à sa propre conduite. Que la cause de l'humanité soit sauvée, quoique bien tard; c'est encore un sujet d'éloge et de joie.

On sent ici la puissance de la justice et de la vérité. Il n'y a pas longtemps encore, la tribune de France a retenti de sophismes et d'invectives contre les Grecs. Une réponse éloquente et simple [1] justifia les victimes, et montra ce que le zèle de quelques Français et la générosité publique avaient fait pour soulager un peuple malheureux. Ces secours, fruit de tant d'efforts, étaient bien faibles sans doute, si on les compare aux maux effroyables dont six ans de guerre et de ravage ont affligé la Grèce. Mais l'exemple avait été plus salutaire encore que le bienfait. Tant de voix qui se sont élevées de toutes

---

[1] Discours de M. le général Sébastiani.

parts, et surtout de la France, pour accuser une apathie barbare, ont agi sur ceux même qui semblaient les dédaigner. La supplique des Grecs avait été durement repoussée du congrès de Laybach ; mais le cri de l'Europe, émue d'horreur, a lentement pénétré dans les conseils des princes. L'indignation des peuples a réveillé la conscience des politiques. C'est un des services qu'a rendus au monde cette liberté de la presse, tant accusée, mais accusée surtout du bien qu'elle a fait.

La France a vu le succès de ses vœux au moment où elle venait de perdre la liberté, qui lui avait servi si noblement à les exprimer. Et l'on peut dire que l'opinion a joui de sa plus belle victoire le jour même où elle subissait l'affront d'une chaîne nouvelle. Depuis cette époque, a paru la réponse du divan, écrite avec cette bonne foi d'un despotisme ignorant que l'on inquiète dans ses massacres. Aucune ironie de publiciste n'aurait sans doute été plus amère que la prétention de ces Barbares à séparer le monde en souverainetés absolues, parmi lesquelles ils réclament leur part de droit divin et d'oppression inviolable. Certes, la liberté de la presse n'aurait pas trouvé, contre les abus du pouvoir arbitraire, un plus piquant sarcasme que ce naïf et injurieux parallèle allégué par la chancellerie de Constantinople. Il semble nous prédire que le vœu des trois puissances d'Europe va trouver des obstacles. Quand cesseront-ils ? quand la destruction s'arrêtera-t-elle pour la Grèce ? La face du monde est si changeante et la mort si prompte, que l'homme d'État auquel arrive la pensée du bien, doit se hâter de l'accomplir et d'honorer son nom.

Déjà l'un des auteurs du traité du 20 juin, le ministre qui, promettant partout l'émancipation et la justice, avait fondé son pouvoir sur l'attente de toutes les âmes généreuses, Canning a cessé de vivre. Interprète éclatant plutôt que soutien nécessaire du vœu public, il laisse après lui des hommes qui n'abandonneront pas son ouvrage; et, quoique le salut de la Grèce soit une question secondaire dans les vœux de la philanthropie anglaise, l'esprit de liberté doit la soutenir; et, sans doute, la politique saura bien y gagner quelque chose.

De grands motifs d'ambition rappellent aussi sur la Grèce l'ancienne protection de la Russie. La France arrive la dernière; elle semble traînée vers le but où l'opinion nationale l'aurait portée dès longtemps. Puisse du moins cette coalition être sincère dans le vœu de conserver ce qui reste du peuple grec! puissent enfin ses flottes ne pas arriver pour ensevelir des morts! Il est manifeste que tous les conseils des souverains hésitent avant de porter le premier coup à l'empire turc. On craint le commencement d'une guerre et l'ébranlement de l'Europe; mais la nécessité des choses pousse à cette guerre; elle est tôt ou tard inévitable; et il vaut mieux s'y préparer sous de favorables auspices en sauvant la vie d'un peuple. La politique, dans ses entreprises, n'a pas toujours de si heureux commencements.

LASCARIS,

NOUVELLE HISTORIQUE.

En l'année 1453, quelques Italiens de noble famille étaient venus pour visiter la Sicile, et voir de près le mont Etna, dont les cimes fumantes attirent depuis tant de siècles la curiosité des voyageurs. C'étaient des jeunes gens de Venise et de Florence, qui avaient étudié la scolastique sous les plus habiles docteurs, connaissaient les lettres latines, et faisaient quelquefois des vers en langue vulgaire. Savants et polis comme ils étaient, la Sicile leur semblait un pays barbare, où rien ne leur rappelait les belles cités de l'Italie et le riche commerce de Gênes et de Venise. Ils passaient les jours à parcourir avec étonnement ces contrées malheureuses au milieu de tous les dons de la nature, et malgré la fécondité d'un sol échauffé par le volcan. Ils erraient sous ces fraîches allées[1] de platanes qui descendent depuis Taurominium

---

[1] Ces descriptions appartiennent à la Sicile du XVe siècle, telle que Bembo la représente dans un dialogue plein d'imagination sur l'Etna. Les mêmes lieux sont aujourd'hui incultes et stériles.

jusqu'au pied de l'Etna, tandis que d'un côté de riches vignobles s'élèvent en amphithéâtre, et que de l'autre la mer présente au loin la perspective continue de ses flots, et mêle ses mugissements à ceux de la montagne.

Ces grands spectacles ne pouvaient détacher entièrement leur souvenir de ce qu'ils avaient admiré dans leur patrie. En voyant sur cette terre si fertile un peuple rare, pauvre, rude dans ses mœurs et dans son langage, ils comprenaient ce que les arts et le travail peuvent donner à l'homme ; et ils redisaient, à la gloire de l'Italie, quelques vers de Pétrarque. Plus d'une fois aussi, pour se délasser de la contemplation des ruines, assis sur les débris d'un temple grec, ou dans un cirque romain, ils se rappelaient quelques-unes de ces fictions frivoles qui avaient rendu les noms de Boccace et du Pogge si fameux dans toute l'Italie : tels étaient alors le goût et le génie des Italiens. La ferveur enthousiaste et guerrière qui avait animé le moyen âge, et qui commençait à s'affaiblir dans toute l'Europe, n'avait depuis longtemps chez ce peuple presque aucun pouvoir. La cour de Rome, la démocratie de Florence, la politique, le commerce et les voluptés de Venise, tout cela repoussait également les mœurs chevaleresques.

Ces jeunes voyageurs avaient bien entendu dire, avant de quitter l'Italie, que le sultan des Turcs, Mahomet II, devait bientôt assiéger Constantinople avec une formidable armée ; mais cette nouvelle ne leur avait paru exciter dans les esprits qu'un médiocre intérêt en faveur d'un peuple schismatique, follement obstiné dans une erreur qu'il avait en vain promis de rétracter, au dernier concile de Florence. Ce n'était plus le temps des croisades, et Byzance n'était pas Jérusalem. L'annonce du péril de la ville impériale n'avait donc sérieusement occupé que quelques marchands de Pise et de Venise, qui négociaient dans les mers du Levant, et qui avaient saisi cette occasion de vendre à la fois aux Grecs et aux Turcs de la poudre et des armes. Mais la Sicile était alors tellement dénuée de commerce et d'industrie, que l'on ne s'y était avisé d'aucune expédition semblable; et l'on ignorait, dans cette île, quel était le sort ou le danger de Constantinople. Un zèle aveugle pour la religion romaine rendait seulement le nom de Byzance odieux parmi le peuple, qui regardait les Grecs comme des impies, ennemis de Dieu et des saintes images.

Un soir que nos jeunes voyageurs s'étaient arrêtés à l'orient de Catane, pour contempler les derniers feux du soleil qui, près de s'éteindre, coloraient d'une lumière rougeâtre la cime enfumée de l'Etna, et semblaient répéter dans les flots l'incendie du volcan, la vue d'un vaisseau s'avançant vers la côte à force de rames frappa leurs regards. La voile latine demi-pliée autour du mât, la croix qui la surmonte, tout annonce un navire chrétien. Il approche, il aborde; et tandis que les esclaves turcs, enchaînés sur les bancs de rameurs, laissaient voir, au milieu de leur misère, une sorte de joie insultante et féroce, des hommes d'un maintien noble, mais abattu, des vieillards gémissants paraissent sur le tillac, et saluent avec des cris de douleur la rive prochaine. Ils descendent, et, tombant à genoux, rendent grâce à Dieu qui les a sauvés. Du navire sortent des enfants, des blessés, des femmes. Couvertes de longues robes blanches, le visage caché sous un voile, étouffant par pudeur même le désespoir, ces femmes, immobiles sur le rivage, semblaient, à la beauté de leur taille, des statues antiques.

Un homme qui, par la majesté de ses traits, paraissait commander aux autres, élève la voix : « Nous fuyons de Constantinople, dit-il ; nos frères sont morts ou captifs ; l'empereur est tué ; le temple de Sainte-Sophie est souillé par Mahomet : et nous venons chercher un asile dans cette Europe chrétienne qui n'a pas voulu nous secourir. »

Ces paroles, cette image de deuil, cette soudaine apparition d'une si grande infortune frappent vivement les voyageurs italiens et quelques habitants accourus au bord de la mer. L'aversion superstitieuse qui s'attachait au nom des Grecs semble vaincue dans les Siciliens eux-mêmes par l'empressement du zèle et de la curiosité. On entoure les fugitifs ; on les conduit dans un monastère élevé sur la côte, et dont les bâtiments extérieurs étaient, suivant l'usage, un asile ouvert aux étrangers. Naguère, les religieux de ce couvent auraient craint d'en laisser franchir le seuil à des schismatiques de l'Église d'Orient, et les Grecs de Byzance auraient eux-mêmes cru devenir profanes, en approchant d'une église romaine ; mais le malheur fait oublier un moment ces tristes haines.

Parmi les voyageurs italiens, un jeune Médicis surtout ne pouvait contenir sa vive douleur, en voyant ces derniers débris d'un grand peuple. « Qu'avons-nous fait? s'écria-t-il. Comment Constantinople, cette ville que l'on disait encore si puissante, est-elle tombée au pouvoir des Turcs? N'aviez-vous pas des richesses, d'immenses trésors enviés par l'Europe? — Il n'y avait plus parmi nous d'amour de la patrie, répondit celui qui paraissait le chef des fugitifs; les citoyens ont gardé chacun leurs richesses, et l'État tout entier a péri. — Mais quoi! reprit Médicis, les Génois occupaient vos faubourgs, étaient vos alliés, vos marchands! — Ils nous ont trahis, répondit le malheureux Grec. Pourquoi nous auraient-ils été fidèles? Ils feront le même commerce avec les Turcs: c'était le courage désintéressé, c'était la foi religieuse de l'Europe qui seule aurait pu nous sauver. »

Alors l'étranger, retenant à peine ses pleurs, raconte en peu de mots que Mahomet avait amené de l'Asie contre Byzance un immense appareil de vaisseaux, de soldats, et fatigué tout son empire pour assiéger cette ville, qu'il regardait comme une capitale dérobée à ses conquêtes. « Seuls, dit-il, que pouvions-nous contre de telles volontés et une telle puissance? Depuis quarante jours, animés par le courage de notre empereur, nous supportions les attaques des Barbares. La mer, bien que remplie de leurs vaisseaux, nous était encore favorable, et semblait nous promettre des secours de l'Occident. Une chaîne de fer inexpugnable fermait l'entrée du por de Byzance, et s'ouvrait pour donner passage à quelques vaisseaux amis. Mais, avec cette puissante et brutale obéissance d'un million de bras esclaves, Mahomet, dans une seule nuit, fait transporter par terre et jeter tout à coup dans ce port inaccessible une flotte chargée d'armes et de soldats. Quel fut le réveil qui nous montra, dès l'aube du jour, la guerre dans notre plus sûr asile, le reste du monde séparé de nous, et partout Mahomet! Alors notre généreux prince, rappelant à lui toute l'antique majesté des Césars, réunit les grands, le peuple, et quelques étrangers fidèles, pour leur annoncer le dernier combat et le dernier jour. Lorsque Constantin, dans cette nuit funéraire, après avoir demandé pardon à ses sujets, vint recevoir la communion au pied de l'autel, il semblait que cet empire romain qui, déjà vieux il y a douze siècles, avait une seconde fois reçu la vie par le christianisme, allait enfin mourir. Le jour suivant ne trompa point notre désespoir. Nous avons vu dans cet horrible assaut l'empereur combattre jusqu'à la dernière heure ; nous l'avons entendu proférer ce dernier cri de mort de l'empire : « N'y a-t-il point ici quelque chrétien fidèle pour me couper la tête? »

En disant ces mots, Lascaris semble succomber à l'horreur d'un tel souvenir ; ses forces lui manquent; le sang coule d'une blessure récente que cachent à peine ses vêtements. Ranimé par les soins hospitaliers des étrangers qui l'entourent : « Et moi aussi, s'écrie-t-il, ne devais-je pas mourir, moi descendant des empereurs, et de si près allié à ce sang glorieux que le dernier Constantin vient de consacrer par son martyre? Malheureux fugitifs, ne sommes-nous pas coupables? Étrangers, Siciliens, dites-moi, ne nous méprisez-vous pas? Nous vivons encore. » Tandis qu'un murmure de respect et d'admiration semble repousser l'injuste remords du brave Lascaris, il reprend ainsi : « La religion nous ordonnait de tenter tous les efforts pour sauver de la fureur des Barbares quelques-unes de ces faibles victimes que menace plus cruellement la licence de la victoire. Dans ce jour affreux, où, sur les débris de nos murailles, à travers nos rangs mutilés, la foule innombrable des Turcs inondait Constantinople, une pieuse croyance avait rassemblé, dans l'église de Sainte-Sophie, nos familles tremblantes et les vierges de nos monastères. On espérait, sur la foi d'une antique légende, qu'à l'heure même où les Barbares approcheraient des portes du temple, un ange du Seigneur se dévoilant exterminerait ces cohortes sacriléges; mais, hélas! j'avais appris de l'histoire et de la religion elle-même que Dieu laisse tomber les empires vieillis, et que, s'il veut quelquefois les secourir, le miracle de sa main, c'est de leur envoyer un grand homme. L'héroïsme et la vertu du dernier Constantin n'avaient pu nous racheter de la ruine : que pouvions-nous attendre encore? J'enlève loin du sacré mais faible asile de Sainte-Sophie quelques femmes illustres du sang des Comnènes; et, réunissant des amis courageux, je traverse, le fer à la main, les spectacles de sang, de débauche et d'impiété qui remplissaient déjà la vaste enceinte de Constantinople. Dieu puissant! que de crimes entassa devant nos yeux la barbarie de la guerre, cent fois redoublée par la fureur de ces peuplades sauvages, déchaînées au milieu du brillant séjour de la politesse et des arts[1]! Exécrables ennemis ! ah! que jamais ces villes d'Europe qui nous abandonnent à vous ne soient la proie d'une de vos victoires, et ne connaissent cette guerre impitoyable où le droit du meurtre ne s'arrête qu'où commence l'esclavage ! Réfugiés à Galata, parmi des alliés d'une foi douteuse, nous sommes parvenus, dans le tumulte de cette horrible conquête, à nous embarquer impunément. Nous portons en Italie notre nom de chrétiens, notre infortune, et d'immortels

---

[1] Les Grecs s'exagéraient sans doute à leurs propres yeux la splendeur et la beauté de Constantinople; mais cette ville n'en était pas moins, à l'époque de la conquête, remplie des plus précieux monuments de l'art antique. Elle renfermait plus de livres et de sciences que tout le reste de l'Europe. Telle était l'idée que s'en faisaient les Latins. Le pape Pie II, dont Gibbon a célébré la sagesse et les lumières, nous donne, à cet égard, un témoignage qui n'est pas douteux : « Constantinople, dit-il, était restée jusqu'à présent l'asile des lettres et le temple de la philosophie. Cette grande renommée de savoir qu'Athènes avait eue dans le temps de la puissance romaine, Constantinople la gardait de nos jours. »

Les peuples d'au delà les monts n'avaient pas moins d'admiration que les Italiens pour cette ville savante. Comines, qu'il faut regarder comme un témoin des opinions de son temps, dit en

trésors ; ce sont les ouvrages des grands génies de notre patrie, ces dieux pénates de la Grèce ancienne, que j'ai sauvés du milieu des ruines de Constantinople, comme Énée dans sa fuite emportait le feu sacré de Vesta. »

Ces paroles de Lascaris, le tableau de cette grande catastrophe, redoublèrent l'intérêt et le respect de ceux qui l'avaient entendu ; et tandis qu'on le laissait avec ses compagnons goûter quelque repos dans l'asile qui leur était offert, la nouvelle de leur désastre et de leur arrivée se répandait au loin, et ne touchait pas tous les esprits d'une égale pitié ; on se disait que ce désastre était une punition de l'hérésie. Les femmes se montraient plus attendries et plus effrayées, et faisaient des prières pour la conversion des Grecs et pour l'extermination de leurs

parlant de la renaissance des lettres : « Ce rétablissement ne se fût guerre avancé, si Constantinople n'eût été prise et saccagée par Mahomet II, et nous n'eussions pu dire encore une fois :

> Græcia capta ferum victorem cepit, et artes
> Intulit agresti Latio.

Car ce fut alors que Lascaris, Chrysoloras, Chalcondyle, Bessarion, Trapezunce, Argyropule, Marulle, en un mot tous les hommes doctes de la Grèce, se retirant à sauveté vers les princes de l'Europe, y apportèrent aussi quant et quant eux tous les anciens auteurs, sans lesquels on ne pouvoit passer plus outre. »

Il y a bien quelque confusion dans cette date et dans ces noms ; et probablement l'esprit humain aurait fini par passer outre sans cette catastrophe ; mais ce qu'il s'agit de remarquer ici, c'est l'opinion des contemporains, et la manière dont ils virent la ruine de Byzance et l'émigration des Grecs.

ennemis. Les dames grecques qui étaient sur le vaisseau de Lascaris, furent aussitôt conduites dans le couvent des sœurs de Saint-Benoît, près de Catane. On les accueillit avec une charité toute chrétienne. La plupart avaient dit qu'elles étaient religieuses et consacrées au Seigneur ; mais, lorsque ensuite elles levèrent leurs voiles, et laissèrent paraître les longs flots de cheveux noirs qui couvraient leurs têtes et animaient la régularité de leurs traits, cet usage particulier aux monastères de l'Orient sembla presque, parmi les sœurs de Saint-Benoît, une profanation scandaleuse, et la preuve de toutes les erreurs tant reprochées aux Grecs par les docteurs d'Occident. Ainsi, quelques différences de costume, quelques variétés dans les usages avaient entretenu des haines si longues parmi des peuples chrétiens qui auraient dû s'éclairer l'un l'autre et se secourir. Toutefois, les sœurs de Saint-Benoît, avant de retirer aux pauvres fugitives l'asile qu'elles leur avaient accordé, se résolurent d'écrire à l'archevêque de Palerme ; et les jeunes Grecques restèrent dans cette demeure, sous la loi sévère de retraite et de pénitence qui leur est imposée, et se faisant une solitude au milieu même du monastère.

Cependant les voyageurs italiens, dont l'esprit réunissait à l'enthousiasme de la jeunesse cette curiosité savante qui devenait alors commune dans leur patrie, étaient impatients de revoir et d'entendre Lascaris. L'Italie moderne avait déjà reçu quelque reflet passager des arts de la Grèce ; mais ce que la tradition racontait du moine Barlaam n'avait rien de semblable à l'image de ce généreux Grec emportant du milieu de Constantinople les archives du génie antique. Jusque-là, presque tous les Grecs venus en Italie étaient ou des grammairiens assez obscurs, ou des théologiens plus occupés de controverse que passionnés pour le génie des arts. La trace de leur présence s'était bientôt effacée ; et les divisions excitées par le concile de Florence avaient interrompu ce commerce de lumières à peine renaissant. D'ailleurs, lorsque Constantinople existait encore, il semblait qu'on serait toujours à temps de consulter ce dépôt des sciences que la fortune ne se lassait pas de conserver ; mais aujourd'hui le foyer venait de s'éteindre, et tout avait péri sans retour. Cette pensée occupait le jeune Médicis, digne du nom de son père, et zélé comme lui pour la renaissance des arts.

Lorsqu'au lever du jour Lascaris vint au bord de la mer, cherchant des yeux s'il n'apercevrait pas dans le lointain quelque navire chargé de ses malheureux concitoyens, il y trouva déjà Médicis et ses amis. L'un d'eux, jeune peintre dont les crayons devaient un jour honorer l'école de Florence, s'occupait à retracer le spectacle de la veille, au même lieu où il l'avait vu. Il esquissait ces fugitifs descendus sur la rive, ce vaisseau à l'ancre ; mais sur la poupe il plaçait une Minerve qui regardait l'Italie. Un autre de ces voyageurs, Bembo, élevé dans le sein de l'aristocratie vénitienne, plus curieux de l'histoire des peuples que de celle des arts, méditait sur cette décadence si longue et cette chute si soudaine de l'empire d'Orient ; et il était tenté de moins estimer une science qui ne préservait pas les États de leur ruine.

Il ne put se défendre d'exprimer cette pensée à l'illustre fugitif. « Hélas ! dit Lascaris, les arts sont le plus beau titre d'un peuple, et le seul testament qu'il puisse laisser à l'avenir ; mais les arts ne triomphent pas de la corruption des lois ; ils y succombent eux-mêmes. Depuis plusieurs siècles, nous mourions de langueur par le vice d'un gouvernement tyrannique et d'une société vieillissante ; c'est aux peuples de l'Europe qu'il appartient de nous remplacer et d'ouvrir une époque nouvelle. Je l'avouerai, cette pensée depuis longtemps se mêlait en moi à la triste prévoyance du destin de Constantinople. Jeune encore, quand je vis nos querelles religieuses, la faiblesse de notre empire, le luxe de nos grands, je me tournai vers l'étude des monuments d'un autre âge, dont notre langue était demeurée dépositaire, mais qu'elle ne pouvait plus égaler. Je rassemblais autour de moi ces précieux chefs-d'œuvre ; j'en multipliais les copies, comme un présent réservé pour le genre humain[1]. Je

---

[1] La précieuse collection rassemblée par Constantin Lascaris existe encore, et porte en effet la marque du soin prévoyant que nous avons attribué à ce zélateur des lettres. Transportée dans la Sicile et dans l'Italie, elle servit à faire connaître à l'Europe les plus célèbres écrivains de l'antiquité grecque ; et maintenant elle est reléguée dans la bibliothèque de l'Escurial. On y voit la trace des efforts de Lascaris, pour conserver, pour réunir ces débris du

me disais : Si nous devons périr, au moins que l'Europe hérite du génie de nos pères. J'étais semblable au navigateur qui, près d'être englouti par la tempête, chercherait à préserver des flots la carte de ses voyages et de ses découvertes. — La langue et les ouvrages des Grecs, reprit Médicis, trop peu répandus parmi nous, y sont cependant chers aux hommes les plus sages. Notre grand poëte Pétrarque, ayant reçu d'Orient une copie d'Homère, gémissait de posséder ce trésor stérile dans ses mains. Boccace, son ami, s'instruisit dans l'idiome des

génie antique, et l'intention généreuse qui l'animait. Plusieurs ouvrages trancrits de sa main, portent des épigraphes qui rappellent quelque détail curieux, ou témoignent de quelque noble sentiment. Sur une belle copie de la *Politique* d'Aristote, sont écrits ces mots : « Louange à Dieu, auteur de tout bien ! Ce livre est le travail et la propriété de Constantin Lascaris de Byzance, et, après lui, de quiconque saura le comprendre. Πλείστη χάρις τῷ Θεῷ αἰτίῳ παντὸς ἀγαθοῦ. Κωνσταντίνου Λασκάρεως τοῦ Βυζαντίου καὶ ὁ κοπος καὶ τὸ κτῆμα, καὶ μετ' αὐτὸν τοῦ συνιέντος. »
Les manuscrits d'Hérodote, de Thucydide, d'Euripide, de Sophocle, de Platon, etc., portent diverses inscriptions relatives au séjour de Lascaris en Sicile et Italie. Il se trouve aussi dans cette collection des lettres adressées à d'autres fugitifs de Byzance, et des fragments historiques qui n'ont jamais été publiés. Un abrégé d'histoire universelle, que Lascaris avait conduit jusqu'à la prise de Constantinople, dont il fut témoin, se termine par le récit de la mort de l'empereur, et par ces paroles touchantes : « Avec lui périt l'empire, et la liberté, et la civilisation, et les sciences, et tout ce qu'il y a de bon. Καὶ ἐπὶ τούτου ἀπώλετο ἡ βασιλεία τῶν Ῥωμαίων, καὶ ἡ ἐλευθερία, καὶ εὐγένεια, καὶ λόγος, καὶ πᾶν ἀγαθόν. »

Grecs, et interpréta pour lui les chants d'Homère. — Qu'ils soient entendus de tout le monde, ces chants sublimes ! s'écria Lascaris ; c'est l'imagination, la philosophie des Grecs, ce sont nos orateurs, nos poëtes qui doivent ranimer et enchanter l'Italie, et qui de là passeront dans le reste de l'Europe, que vous-même appelez encore barbare. Sous le ciel de la Grèce, une race d'hommes habita longtemps favorisée du plus heureux climat et de la plus noble liberté. L'inspiration y naissait du patriotisme ; et la gloire élevait incessamment les âmes aux grandes actions, qui sont le type secret des beaux-arts. Homère avait inventé le beau dans la poésie ; Platon le porta dans la morale : et la raison devint plus sublime que l'enthousiasme. Voilà sous quels auspices s'était formée, et s'est renouvelée plus d'une fois dans la Grèce, une élite de grands poëtes, de philosophes, d'orateurs, que nous, malheureux bannis de Constantinople, nous allons donner à l'Italie. Jamais vaincus n'auront emporté dans leur fuite un plus rare trésor ; jamais hospitalité ne sera payée d'un plus magnifique présent ; nous donnerons plus encore que nous ne possédions nous-mêmes. Chez nous, peuple déchu, les modèles du grand et du beau demeuraient fidèlement conservés, mais stériles et sans imitateurs ; ils enrichissaient nos archives, et ne nous inspiraient plus. Notre esprit découragé demeurait immobile dans un cercle étroit, comme notre empire même était renfermé tout entier dans Byzance. Mais que ces modèles transportés parmi vous, et parmi les peuples barbares d'Occident, viennent animer des idiomes et des peuples nouveaux, alors un nouvel âge de gloire et de lumière naîtra pour l'Europe. Vous surtout, Italiens, avec la liberté de vos mœurs, vos souverainetés pacifiques et vos villes républicaines, vous pouvez retrouver les premiers quelque chose des heureux loisirs et du beau génie de la Grèce. Les arts changeant tour à tour de climats ressemblent à ces brillants signaux dont parle notre Eschyle, à ces feux allumés de rivage en rivage, qui, pour annoncer la victoire d'Agamemnon, se succédaient et se répétaient l'un l'autre, depuis les sommets de l'Ida jusqu'aux montagnes voisines de Mycènes. Que cette flamme allumée par les Grecs, qui brûla sur les bords de l'Ionie, de la Sicile, de l'Égypte et de l'ancienne Ausonie, renaisse aujourd'hui dans la Rome chrétienne. Quand les Barbares s'agrandissent dans l'Orient, que l'Europe s'instruise et s'éclaire : elle sera victorieuse. » Médicis, Bembo, le peintre Alberti, Calderino, qui depuis porta les lettres grecques en France, écoutaient avidement Lascaris, et semblaient s'animer de son enthousiame. Lascaris continua quelque temps de les entretenir du génie de Platon ; il leur exposait rapidement quelques-unes de ces grandes pensées qui s'étaient presque élevées d'avance jusqu'à la sublimité de la loi chrétienne. Lascaris s'arrêtait quelquefois pour s'accuser lui-même de se plaire à de tels discours. « L'empire grec n'est plus, disait-il ; et moi, faible citoyen, je vais conter à des étrangers les merveilles du génie de nos pères, qui n'ont plus de tombeaux ! Je ressemble à ces Athéniens esclaves qui, dans cette même Sicile, allaient chantant les vers de Sophocle et d'Euripide ; mais ces Athéniens n'avaient perdu que la liberté ; leur patrie vivait encore et donnait des regrets à leur esclavage ; moi, je suis libre, mais seul dans le monde ; excusez-moi, si je cherche à retrouver une image présente de la Grèce dans le souvenir de nos arts : je n'ai plus d'autre patrie. »

Ces entretiens furent interrompus par la nouvelle que d'autres malheureux Grecs étaient abordés non loin de Messine, et cherchaient leurs compatriotes ; ces nouveaux fugitifs venaient du Péloponèse et de l'Attique, où Mahomet n'avait pas encore porté la guerre. Le plus célèbre d'entre eux était Gémiste Plétho. Jadis appelé à la cour des empereurs, employé dans les négociations d'Italie, un amour invincible pour les plus beaux souvenirs de la Grèce l'avait ramené près d'Athènes ; c'était là qu'il avait nourri son enthousiasme pour la philosophie de Platon ; il lui semblait que Byzance même, à l'extrémité de la Thrace, n'avait jamais été qu'une colonie demi-barbare, trop éloignée de la vraie métropole des arts et du génie. Entouré des monuments que renfermait encore Athènes, passionné pour tous les souvenirs de la Grèce antique, ce philosophe éloquent et bizarre avait attiré sur lui ces persécutions religieuses qui, jusqu'au milieu de la chute de l'empire, déchiraient les malheureux Grecs ; frappé d'anathème, il était banni de son pays, d'où tant d'autres fuyaient. On l'accusait d'avoir conservé une préférence impie, une foi sacrilége pour les anciennes divinités de la Grèce, et de ressusciter en lui les illusions et les vœux de Julien. L'Olympe d'Homère était, disait-on, devenu pour cet idolâtre des arts une sorte de mystérieux symbole que son imagination adorait, auquel il croyait presque, mêlant l'enthousiasme et la subtilité, les extases et les allégories.

Gémiste, quoiqu'il eût autrefois vécu dans les honneurs de la cour de Byzance, portait le manteau des philosophes anciens : sa taille haute, son front large et découvert, sa longue barbe blanche, ses regards pleins d'un feu mystique, l'air de méditation et d'enthousiasme empreint dans la majestueuse singularité de ses traits lui donnaient quelque chose de semblable à l'idée que l'on se ferait de Pythagore ou de Platon. Mais Gémiste, déchu de cette simplicité des beaux temps de la Grèce, n'était qu'un imitateur des Plotin et des Porphyre. Toutefois il inspirait un respect mêlé de surprise. Beaucoup de Grecs amis des lettres s'étaient réunis autour de lui; il avait eu dans Byzance et dans Athènes de nombreux élèves, et c'était de son école qu'était sorti le célèbre Bessarion, qui, prévoyant la ruine de sa patrie, avait dès longtemps quitté la foi d'Orient, pour s'attacher à l'Église latine, et, se faisant Italien, n'avait conservé de son origine que l'érudition grecque et les finesses de la cour de Byzance. Élevé au cardinalat par le pape Eugène IV, Bessarion semblait devenu l'espoir des Grecs fugitifs, et

Gémiste, par l'attachement de son ancien disciple, leur promettait un appui.

Sa vue frappa d'étonnement Médicis et ses jeunes amis; son langage plein d'élévation les captivait plus encore; il n'avait rien de cette tristesse inquiète, de cette douleur d'homme et de citoyen, qui se mêlaient à toutes les pensées de Lascaris, et venaient glacer jusqu'à son enthousiasme pour les arts. Gémiste semblait habiter un monde idéal, où les chagrins de la terre n'arrivaient pas; son imagination voyait toujours au delà des événements, ou plutôt les transformait à son gré, et les teignait de ses couleurs. Peut-être dans ce moment regardait-il avec une sorte de joie triste et douteuse la chute de l'empire byzantin. Peut-être au milieu de la victoire de Mahomet et de l'ébranlement de l'Europe, il rêvait le retour des fêtes de la Grèce et la liberté des temps antiques. Il remercia Médicis et les jeunes Italiens des égards et du zèle qu'ils avaient marqués pour ses compatriotes; et son langage respirait une sorte de hauteur et de confiance dans l'avenir. « Jeune homme, dit-il à Médicis, vous faites bien d'admirer la Grèce; vous êtes digne de votre père que j'ai vu dans Florence, à l'époque des inutiles débats du concile. Il fut curieux d'apprendre quelques-unes des vérités de nos sages. Mais son âme était trop occupée des soins étroits de la politique vulgaire; il songeait surtout à gouverner ses concitoyens, et il ne s'attachait pas aux grandes pensées du maître des sages. Le temps lui manquait pour les hautes vérités : et il ne comprenait pas la réforme qu'attend l'univers, et qui peut encore sortir de la Grèce.

— Nous sentons déjà, répondit Médicis, tout ce que les arts de la Grèce peuvent donner de gloire et de lumière à notre patrie; venez en Italie; portez-y votre langue et les ouvrages des grands génies dont vous êtes les dignes interprètes. Lascaris nous a montré comment nos villes d'Italie peuvent imiter la politesse d'Athènes et s'enrichir de ses antiques chefs-d'œuvre. La Grèce va renaître parmi nous; elle passera chez les peuples d'au delà les monts; elle y portera les lettres et l'éloquence. » Un sourire du vieux philosophe semble annoncer que de telles paroles ne répondent pas à sa pensée et à ses espérances. « Nous en parlerons, dit-il, j'attends ici les lettres de Bessarion ; je veux savoir ce qu'il offre à ses concitoyens et à la Grèce, dont il a deux fois apostasié les souvenirs. »

Gémiste évita de prendre un asile dans le monastère de Saint-Benoît, si généreusement ouvert à ses compatriotes ; mais il se promettait de les voir sans cesse et de parcourir avec eux quelques-uns des sites extraordinaires et des antiques monuments qui environnent Catane. Le lendemain, dans une de ces soirées où le souffle du vent de mer rafraîchit le climat brûlant de la Sicile, les fugitifs se reposaient après une longue course sur un des pics de l'Etna. Médicis et ses amis les accompagnaient, et un jeune frère du couvent de Saint-Benoît qui paraissait épris d'une vive curiosité pour leur science, les avait suivis. Là se trouvaient réunis, auprès de Lascaris et de Gémiste, plusieurs Grecs illustres, Hermonyme de Sparte, Argyropule, nourri dans la philosophie d'Aristote, Georges de Trébizonde, fameux par ses querelles et son éloquence, Andronique, qui fut le maître de Laurent de Médicis, Démétrius d'Athènes, le plus ingénieux interprète d'Homère, Théodore Gaza, Michaël Apostole, l'admirateur et l'élève de Gémiste. De récentes nouvelles venues de l'Orient occupaient leur entretien ; elles annonçaient la translation irrévocable de l'empire turc dans Byzance. Mahomet avait fait une mosquée de Sainte-Sophie, un harem du palais des Césars. D'innombrables familles, appelées des diverses parties de son empire, venaient remplacer dans Stamboul celles que la guerre ou l'esclavage avaient détruites ou dispersées ; le culte grec était conservé dans la population des vaincus ; et Mahomet leur accordait un patriarche qu'il avait décoré lui-même de la crosse pontificale. Du reste, le sultan allait dévorer tous les débris de l'empire et menaçait Trébizonde et la Morée, devenus ses tributaires. Ces détails redoublaient la douleur de Lascaris. « Le faible reste de notre patrie, disait-il, est plus qu'anéanti ; Mahomet arrête le carnage pour faire subsister dans la servitude une image du peuple vaincu ; il y aura dans Byzance un christianisme esclave de l'Alcoran, un évêque chrétien choisi par le profanateur de nos temples : je n'ose plus rien espérer, même de la religion. » Cette douleur, ressentie par tous les amis assemblés, paraissait ne pas se communiquer à Gémiste; il était préoccupé d'une autre pensée et semblait animé d'une espérance qu'il n'avouait pas. « Que parlez-vous, dit-il, de destruction et d'esclavage? vous souvenez-vous des paroles que prononçait l'hiérophante à l'entrée du sanctuaire, à la lueur de la flamme sacrée : *Veillez et soyez purs?* La Grèce meurt, parce qu'elle a perdu les traditions de ses aïeux, elle se retrouverait elle-même, en remontant aux sources sacrées où puisaient nos pères. » Pendant qu'il s'exprimait ainsi avec un enthousiasme enveloppé de mystère, à son aspect vénérable, à sa longue barbe blanche, on eût cru voir un pontife de Delphes ou d'Éleusis; ou plutôt ce lieu sauvage, où les Grecs étaient réunis, ce voisinage du volcan rappelait Empédocle tourmenté des grands secrets de la nature et prêt à s'élancer dans les abîmes de l'Etna.

La préoccupation singulière qui semblait passionner Gémiste, non-seulement pour les arts, mais pour les croyances de l'antiquité, n'était pas alors sans exemple, même en Italie. Le goût des lettres romaines, sans cesse éveillé par les monuments et les ruines qui couvraient le vieux Latium, ranimait aussi les souvenirs du polythéisme; et c'est dans ce même temps que vivait Pomponius Lætus, qui, né d'une famille illustre de Naples, avait adopté le nom d'un ancien Romain, et, au milieu de ses disciples, comme lui fanatiques de Rome profane, dressait des autels à Romulus, et imitait furtivement les rites sacrés et les cérémonies chantés par Ovide.

Le jeune Bembo avait récemment vu Pomponius à Venise, où il s'était réfugié, son paganisme littéraire l'ayant fait soupçonner, avec quelques autres savants, de complot contre le trône pontifical. Frappé de ce souvenir, Bembo n'en était que plus attentif aux paroles et à l'enthousiasme de Gémiste, et l'écoutait cependant avec un léger sourire, tandis que le jeune religieux de Saint-Benoît, témoin de cette scène extraordinaire, demeurait les mains jointes, presque saisi d'une muette terreur.

Tout entier aux illusions et aux poétiques images qui se pressent dans son âme, Gémiste reprend bientôt avec chaleur : « N'était-ce pas, ô Grecs ! une admirable idée de notre maître Platon, que celle qui peuplait l'univers de tant de génies protecteurs, sous la haute puissance et le regard éternel d'un Dieu suprême ? O Lascaris, qui voulez porter nos arts en Italie ! retrouverez-vous sur cette terre, devenue barbare, le Dieu qui dans la Grèce donnait l'inspiration et l'éloquence ? Que ferez-vous de nos chefs-d'œuvre qui, pour des peuples ignorants de nos mystères antiques, ne seront plus qu'une lettre morte et stérile ? Quand Platon alla visiter les sages d'Égypte, lui suffisait-il d'admirer la forme des caractères et des symboles gravés sur le frontispice des temples ? Ne voulait-il pas en pénétrer le sens et le mystère ? Que sont nos arts séparés du culte et des croyances, c'est-à-dire de la vie de nos pères ? Souvenez-vous de ces mots qu'un Romain écrivait à son ami : « Vous allez à Athènes,

« adorez donc les dieux. » O Lascaris! peut-être vous n'avez pas senti cette puissante union de nos souvenirs et de notre génie, de nos arts et de nos traditions antiques, vous à demi étranger, vous retenu parmi les vaines querelles de Byzance, aux confins de la Thrace, loin de nos rives sacrées. Si vous aviez habité dans Athènes, si vos regards, au lever du jour, avaient rencontré le Parthénon, si vous aviez cru retrouver la trace des pas du divin Platon, si les ruines mêmes vous avaient paru immortelles et saintes, que vous seriez loin de réduire le génie de nos pères à la perfection des arts et de la parole! Cette image du beau que vous contemplez dans leurs écrits et que vous voulez faire connaître aux peuples d'Occident, ne savez-vous pas qu'elle n'est qu'une copie dérobée au divin exemplaire qui se lit dans les cieux? Élevons les ailes de notre âme vers cette beauté céleste; alors nous la retrouverons plus vive et plus vraie dans les traditions et la poésie de nos pères. »

Pendant qu'il parlait ainsi, le jeune Michaël Apostole semblait s'animer à son exemple, mais d'un enthousiasme plus timide et moins confiant que celui du vieillard. Le doute se mêlait à son illusion; il apercevait comme de séduisantes promesses ce que l'ardente imagination du vieux platonicien réalisait en l'exprimant. Il n'était point persuadé, il était ému. Surtout il partageait cette espèce de mépris que les Grecs de Byzance avaient pour la civilisation des Latins. « Pour moi, dit-il, sans espérer la renaissance de la Grèce qui succombe sous les coups des Barbares d'Asie, je n'irai point vivre dans l'Occident. Je préfère me retirer dans quelques-unes des îles de la mer d'Ionie, à Chypre ou [1] dans la Crète. Qu'irons-nous faire chez ces peuples qui sont étrangers à nos arts? Quand se dissipera l'ignorance de l'Europe au milieu des guerres qui la divisent? Sur les ruines de Rome, qui fut elle-même barbare si on la compare à la Grèce, vingt peuples se sont élevés; dans leurs langues les moins grossières on ne fait que retrouver les débris de l'idiome des Romains. »

En ce moment l'attention des étrangers fut distraite par les accents d'un voyageur qui descendait de la montagne en chantant quelques-uns de ces vers de Dante que, depuis un siècle, l'instinct de l'admiration avait rendus familiers parmi les peuples d'Italie; il redisait ce début admirable du poëte [2] : « La douce couleur du saphir oriental, qui brillait dans la lumière d'un horizon limpide jusqu'au premier cercle des cieux, rendit à mes

---

[1] Ce Grec, l'un des plus savants et des plus ingénieux qui aient passé en Italie, vécut quelque temps dans l'île de Crète, qui, sous le pouvoir de Venise, conservait une civilisation détruite dans le xviie siècle par la conquête des Turcs. Il était poëte et platonicien.

[2]
« Dolce color d'oriental zaffiro
Che s'accoglieva nel sereno aspetto
Dell' aer puro, infino al primo giro,
Agli occhi miei ricominciò diletto;
Tosto ch'io uscì fuor dell'aura morta,
Che m'avea contristati gli occhi e'l petto. »

regards tous leurs plaisirs, sitôt que je fus sorti de cette morte vapeur, dont s'affligeaient mes yeux et mon âme. »

A ces beaux vers, qui semblaient tout ensemble une prédiction si heureuse et une si éclatante image du réveil des arts dans l'Occident, les Grecs fugitifs et les jeunes Italiens restèrent quelque temps muets d'admiration. « Croyez-vous, dit Médicis, que l'idiome capable de tels accents soit peu préparé pour recevoir les nouvelles inspirations de la science des Grecs? Vous le voyez, dans le chaos de nos mœurs encore barbares, un esprit sublime a fait entendre parmi nous ces chants presque divins. Que ne pourrions-nous pas, si les grands modèles et le beau génie de la Grèce venaient nous éclairer? »

Lascaris, qui connaissait Dante comme Homère, et dont l'esprit jugeait tout, parce qu'il pouvait tout comparer, saisit cette occasion d'expliquer l'erreur de Gémiste, et se tournant vers lui : « Vous avez entendu, dit-il, la réponse que les siècles font à votre système; une ère nouvelle est née depuis longtemps pour l'esprit humain. Elle a sa religion, sa poésie, ses hautes vérités, ses croyances populaires; elle peut recevoir encore des instructions et des modèles; mais elle ne peut s'enfoncer dans le passé qui n'est plus et se transformer en une autre époque. Dans nos jeux antiques, les coureurs ne s'arrêtaient pas au moment où ils venaient de saisir le flambeau sacré. Ils s'élançaient avec plus d'ardeur, et la flamme s'animait agitée dans leurs mains ; c'est l'image de l'émulation qui doit exciter les peuples dans la carrière des arts et de la vie sociale. L'ancien monde est fini ; mais il régnera longtemps sur l'imagination des hommes par les monuments et les souvenirs qu'il a laissés. Nous serons les interprètes de cette savante antiquité ; nous en publierons les merveilles ; et, s'il se trouve dans la foule quelque heureux génie, sitôt qu'il aura été touché du souffle de nos paroles, il se sentira comme emporté au-dessus de ses contemporains et de lui-même. — Nous avons déjà commencé ce grand ouvrage, reprit Médicis ; partout dans l'Italie on s'occupe de fouiller les ruines et de retrouver le génie des Romains. Cosme de Médicis, mon père, est l'ami des savants ; il rassemble à grands frais les manuscrits les plus rares. Ses vaisseaux qui commercent dans la Perse, dans l'Égypte et dans l'Inde, en ont quelquefois rapporté des livres qu'il estime plus que tous ses trésors. Combien n'aura-t-il pas plus de joie à vous accueillir ! Nous sommes, au milieu de l'Italie, comme des enfants abandonnés qui errent parmi les ruines des palais de leurs aïeux. Montrez-nous l'usage des richesses que nous découvrons chaque jour, en nous apportant celles que vous possédez vous-même. »

Lascaris reprit alors : « Il ne s'agit pas pour vous de remonter vers les mœurs et les traditions des anciens Romains. Vous habitez l'Italie, mais vous êtes un peuple nouveau ; vos pontifes et vos savants parlent l'ancienne langue de Rome ; mais tout est changé, excepté les mots dont ils se servent encore, et qui retentissent autour d'eux comme un stérile écho du passé. Au lieu de suivre servilement la trace des Latins, et d'être les copistes d'un peuple imitateur, allez droit à la source où puisèrent leurs grands hommes. L'ancienne Rome est tout ensemble trop près et trop loin de vous. Son génie vous accable ; le nôtre doit vous inspirer. Il y a dans les arts, comme dans la vie, une éternelle vérité et des formes passagères. La vérité, c'est ce qui touche au fond du cœur de l'homme ; le reste n'est qu'un vêtement qui change avec la saison et suivant les caprices de l'usage. L'erreur de l'enthousiasme, c'est de se passionner pour quelques-unes de ces formes changeantes et secondaires, et de les prendre pour la réalité même. — Je sais bien, dit Bembo, que vous ne prétendez pas apporter avec vous le cortége des anciennes fables de la Grèce. Mais alors, de quoi nous servira de connaître le génie de vos aïeux qui vivaient sous des lois, des mœurs, un culte religieux si différents des nôtres ? Célébrerons-nous, comme les Grecs, ces fêtes religieuses, où la poésie prodiguait sur la scène ses chefs-d'œuvre admirés par vos pères ? On joue quelquefois devant le peuple en Italie, et même dans les pays au delà des Alpes, les mystères de notre sainte religion ; mais les hommes savants regardent en pitié ces amusements grossiers. Comment pourrions-nous jamais égaler ces pompes de la Grèce païenne, dont nous voyons encore ici les vestiges ? » En même temps,

Bembo désignait de loin ces restes immenses d'un théâtre antique que l'on admire encore aujourd'hui près de Taurominium ; assemblage de colonnes à demi brisées, vaste et magnifique enceinte, d'où se découvraient en perspective, au fond de la scène, le rivage de la mer et les cimes de l'Etna : « Ah! je ne sais, dit Lascaris, si vous ferez renaître les merveilles du théâtre d'Athènes. Il faudrait avoir vaincu les Barbares pour étaler, comme Eschyle, leur défaite sur la scène. Mais les grands ouvrages de la pensée n'ont pas besoin d'inspirer des imitateurs pour être utiles au genre humain. N'est-ce rien pour un peuple que de recevoir de semblables leçons? Combien ne doivent-elles pas polir les mœurs, élever les esprits, et répandre partout cette chaleur d'enthousiasme qui précède et qui prépare les créations du génie? Je n'espère pas que la Grèce se délivre aujourd'hui des Barbares par la vertu de ses souvenirs ; mais si, quelque jour, elle peut revivre, elle le devra sans doute à la civilisation et aux sciences dont elle a si longtemps gardé le dépôt. Il n'y a dans le monde que deux puissances, la force et la pensée ; quelque inégale que paraisse d'abord la lutte entre ces deux puissances, la pensée triomphe toujours, car elle use la force et transforme la barbarie. Que les précieux écrits de nos grands hommes et de nos sages soient conservés, voilà désormais le seul appui de la Grèce et l'espoir lointain de sa délivrance. »

En s'entretenant ainsi, Lascaris et ses amis retournaient vers la ville, dans l'intention de hâter leur départ pour l'Italie. Ils y trouvèrent des lettres venues de Rome, qui leur apportaient de bien faibles consolations. Le sort de Byzance y semblait déjà prévu ; et l'on attendait la nouvelle de l'asservissement de toute la Grèce. Bessarion écrivait à ses anciens compatriotes avec l'expression d'une vraie douleur, et cependant avec une sorte d'amertume, comme s'il n'eût pas encore oublié les querelles du concile de Florence. Il déplorait la ruine inévitable de Constantinople, le triomphe des Barbares, l'injure de toute la chrétienté. Il annonçait que le pape Nicolas V avait armé des vaisseaux pour secourir l'empire grec; mais en même temps il laissait entrevoir combien l'obstination schismatique des Grecs avait blessé tous les cœurs zélés pour la vraie foi. « Vous l'avez voulu, écrivait-il, vous avez tenté Dieu, vous avez mieux aimé périr par la main des Barbares, que de rétracter vos erreurs dans le sein de vos frères. Le souverain pontife a dit sur vous la parabole de l'Évangile :—Si le figuier ne porte pas de fruits d'ici à trois ans, il sera coupé dans sa racine, détruit, jeté au feu.—Voici la troisième année. » Toutefois, dans cette lettre adressée à Lascaris, Bessarion promettait à tous les Grecs l'appui généreux du souverain pontife, zélé protecteur des arts. Il pressait Lascaris de se rendre à Rome, et il terminait en disant que, pour lui, malgré les nombreux emplois et les légations importantes dont il était chargé, il ne négligeait pas les lettres et la philosophie grecques, et qu'il s'en occupait dans ses ambassades à la cour des princes. Une autre lettre de Bessarion s'adressait à son ancien maître, le savant Gémiste. Elle ne renfermait aucun reproche, aucune réflexion sur les erreurs imputées à ce zélé sectateur de Platon. « Puisque l'on vous bannit de la Grèce, disait Bessarion, venez à Rome; vous y trouverez un asile dans la bibliothèque du Vatican. » Le reste de la lettre touchait à plusieurs points de la philosophie de Platon, dont le savant cardinal était fort préoccupé, et sur lesquels il consultait son ancien maître. A ces lettres était jointe une bulle de la cour de Rome [1], en faveur du roi de Chypre. Bessarion l'envoyait comme une preuve de la sollicitude que le souverain pontife avait gardée pour les chrétiens de l'Orient fidèles à l'Église romaine. Lascaris, en jetant les yeux sur cet unique secours que l'Occident donnait à la Grèce, remarqua la forme nouvelle et la régularité des caractères qui ne semblaient pas tracés à la main. « Quelle est, dit-il, cette écriture inusitée? Nous ne la connaissions pas à Byzance; et nous ne l'avons jamais vue dans les lettres que nous recevions quelquefois de l'Église de Rome. — C'est, répondit le messager du cardinal, une invention assez curieuse, qui vient d'être faite au delà des monts, chez les Barbares, dans une ville de Germanie. Ils ont imaginé de fabriquer avec du bois ou du plomb des caractères qui se gravent sur le papier autant de fois qu'on le veut. On accusait

---

[1] *Litteræ indulgentiarum Nicolai V, Pont. Max., pro rege Cipri data.*

ces gens-là de magie et de commerce diabolique, mais bien à tort; car notre saint-père le pape en a fait venir quelques-uns de Mayence, pour écrire ainsi les brefs et les lettres nombreuses de la chambre apostolique. Déjà même on commence à copier de cette manière de plus longs ouvrages. »

Lascaris écoutait avidement ces détails, les yeux attachés sur la sainte bulle, et comme saisi de surprise et de joie. « Ah! dit-il, heureux effort de l'industrie de l'homme, source de vérités nouvelles, sauvegarde immortelle des vérités découvertes! Tous ces trésors de la pensée que je viens d'enlever aux flammes des Barbares sont désormais en sûreté, même contre le ravage du temps. On va les multiplier sans nombre, ils vont pénétrer dans tous les points de l'univers, et porter partout le nom et le génie de la Grèce. C'est aujourd'hui, qu'au milieu de l'accablement de nos malheurs, je vois avec certitude l'aurore d'une grande époque commencer pour le genre humain. »

Le savant Gémiste, dont l'esprit vivait tout entier dans les traditions et les images de la Grèce antique, paraissait ne donner que peu d'attention à ce discours. Bien que le caractère de son esprit fût l'enthousiasme, il ne savait se passionner que pour ce qui n'était plus; ses espérances mêmes n'étaient que des souvenirs. Mais les autres Grecs plus jeunes entrevoyaient toute la grandeur de ces nouvelles promesses. Médicis surtout en paraissait charmé; il tenait à la main une lettre de son père, et, la remettant à Lascaris : « Voyez, dit-il, Florence vous attend; elle veut disputer à Rome la gloire de recueillir votre naufrage. » Voici quelques passages de cette lettre du grand Cosme de Médicis : « Les retours maritimes ont été très-favorables cette année, mon fils; nos derniers vaisseaux, venus d'Alexandrie et de Bassora, m'ont apporté beaucoup de tissus précieux, des parfums, des diamants, et plusieurs manuscrits en grec et en arabe que j'ai placés dans notre muséum; mais ils annonçaient de bien tristes nouvelles sur Constantinople. Mahomet l'assiégeait de toutes parts; et déjà sans doute vous aurez appris dans le lieu où vous êtes la ruine de cette malheureuse ville; on ne fera rien ici pour la secourir. Dieu et les princes chrétiens l'ont abandonnée. Le pape, quoique ami des sciences, n'a pu pardonner aux Grecs leur obstination dans le schisme. On parle cependant d'une nouvelle croisade; mais on ne s'accordera pas plus pour reconquérir Byzance qu'on ne s'est accordé pour la défendre. Faisons du moins tout ce qui est en notre pouvoir pour les malheureux fugitifs qui échapperont à ce désastre. J'envoie des vaisseaux pour les recueillir sur toutes les mers de la Grèce. Toi surtout, mon fils, pendant ton voyage, si tu rencontres quelques-uns de ces Grecs illustres de Thessalonique ou de Byzance qui conservent tout le génie de l'antiquité, prodigue-leur tes soins. Ce sont des hommes rares et sacrés, mon fils; ramène-les avec toi dans notre patrie, dans notre maison; ta présence même en sera plus précieuse pour moi. Mon fils, servons les lettres ; embellissons Florence de toutes les richesses du savoir ; c'est ainsi que nous mériterons d'être les premiers parmi nos libres concitoyens. Nous ne sommes que des marchands, disent les Albizzi ; mais favorisons les lettres et le génie, plus que ne l'ont fait les rois. » Quelques mots de cette lettre annonçaient aussi la découverte que l'on venait de faire en Germanie. Cosme de Médicis paraissait en avoir saisi d'abord toute l'importance.

« Je fais venir d'Allemagne, écrivait-il, cette merveilleuse invention ; ne laissons aucun avantage à la cour de Rome. Qui sait les voies de la Providence ? Peut-être cet art est-il un dédommagement du triomphe des Barbares dans l'Orient. »

Lascaris ne pouvait retenir ses larmes en lisant l'expression touchante de si nobles sentiments. « Ah! dit-il, dans l'excès de nos malheurs nous ne serons pas du moins des fugitifs importuns à ceux qui nous reçoivent! Si nous n'avons plus de terre natale à servir, nous pourrons encore bien mériter du genre humain. Allons répandre dans l'Italie ces nobles études, ces trésors de la pensée dont nous sommes dépositaires, et qui sont attendus avec une si généreuse impatience. Profitons de ces découvertes qui viennent d'éclore ; peut-être bientôt un héritier des Césars de Byzance [1] travaillera-t-il de ses

---

[1] Plusieurs écrivains avaient remarqué cette heureuse coïncidence de la découverte de l'imprimerie avec l'émigration des lettres grecques en Occident. L'imprimerie fut inventée à l'époque précise où elle était le plus nécessaire, et sans doute parce qu'elle

mains à cette nouvelle industrie, qui doit perpétuer et répandre les plus sublimes ouvrages de la raison et du génie. Nous vous suivons, cher Médicis, avec plus de confiance que n'en ont ordinairement des malheureux et des bannis ! »

Lascaris désirait d'autant plus hâter le départ de ses compatriotes, que la défiance et l'aversion religieuse des Siciliens pour les Grecs semblaient se ranimer et s'accroître. Quelque chose des singulières illusions de Gémiste s'était répandu au dehors avec mille interprétations plus bizarres. Les matelots grecs, imbus de la haine aveugle des moines de Byzance pour l'Église ro-

l'était. En effet, ces prétendus hasards, qui ont fait trouver tant de choses admirables, n'étaient presque toujours qu'une réponse aux besoins et à l'activité de l'esprit humain tourné plus particulièrement sur un objet. Toutes les allusions que nous avons faites à ce mémorable événement sont d'une exactitude littérale. La bulle du pape Nicolas V en faveur du roi de Chypre est le plus ancien monument connu de l'imprimerie, et se rapporte à l'année de la prise de Constantinople. Il est également vrai qu'un Grec, allié à la famille impériale, Jean Lascaris, travailla dans une imprimerie de Florence, vers la fin du XVe siècle. Ce Grec, qui était enfant à l'époque de la prise de Byzance, fut amené en Europe, où il devint célèbre par son esprit et son savoir. Laurent de Médicis l'envoya plusieurs fois en Orient pour recueillir des manuscrits antiques; Louis XII et François Ier l'employèrent comme ambassadeur à Venise; Léon X se servit de ses conseils. Jean Lascaris était poëte, et il a célébré la découverte de l'imprimerie dans une pièce de vers que l'on peut traduire ainsi :

« Sur ces pages en lettres d'airain, le dieu des Muses de la

maine, ne cachaient pas la répugnance que leur inspirait le culte des Latins, et répétaient, en les voyant, le nom injurieux d'*azymites*. Les Grecs n'avaient pas assisté aux prières de la liturgie romaine. Un bruit vague, une rumeur populaire les accusait d'impiété ; on murmurait contre eux les mots d'*infidèles* et de *schismatiques*.

L'arrivée d'un martyr du christianisme oriental, de Marc Théodore, évêque d'Éphèse, fortifia ces bruits, loin de les détruire. Zélé pour les priviléges de l'Église grecque, il avait été le plus inflexible adversaire de la réunion proposée dans le concile de Florence ; son nom était chargé d'anathèmes par tous les docteurs de l'Église

Grèce antique a reconnu les caractères qu'autrefois il montra le premier, et dit aux Muses : Que tardons-nous encore? nous sommes rappelés à la vie. La Grèce va refleurir. Par l'industrie de Vulcain et la sagesse de Minerve, l'âme humaine a reçu d'immortels remèdes à son infirmité. L'imprimerie, comme un don céleste détaché du séjour éternel de la vérité, aplanit les routes glorieuses du poëte. Voyez ces fleurs nouvelles; voyez, à l'entrée de ces pages impérissables, le rameau suppliant qui vous est présenté. Les poëtes implorent en foule votre divin secours; conservez, ô Muses, la gloire de la patrie. Apollon dit ; et, pressé d'accomplir sa promesse, il les conduit en Italie. Jupiter le permet ; et ces filles brillantes de la liberté y fixèrent bientôt leurs pas, en regrettant le séjour divin de la Grèce. »

Ces vers un peu chargés de mythologie sont un monument curieux de l'époque, mais ils ne valent pas sans doute les chants populaires de la Grèce moderne, publiés dans un précieux recueil où tout est neuf, la découverte et le commentaire.

latine. Sa présence parut un sujet d'effroi dans le monastère, qui d'abord avait accueilli Lascaris. Échappé aux outrages des Turcs, et, malgré son dédain de la vie, sauvé par mille hasards, l'évêque d'Éphèse abordait en Sicile, dépouillé, meurtri, défiguré par le fer et par le feu, mais intrépide et résigné comme un apôtre des premiers temps. Cette austère pureté de mœurs que l'Église grecque opposait à la licence, trop commune alors, des prêtres d'Italie, était relevée en lui par le malheur et la trace encore récente des tourments qu'il avait soufferts ; et jamais le patriarche de Constantinople, s'égalant au pontife romain, et célébrant la Pâque orientale au milieu des splendeurs de la basilique de Sainte-Sophie, n'avait paru plus vénérable à la foule prosternée sur les parvis du temple, que ne l'était en ce moment, aux yeux des malheureux Grecs, l'évêque d'Éphèse, proscrit et mutilé pour la foi.

L'évêque était plein d'indignation et d'espérance. Malgré l'amertume de son zèle contre les Latins, il se promettait enfin le secours de leurs armes, pour venger la prise de Constantinople et le sang de tant de martyrs. Il avait vu le triomphe de Mahomet et le corps du malheureux Constantin tiré de la foule des morts et exposé à tous les regards comme le trophée de la conquête. Mais il ne pouvait croire que Dieu eût permis pour longtemps cette sacrilége victoire; il lui semblait que l'Europe émue allait se soulever de ses fondements pour écraser l'impie. Il blâma sévèrement le peu de confiance de ses frères, la timidité de leur foi. « Il nous faut, dit-il, avant tout, offrir le divin sacrifice de la messe pour les vivants et pour les morts, pour le salut des uns et pour la persévérance des autres. »

Aucun lieu consacré, dans Catane, n'était ouvert aux fugitifs pour l'accomplissement d'un tel devoir. Ils hésitèrent quelques moments sur le refuge où ils devaient cacher la cérémonie sainte. L'un d'eux proposa de se réunir aux portes mêmes de la ville, dans les ruines souterraines, monument de l'antique cité ensevelie par une éruption de l'Etna. « Non, dit l'évêque d'Éphèse, quelle que soit l'erreur ou l'injustice des hommes, la croix ne se cachera pas aujourd'hui dans les cavernes et dans les tombeaux, comme aux premiers jours du christianisme. C'est à la face du ciel et près du rivage où vous êtes abordés que vous devez rendre grâce à Dieu qui vous a conduits. Notre foi n'est pas criminelle, et les chrétiens n'achèveront pas sur nous le martyre commencé par les Turcs. Demain, au lever du jour, que tous nos frères soient réunis sur cette colline entourée de bois épais, qui commence la première chaîne de l'Etna. Là j'offrirai le divin sacrifice, avant que nous nous embarquions pour l'Italie, afin que Dieu nous donne la force de garder notre foi parmi les chrétiens d'Occident, comme parmi les Barbares d'Asie. »

La foi vive des Grecs leur fit saisir avec empressement ces paroles du vertueux évêque. Lascaris, qui avait longtemps souhaité la fin du schisme de Byzance, respectait la piété de l'évêque d'Éphèse, et il admirait cette image de la religion confiante et immobile sur les ruines d'un empire.

Toute la colonie des fugitifs se rendit dans la nuit au lieu que l'évêque d'Éphèse avait indiqué. A la lueur de ces torches de résine que fournissent les bois de l'Etna, ils traversèrent lentement la vallée ; et l'aurore les vit réunis au sommet de la colline, sous cet arbre gigantesque qui subsiste encore aujourd'hui, et que l'on appelle [1] *le châtaignier des cent chevaliers*, parce qu'il est assez vaste pour couvrir un tel nombre de combattants sous son épais feuillage.

Cet arbre, selon la croyance du pays, était consacré à sainte Agathe, dont le voile, conservé dans l'église principale de Catane, protégeait la ville, disait-on, et pouvait seul, déployé dans les airs, arrêter les feux de l'Etna et les torrents de la lave en fureur. Sans connaître cette

---

[1] « J'arrivai au lieu où est situé le fameux châtaignier connu, à cause de sa prodigieuse grosseur, sous le nom de *Castagno di cento cavalli*, parce qu'on assure que cent chevaux pourraient se mettre à l'abri sous ses branches. Cet arbre est isolé et placé sur une pente douce. Il était consacré autrefois à sainte Agathe, etc., etc. C'est à l. protection de sainte Agathe que les habitants de Catane se croient redevables de n'avoir pas été ensevelis sous des torrents de lave. Cependant tous les anciens édifices ont péri, et sous le règne de Guillaume le Bon, vingt mille habitants avec leur évêque furent abîmés avant qu'on eût pu tendre le voile sacré de sainte Agathe, qui a la vertu d'arrêter les flammes. » (*Voyage de Swinburne dans les Deux-Siciles*, t. III.)

tradition des habitants, Théodore prépara sous ce majestueux abri la cérémonie sainte. On avait apporté le calice d'or donné jadis par le grand Constantin au sanctuaire de Sainte-Sophie, et sauvé dans la fuite des Grecs par une religieuse de Byzance, alliée à la famille du dernier empereur. On le plaça sur un quartier de roche, qui semblait artistement taillé pour quelque autre usage. Le pain levé du sacrifice avait été, suivant la coutume, pétri par les mains d'une vierge; elle y avait gravé les caractères sacrés[1] qui promettent la victoire à Jésus-Christ. Revêtu de la longue robe blanche des pontifes grecs, la tête ornée de la couronne, après s'être incliné trois fois vers l'Orient, l'évêque commença les cérémonies saintes avec le même soin religieux, la même lenteur qu'il aurait observés dans Éphèse ou dans Byzance. Les Grecs étaient rangés à l'entour, debout, la tête couverte, et répétaient ces hymnes de l'Église orientale, embellies des plus harmonieux accents de la parole humaine : *Dieu saint, Dieu puissant, Dieu immortel, ayez pitié de nous!*

Lorsque Théodore fut au moment où, selon le rituel de l'Église d'Orient, le pontife adresse la parole au peuple assemblé, il s'écria : « Grand Dieu! la Grèce chrétienne n'est pas détruite, puisque dans ce lieu désert, sous cet abri sauvage, nous te prions encore. Mahomet a souillé

---

[1] Ce pain est de pâte de froment levée, sur laquelle on a imprimé les premières lettres de ces mots, Ἰησοῦς Χριστὸς νικᾷ, *Jésus-Christ est vainqueur*.

ton temple, brisé les images de tes saints ; mais notre foi, toute spirituelle et pure, ne s'attachait pas à ces signes périssables. Daigne aujourd'hui, grand Dieu, soutenir la foi de nos frères parmi les épreuves de la captivité et les tentations du malheur ! Sauve notre religion sainte des cruautés et de la protection de Mahomet ; daigne absoudre nos pontifes autorisés par ce maître impie ; et ne leur ôte pas, tout indignes qu'ils sont, le pouvoir de sanctifier le peuple par ta divine parole. Puissé-je bientôt retourner en Orient, et mourir pour la foi que j'ai gardée ! Mes frères, dans les hasards de l'exil, sous les climats où le sort vous jettera, conservez le christianisme de vos aïeux. En vain la Grèce est soumise, et les Grecs esclaves ou dispersés ; vous serez un peuple, tant que vous aurez un culte. La religion, le partage des mêmes autels, la foi aux mêmes espérances, voilà la première et la plus sainte de toutes les patries ; avec elle vous retrouverez, ou plutôt vous n'aurez jamais entièrement perdu cette glorieuse terre de la Grèce. Les autels de votre Dieu vous rendront un jour les tombeaux de vos pères.

« Ne sommes-nous pas en effet les aînés de l'Europe dans la religion comme dans les arts ? n'avons-nous pas donné l'Évangile à l'empire romain ? Athènes et Corinthe ont entendu la voix de saint Paul. Éphèse est une des sept villes fidèles qu'avait comptées l'apôtre. On conservait dans Byzance la chaire pontificale où s'est assis le grand Chrysostome. Hélas ! quels torrents de lumières versait l'Église grecque pendant ces premiers âges et ce glorieux avénement du christianisme! Et maintenant elle est obscurcie, couverte de deuil, répudiée par les Latins, outragée par les Barbares! Qu'elle vive cependant! qu'elle conserve dans l'esclavage et sous les anathèmes le feu sacré de l'espérance! Elle porte en soi le salut et la renaissance de la Grèce. Mes frères, on nous accuse d'avoir refusé l'union des Latins; on nous reproche notre inflexible résistance : j'ai partagé cette sainte obstination avec de pieux évêques justifiés par le martyre : faudrait-il aujourd'hui me rétracter? C'est aux vaincus, c'est aux fugitifs qu'il appartient d'être inébranlables dans leurs maximes, et de garder la vérité pour unique et dernier trésor. Qui peut d'ailleurs prévoir les conseils de Dieu? Ce peuple du Septentrion, disciple de notre Église, et dont les souverains se sont alliés jadis à la race de nos princes, ne serait-il pas l'instrument que le ciel réserve pour notre délivrance? Son exemple réveillera le zèle des Latins; on rougira de nos malheurs, en respectant notre fidélité. Quoi qu'il en soit, c'est dans Byzance affranchie, c'est au milieu de la Grèce victorieuse et ranimée que pourra cesser la division des deux Églises réconciliées par un si grand bienfait. Jusque-là, gardons notre foi entière et invincible : prions incessamment pour nos frères esclaves en Grèce et en Orient; souffrons et espérons. La vie des peuples est longue, mes frères, et le christianisme est éternel. »

Le pieux évêque, après avoir achevé ces paroles, récita d'une voix forte le symbole de l'Église de Byzance, en s'arrêtant sur le terme unique et sacramentel qui sépare les deux communions ; puis s'étant incliné trois fois vers la terre, il allait consommer le mystérieux sacrifice, quand tout à coup des cris affreux et de bruyantes menaces interrompent le recueillement de l'assemblée.

De toutes parts accourent des hommes au visage basané, dont les traits, dont les yeux semblent animés par la fureur, et troublés en même temps d'un superstitieux effroi ; c'étaient des pâtres, des laboureurs du hameau voisin, qui, frappés du vêtement des Grecs et de leur langue inconnue, croyaient voir l'arbre de sainte Agathe profané par quelque sacrilége, et déjà tous les feux de l'Etna près d'engloutir leurs campagnes désormais sans défense. Ces hommes ignorants et féroces, plus terribles par leur frayeur même, se précipitent sur le pontife. Lascaris s'est élancé le premier devant le saint évêque, pour épuiser l'effort de ces furieux. Il repousse de son épée le plus hardi des agresseurs ; c'était un brigand de la montagne, vengeur superstitieux de sainte Agathe, et qui déjà avait le bras levé pour égorger le pontife grec. L'intrépidité de Lascaris et de ses amis, qui se pressent autour de lui, arrête un instant l'aveugle rage des paysans siciliens ; mais leur nombre augmente ; les habitants du hameau de la Giari, au pied de la montagne, du côté de la mer, ont sonné le beffroi ; de nombreux signaux sont allumés, et partout, d'un sommet à l'autre, des cris féroces retentissent et se répondent.

Dans ce péril, Lascaris fait placer au milieu du petit

nombre des Grecs étroitement serrés, l'évêque d'Éphèse portant les choses saintes : lui-même marche à la tête de ses compatriotes, disperse la foule, et s'ouvre la route de Catane, malgré les fureurs de cette populace sauvage. Mais tandis que l'intrépide et sainte procession traverse lentement les lisières du bois et le champ de lave cultivé, qui s'étend du canton de *Montagnuole* jusqu'à la ville, partout, sur le chemin des Grecs, de nouveaux assaillants accourent et s'amassent. Sur la vague rumeur que des hérétiques avaient profané l'arbre de sainte Agathe, le peuple même de Catane, sans partager l'aveugle férocité des montagnards, était saisi d'indignation et d'effroi. Le danger continuel où vivent ces hommes, les feux toujours suspendus sur leur tête, la terre toujours tremblante sous leurs pas, redoublent en eux cette superstitieuse vivacité des imaginations du Midi. Au-devant de la foule bruyante qui suit et menace les Grecs, s'est précipitée de la ville même une autre foule d'hommes, de femmes frappés de la même terreur. Partout des physionomies ardentes, effarées, des cris de colère, des récits effrayants que ce peuple écoute et répète avec l'inexprimable mobilité qui se peint dans tous ses traits : on dirait la plus terrible des séditions populaires.

Cependant le capitaine espagnol qui commandait dans la ville au nom d'Alphonse d'Aragon, souverain des Deux-Siciles, envoie quelques cavaliers au milieu de ce désordre. Médicis et ses amis, touchés d'un sentiment généreux, sont accourus pour s'interposer en faveur des

Grecs. La violence de l'émotion commence à s'affaiblir par sa durée même. Cependant, mille voix demandent toujours le sang des Grecs, la punition de leur impiété. Lascaris, qui avait méprisé les menaces de la foule et repoussé sa violence, se rend au palais du chef espagnol, suivi par le peuple qui l'accuse. Ce chef était un vieux soldat, nourri dans les révolutions d'Aragon et de Naples, fidèle instrument de la conquête d'Alphonse, et méprisant les Siciliens comme des vaincus. Fort indifférent aux souvenirs et aux traditions des Grecs, il savait cependant que le roi Alphonse aimait ces étrangers, et qu'il était curieux de leurs arts. Lui-même ayant un jour, dans le sac d'une ville d'Italie, ramassé un manuscrit[1], en lettres grecques, qu'il alla porter à ce prince, en avait eu pour récompense une magnifique épée. Il reçut les Grecs sans colère, ne parla pas même de quelques habitants de la campagne blessés en attaquant Lascaris. « Mais pourquoi, dit-il, vous autres hérétiques, vous être approchés de cet arbre qui protège la ville, et nous avoir tous exposés au danger d'être enterrés sous la lave, comme l'ancienne ville, qui est là près de nous? Tout ce peuple est furieux à force de peur; et si je n'étais pas Espagnol, j'aurais peur moi-même. Je ne peux pas vous laisser libres ici. Ces gens-là se révolteraient, comme ils ont fait à Palerme; mais heureusement notre grand roi

---

[1] Antoine de Palerme, dans son livre de *Gestis Alphonsi*, rapporte ces détails et beaucoup d'autres sur la passion d'Alphonse pour les lettres.

Alphonse arrive maintenant à Syracuse. Je vais vous envoyer à sa haute justice. »

Les Grecs passèrent la nuit dans la citadelle de Catane, tandis que l'effroi et la fureur du peuple s'exhalaient en mille récits. Le lendemain, tout fut préparé pour les conduire à Syracuse. Le gouverneur espagnol les avertit en même temps qu'il allait, sur la demande de l'archevêque de Palerme, faire embarquer les religieuses grecques reçues au monastère de Saint-Benoît, pour les conduire à Rome, où elles seraient converties à la foi catholique. L'évêque d'Éphèse sollicita vivement la faveur de les voir avant leur départ. Au milieu de la ruine de sa patrie, du sort incertain de ses frères, il semblait surtout préoccupé de la crainte que des âmes faibles et sans défense ne fussent gagnées à la communion romaine. On ne rejeta point sa prière. L'évêque pénétra seul dans le couvent de Catane, au lieu où les religieuses de Byzance étaient retirées.

C'était un bâtiment de construction arabe, qui jadis avait servi de mosquée aux vainqueurs de la Sicile, et qui, depuis, avait été consacré à de plus saints usages. Les jeunes Grecques étaient assises dans une vaste salle, au milieu de laquelle jaillissait une eau limpide, suivant une coutume d'Orient transportée dans la Sicile. Pour ne point irriter les sœurs de Saint-Benoît, elles avaient couvert de voiles blancs leurs longs cheveux ; mais elles refusaient d'assister aux prières communes du monastère. Seulement, elles observaient un jeûne rigoureux ;

elles chantaient dans leur langue des hymnes sacrées ; ou quelquefois l'une d'elles, au milieu de ses compagnes en pleurs, célébrait, dans des vers soudainement inspirés, la perte de ses parents morts au siége de Byzance. Attirées par leurs voix, les religieuses du couvent venaient les écouter ; elles avaient peine à se défendre d'admirer leur beauté, leur douceur, l'harmonie de leurs chants, et leurs longues prières. Mais elles se plaignaient de ne pouvoir se faire comprendre d'elles.

Élevées dans une solitude austère, les filles nobles de Byzance, avant même d'être consacrées à la vie religieuse, ne voyaient jamais d'étrangers, et ne parlaient que la langue grecque, conservée presque[1] dans son antique pureté ; l'idiome vulgaire leur était inconnu. Plus tard, la retraite profonde des monastères ne leur permettait de lire que les livres sacrés, et les écrits des grands apôtres de l'Église d'Orient. Mais un souvenir fidèle leur rappelait souvent des chants poétiques qu'elles avaient entendus dans leur enfance, à côté de leurs mères ; et dans chaque monastère d'Orient, l'instinct du climat et de la solitude inspirait à quelque religieuse le génie des vers.

---

[1] Philelphe, savant Italien qui avait habité Constantinople, a fait cette remarque : « Viri aulici veterem sermonis dignitatem « atque elegantiam retinebant, imprimisque ipsæ nobiles mulieres, « quibus, quum nullum esset omnino cum viris peregrinis com- « mercium, merus ille ac purus Græcorum sermo servabatur in- « tactus. »

Quand l'évêque d'Éphèse parut dans l'asile des jeunes Grecques, l'une d'elles, Aurélia, déplorait le martyre des pontifes de la Grèce égorgés par les Barbares. Des paroles de feu sortaient de la bouche de cette vierge timide. Elle invoquait Dieu; elle accusait sa providence d'avoir laissé tomber la religion et l'empire. A la vue du saint évêque, elle s'arrêta pleine de trouble et de joie, et toutes les sœurs tombèrent à genoux, comme si le Seigneur eût exaucé une partie de leurs prières, en leur envoyant ce confesseur de la foi : « O mon père, s'écria la jeune Aurélia, Dieu vous a conservé pour être un exemple vivant du martyre. Mais, dites-nous, fera-t-il triompher son saint nom dans la Grèce? Reverrons-nous la Panagia de Byzance? ou faut-il mourir sur une terre déserte[1] et profane? — Relevez-vous, mes enfants, reprend le saint vieillard, et retenez mes paroles. Les jours d'épreuve sont à peine commencés ; vous irez bientôt à Rome, dans la nouvelle Babylone. Telle est notre infortune, qu'il n'y a plus pour vous de refuge que dans le lieu même où votre foi est en péril. Vous allez à Rome. Promettez-moi que vous n'abandonnerez jamais les cérémonies saintes de nos pères ; que vous ne reconnaîtrez jamais la parjure union de Florence. — O mon père! s'écrièrent-elles toutes ensemble, jamais. Que la Panagia nous protége ; que vos saintes paroles nous soutiennent

---

[1] Cette expression est familière dans la langue actuelle. Les Grecs modernes appellent déserte la terre étrangère : Τὰ ἔρημα τὰ ξένα.

et nous défendent ! Jamais nous ne suivrons l'erreur des azymites. Nous ne couperons pas nos cheveux noirs ; nous n'ôterons pas nos voiles, comme les vierges profanes d'Italie. » Alors l'évêque d'Éphèse, découvrant le calice d'or qu'il avait apporté avec lui : « Aurélia, dit-il, je vous rends ce gage sacré ; il n'y a plus d'Église de Byzance. Que le don du grand Constantin serve au moins à protéger la fille des empereurs. Ce nom est vénéré dans l'Occident ; il vous recommandera devant le pontife de Rome. D'autres épreuves nous sont réservées, et ce trésor de la foi grecque sera plus en sûreté dans vos mains que dans les nôtres. » A ces mots, Théodore bénit les jeunes vierges et se retire.

On préparait déjà leur départ, et, d'après la demande de l'archevêque de Palerme, un prêtre romain et deux religieuses de Saint-Benoît devaient les conduire. La supérieure du monastère de Catane recommanda vivement aux sœurs d'obtenir une bulle d'absolution pour le tort qu'avait eu le couvent de recevoir des schismatiques dans ses murs, et elle vit cependant partir avec regret ces jeunes filles si modestes, et qui chantaient de si douces paroles dans une langue inconnue. Elles montèrent sur le vaisseau grec qui les avait amenées. Les matelots mirent à la voile, en répétant le cantique de la Panagia, et les jeunes vierges se redisaient entre elles les graves paroles de Théodore.

Cependant Lascaris et les autres Grecs étaient partis pour Syracuse, sur des mules de Sicile, avec une escorte de cavaliers espagnols. Médicis et les Italiens ses amis ne voulurent pas se séparer d'eux, résolus de partager et d'adoucir leur mauvaise fortune. C'était un touchant spectacle que ces Grecs dont les ancêtres avaient, à plusieurs reprises, conquis et civilisé la Sicile, voyageant aujourd'hui captifs à travers ce beau pays où partout ils retrouvaient des monuments de leurs arts antiques, et où leur nom était odieux et leur langue inconnue. Au IXe siècle, les empereurs de Byzance possédaient encore la Sicile, qui leur fut enlevée par les Sarrasins. Partout s'offraient des édifices, des ruines, des inscriptions, qui rappelaient les âges divers de la puissance grecque ; et nulle trace n'en restait dans les générations présentes renouvelées par la conquête. Tant il est vrai que la mémoire des hommes est le plus périssable des monuments !

L'état malheureux de la Sicile, la rareté des chemins praticables sur cette terre tant de fois désolée par les ravages de la nature ou de la guerre, obligeaient les Grecs et leur escorte de prendre d'assez longs détours pour arriver jusqu'à Syracuse. Ils descendaient vers la mer, afin d'éviter les hautes collines et les plaines entièrement désertes, où l'olivier de la Grèce et les plus heureuses plantes de l'Asie couvraient un sol sans culture. Ils se rapprochaient des villes, et quelquefois même ils se détournaient un peu pour visiter les ruines. Il y avait pour ces fugitifs, qui portaient dans leurs cœurs tous les regrets de la patrie perdue, une sorte de diversion consolante et de charme douloureux à contempler des infortunes aussi grandes et plus anciennes que la leur; mais tout dans la Sicile semblait presque leur offrir cette pensée, les lieux habités comme les lieux déserts, et les cités comme les ruines. Après quatre jours de marche, à travers une plaine immense et sauvage, au midi de Catane, ils arrivèrent à Syracuse; et, malgré ce port, dont l'admirable situation n'est surpassée que par le port de Byzance, malgré la magnificence de tant de débris, ils doutèrent un moment si c'était là le formidable écueil où jadis s'était brisée la fortune d'Athènes.

Alphonse venait de quitter Syracuse. Une sédition nouvelle le rappelait à Palerme. Syracuse n'était plus qu'une ville sans puissance, aisément contenue par quelques soldats espagnols. Un peuple peu nombreux habitait les cinq grandes enceintes de l'antique cité. Race incertaine et dégradée de tous les vainqueurs qui avaient passé sur cette terre, ce peuple, au milieu des monuments grecs, romains, arabes, qu'il voyait tomber en ruine autour de lui, confondait tout dans son apathique ignorance : il priait dans la chapelle de saint Mercure, il montrait pieusement le puits de sainte Junon. Nos Grecs souriaient de cette erreur, et Gémiste croyait y reconnaître l'invincible puissance de ces gracieux symboles qui avaient autrefois enchanté l'univers. Le jeune Michaël Apostole, animé des plus riants souvenirs de la poésie grecque, cherchait la fontaine d'Aréthuse; mais la barbarie avait détruit même cet ouvrage de la nature;

il ne restait plus qu'une eau trouble et saumâtre, où s'amassaient les débris des monuments dont le génie grec avait autrefois orné les bords de cette source sacrée. Lascaris et ses jeunes amis étaient montés sur l'Épipole, pour contempler d'un seul regard ce que fut Syracuse. Quand ils virent cette vaste enceinte que le commerce n'animait plus, ces ports déserts, ces ruines inégales qui s'élevaient çà et là, ce Proscenium que les vainqueurs espagnols [1] n'avaient pas encore achevé de démolir : « Athènes est bien vengée ! » dirent-ils, et leurs yeux se remplirent de larmes en songeant à leur patrie.

Les jeunes Italiens regardaient plus tranquillement ce triste spectacle ; ils naissaient à la vie sociale ; ils étaient pleins d'espérance. « Quelle situation favorable pour le commerce et pour l'empire ! disait le jeune Bembo ; Venise elle-même n'est pas mieux protégée, mieux servie par la mer ! Mais quoi ! le destin des lieux change comme celui des peuples mêmes ! ce n'est plus ici que le commerce apportera les richesses de l'Orient ; c'est à Venise, qui s'élevait à peine au-dessus des flots de l'Adriatique, quand Syracuse était reine. — Oui, dit Lascaris, rien ne flétrit comme la conquête ; elle détruit même le génie des lieux et le bienfait de la nature. Venise le saura quelque jour. » Un ordre du gouverneur espagnol qui com-

---

[1] Il ne reste plus de vestiges du Proscenium ; les pierres en furent employées dans les fortifications de la ville, par les ingénieurs de Charles-Quint. » (*Voyage de Swinburne dans les Deux-Siciles*, t. III.)

mandait à Syracuse avertit les Grecs de poursuivre leur route jusqu'à Palerme. Leurs guides, dont la rude indifférence ne voyait rien dans ces monuments antiques, les pressèrent de se mettre en route, pendant que la première fraîcheur du soir tempérait le ciel brûlant de la Sicile. Après avoir traversé l'Acranite, ils remontèrent lentement la haute colline que l'on appelle encore aujourd'hui l'*Échelle grecque*, et s'éloignèrent de Syracuse, où tout, excepté les hommes, retraçait l'image de la Grèce.

Leur route, prolongée à travers les hameaux de la Sicile moderne, ne leur offrait plus ces puissants souvenirs. Quelquefois, cependant, les débris d'un château moresque, et ce mélange d'architecture arabe et normande, commun dans la Sicile, attirait leurs regards. Le chef de l'escorte espagnole sortait alors de sa taciturne insouciance, et, montrant le reste des petites tours crénelées des Arabes, il s'animait à cette vue, et contait les exploits de ses compatriotes contre les Mores de Grenade et de Xérès. C'était comme un lien nouveau que la haine des musulmans formait entre les Grecs et les Espagnols. « Il faut, disait le chef aragonais, que votre schisme soit une terrible chose, pour qu'on n'ait pas voulu vous défendre contre ces mécréants qui nous donnent tant de peine en Espagne. » En même temps, il ne pouvait se défendre de regarder avec admiration le recueillement austère, le visage majestueux et les cicatrices de l'évêque d'Éphèse; il disait avec sa naïveté guerrière : « C'est pourtant chose étrange que l'on soit martyr sans être bon chrétien. »

Une marche de plusieurs jours, tantôt sur quelques débris de routes anciennement construites par les Romains, tantôt sur ces landes désertes qui hérissent la Sicile, n'avait offert aux voyageurs que des ruines diverses habitées par quelques pauvres familles. Enfin, à leurs regards brillent au loin de hautes colonnes, de vastes murailles dont l'aspect annonce une grande cité. Toute la troupe presse le pas pour arriver dans ce lieu avant la chute du jour. Les rayons affaiblis du soleil éclairent d'une lumière plus douce ces monuments qui semblaient terminer l'horizon. Hors de la vaste enceinte qui les enferme, on aperçoit çà et là d'immenses blocs de pierre et de marbre qui semblaient transportés par une force plus qu'humaine. « Nous trouverons toujours là un asile, » disait le guide sicilien, qui s'était écarté de la route ordinaire. Après un effort de quelques heures, on arrive auprès de cette ville, que la transparence limpide du climat de Sicile montrait de si loin. Elle était déserte, et ses monuments n'étaient que des ruines plus grandes et plus entières. Les voyageurs éprouvèrent une surprise presque mêlée d'effroi en se voyant au milieu de cette grande destruction, qu'ils avaient crue vivante. Leurs regards se portèrent sur un temple d'une hauteur immense, dont les colonnes étaient encore debout, et gardaient la trace de l'ancienne architecture dorique. Deux autres temples s'élevaient à quelque distance ; l'intervalle était rempli par des fûts de colonne, des marbres de la Grèce, et des murs à demi détruits que couvraient de leurs fleurs des rosiers sauvages. « Eh quoi ! dit Lascaris, serait-ce ici l'une des plus antiques colonies de la Grèce, Sélinonte[1], que nos historiens montrent comme détruite avant même la conquête romaine? Triste image de la destinée! la vie des ruines est plus longue que celle des États; et nous trouvons encore aujourd'hui tant de grandeur dans les débris de ce qui n'est plus depuis deux mille ans! »

Tandis que, frappé de ce sentiment, il parcourait les vastes détours de ces débris qui couvrent tout le plateau d'une montagne, et qu'il s'étonnait de la solitude de ce lieu, le son confus d'une voix humaine attira Lascaris et l'évêque d'Éphèse vers une hutte grossière, dont l'aspect était caché par quelques ruines, et qui était appuyée d'un côté sur le *pronaos* du grand temple. Ils approchent, et quelle est leur inexprimable surprise d'entendre les

[1] Les ruines de Sélinonte ont été souvent décrites, et tout récemment elles viennent d'être retracées, sous le rapport de l'art, avec une admirable pureté de dessin. L'illusion qui les fait prendre de loin pour une ville habitée est indiquée dans les récits de plusieurs voyageurs. « De loin, dit Swinburne, ces ruines ressemblent à une grande ville avec ses clochers ; mes gens y furent trompés, et se réjouissaient d'arriver à un si bon gîte. Mais ils furent bien désappointés en ne trouvant qu'un morne silence et des objets de désolation. » M. de Forbin, dans ses ingénieux souvenirs de Sicile, raconte qu'il rencontra dans ce lieu désert une pauvre famille qui l'habitait.

accents de la langue grecque sortir de cet abîme de silence et de solitude! Une voix forte et pure répétait les belles paroles de Chrysostome pour la prière du soir : « Qui êtes-vous? » s'écrient les deux Grecs; et ils se précipitent dans ce réduit, où un homme d'une figure majestueuse était agenouillé devant l'image du Christ, près de laquelle brûlait une torche, suivant le rit de l'Église orientale. Ils hésitent un moment; ils reconnaissent Nicéphore d'Héraclée, le plus illustre des Grecs qui s'étaient réunis à la foi des Latins, dans le concile de Florence. Depuis cette époque, Nicéphore, voyant l'union repoussée avec fureur par le peuple de Byzance, et lui-même en butte aux soupçons et aux reproches, avait quitté la Grèce, et l'on ignorait le lieu de sa retraite. A peine ses yeux se sont-ils arrêtés sur Lascaris : « Vous ici! s'écriat-il. Ah! je le vois, Byzance est détruite, et j'avais vainement tenté le grand sacrifice que Dieu n'a pas voulu recevoir, ou plutôt dont il nous a punis. O Byzance! lumière du monde, paradis de l'Orient! comment es-tu tombée sous les coups des enfants d'Agar? » Il se tut à ces mots, en reconnaissant l'évêque d'Éphèse; et son visage se couvrit de rougeur et de larmes.

Cependant l'évêque d'Éphèse s'était retiré en arrière, à la vue du pontife d'Héraclée, comme si les divisions qui avaient préparé la ruine de Byzance devaient lui survivre. Ainsi, ces deux hommes vénérables par leur âge, leur vertu, leur génie, l'un portant la trace du martyre, et l'autre courbé sous le poids d'une rigoureuse pénitence, semblaient pourtant séparés par une insurmontable barrière. Leurs regards même craignaient de se rencontrer. Lascaris, interrompant ce silence plein de reproches, confirme le triste pressentiment de Nicéphore sur les malheurs de la Grèce ; et il le presse d'abandonner cette solitude, et de se joindre à ses compatriotes exilés. « M'admettront-ils aujourd'hui ? reprend vivement Nicéphore. Je me suis moi-même banni de notre patrie. Loin de la Grèce qui me réprouvait, loin de l'Italie dont les honneurs auraient récompensé le changement de ma foi, j'ai vécu dans ce désert, parmi ces ruines qui m'annonçaient la chute de Byzance. Là, chaque jour, j'ai gémi devant Dieu sur les funestes divisions des peuples chrétiens, sur l'indifférence ou la haine qui les rendent inutiles l'un à l'autre. Souvent j'ai rétracté, par ma douleur, la fatale abjuration de Florence : le dirai-je ? j'ai repris dans ce désert tous les rites de notre culte sacré, comme une image de notre patrie : mais où est maintenant le temple de Sainte-Sophie, pour me réconcilier solennellement à la foi de nos pères ? »

A ces mots, l'évêque d'Éphèse, qui demeurait jusque-là silencieux et irrité, tendit la main à Nicéphore : « Venez, dit-il ; soyez absous en partageant notre infortune. » D'autres Grecs s'approchaient en ce moment, et tous apprirent avec une grande joie la rencontre inattendue de Nicéphore. Il y avait pour ces fugitifs une sorte de charme à trouver un compatriote que leur accueil pouvait consoler, et qui s'honorait de rentrer avec eux dans la communion du même malheur. Ils s'empressent autour de lui, avec des paroles d'amitié; ils recommencent le récit des derniers malheurs de Byzance; ils redisent leurs vœux, leurs espérances, leurs projets; ils se rappellent leurs divisions passées. Triste hasard de la fortune! ainsi se trouvaient rassemblés dans ce désert les débris et comme les images de toutes les croyances, de toutes les opinions qui avaient partagé la Grèce mourante : le platonicien enthousiaste et presque idolâtre, l'amant passionné des arts, le vertueux sectaire, le pénitent et le martyr. Assis sur les marbres mutilés de Sélinonte, ces hommes s'entretenaient avec la vive imagination de leur pays, et cette mobilité d'espérances qui survit à tous les malheurs. Près d'eux, Médicis regardait avec attendrissement ce spectacle, cette joie mêlée à tant d'infortunes; et il prenait part quelquefois à leurs discours, en les avertissant de ne pas trop espérer dans les armes et la générosité des rois de l'Europe. Le pontife d'Héraclée, longtemps retenu parmi les débats de Florence, parlait la langue italienne avec autant de force que de grâce; élevé jadis dans le couvent célèbre du mont Liban, il y avait puisé ces trésors d'érudition antique ignorés de l'Europe, et quelque chose du génie oriental : ses paroles étaient pleines d'élévation et de douceur. Il n'avait rien de l'austère véhémence de Théodore, il semblait fait davantage pour persuader et pour émouvoir. Les Italiens, en l'écoutant, admiraient ce peuple chez qui la supériorité de l'esprit se montre sous tant de formes diverses. A quelques pas de cette scène si vive, le chef espagnol, immobile, fumait une longue pipe arabe. A son attitude sérieuse et insouciante, à la monotone apathie de ses regards, on eût cru voir un Turc d'Occident. Le lever du jour éclaira la petite colonie fugitive, campée sur ces ruines antiques ; elle ne les quitta point sans émotion et sans regret. Nicéphore s'agenouilla pour la dernière fois dans l'humble réduit où il avait passé tant d'années de pénitence. Gémiste et Lascaris contemplèrent longtemps les magnifiques frontons du temple, illuminés par les premiers feux de l'aurore, tandis que les soldats espagnols détachaient négligemment leurs chevaux du pied des colonnes, qu'ils ne regardaient pas.

On se met en route : peu de jours suffisaient pour arriver jusqu'à Palerme, où le sort des Grecs devait se décider. Médicis, en les suivant, doutait s'il pourrait les servir auprès d'Alphonse, qui était alors en guerre avec Florence ; mais il comptait sur la générosité de ce prince, que l'on avait surnommé le Magnanime, et qui n'avait été cruel qu'une fois, en précipitant du trône l'infortunée Jeanne de Naples. Il entretenait les Grecs de cette espérance, et plus souvent il les interrogeait sur leurs sciences, comme s'il eût voulu ravir quelque chose de ce précieux dépôt. En approchant de Palerme, les Italiens et les Grecs ne purent se défendre de comparer avec un sourire les faibles monuments de l'art moderne aux ruines de Sélinonte. Entrés par la porte du Midi, leur escorte s'arrêta près d'un palais énorme et bizarre, bâti en différents siècles par les Goths, les Normands et les Arabes. Les avenues de ce palais étaient bordées, pour tout ornement, de lourds canons en fer, qui menaçaient la ville : c'était la demeure royale d'Alphonse. Une garde espagnole veillait aux portes ; et l'on apercevait la trace des punitions que s'était attirées l'humeur mobile et séditieuse des habitants. Les Grecs pénétrèrent avec une sorte de répugnance dans cette citadelle du conquérant espagnol ; mais ils étaient attendus ; et l'on avait ordre de les conduire à l'audience du roi. Ils sont introduits dans une vaste salle, qui présentait aux regards la plus étrange variété. A la voûte étaient suspendus des drapeaux déchirés, des armes, des étendards enlevés aux Mores de Tunis, aux Génois, aux Vénitiens. Au milieu de ces trophées brillait sur un bouclier la devise singulière du roi : c'était un livre ouvert[1]. Sur une table immense de marbre étaient placées quelques médailles antiques des Césars ; dans une cassette d'ivoire, quelques instruments d'astronomie, encore rudes et grossiers ; et près de là, plusieurs manuscrits couverts de lames d'or ou de bois odorant, et fermés avec de fortes agrafes d'acier. Sur les vastes murailles de la salle étaient retracées les batailles et les plus fameuses aventures d'Alphonse. On le voyait dans la solennité de son sacre,

---

[1] Cette devise, dont parle Antoine de Palerme, est gravée sur plusieurs médailles du règne d'Alphonse.

au milieu de la cour d'Aragon, déchirant la liste des seigneurs qui avaient conspiré contre lui. Un autre tableau le montrait dans Marseille prise d'assaut, arrêtant les fureurs des soldats, et refusant le riche présent que lui offraient les dames de la ville. Ailleurs, il était représenté vaincu, mais plus grand que dans la victoire, captif sur un vaisseau génois, conduit en présence de l'île d'Ischia, et refusant, au péril de sa vie, d'enchaîner par un ordre le courage de la garnison qui combattait en son nom; enfin, on le voyait entrer vainqueur dans Naples, avec la pompe des anciens triomphateurs romains.

Cette salle était encore ornée de quelques statues que le roi avait enlevées dans ses guerres, et dont la perfection donnait l'idée des arts sublimes de la Grèce, au milieu de ce palais d'une architecture barbare. Les Grecs éprouvèrent un mouvement de joie à cette vue. Au fond de la salle, le roi était assis, entouré de quelques-uns des hommes célèbres qui faisaient alors la gloire de l'Italie; il avait près de lui le Pogge, profond érudit, dont l'Europe ne connaît que les contes badins; Antoine de Palerme, le plus savant des Siciliens, Æneas Sylvius, que son amour des lettres et son éloquence portèrent au trône pontifical, et beaucoup d'autres, oubliés aujourd'hui.

Alphonse tenait à la main une Vie d'Alexandre; et il s'entretenait de cette lecture avec les doctes confidents qui composaient toute sa cour. Le visage de ce roi était singulièrement spirituel et guerrier : l'âge avait blanchi ses cheveux, mais sa taille haute et fière, ses yeux mobiles et pleins de feu, jetant partout des regards expressifs, lui donnaient encore toute la vivacité de la jeunesse. Il portait le court manteau et l'habit militaire espagnol. Sa devise chérie était empreinte sur le pommeau de son sabre ; et l'on remarquait sur sa poitrine l'écharpe qu'il avait reçue de Lucrèce Alania, dernier objet de ses inconstantes amours. C'est dans ce lieu, c'est auprès de ce roi, que les Grecs étaient introduits presque comme des coupables : « Regardez autour de vous, leur dit d'abord Alphonse ; vous n'êtes pas sur une terre ennemie. »

Toutefois, comme il rendait lui-même la justice à ses sujets avec beaucoup d'attention, il ouvrit les lettres du gouverneur de Catane, et voulut apprendre de Lascaris tous les détails de l'événement qui conduisait les Grecs devant lui. Après avoir écouté ce récit, il se livra tout entier à la vive curiosité que lui inspiraient ces étrangers, et donna des regrets amers à la perte de Constantinople. « Malheureux chrétiens ! disait-il, pourquoi nous déchirons-nous de guerres perpétuelles, tandis que les Barbares s'avancent chaque jour dans l'Europe ! Quel avertissement pour nous, que la prise de Constantinople ! » En même temps le roi demandait quels monuments des arts, quels livres on avait sauvés : il paraissait presque s'en occuper autant que de la chute d'un empire. « Que n'ai-je pu m'armer, disait-il, pour cette cause si sainte ! Mais j'étais en guerre avec Florence, qui vient enfin de m'offrir une bonne paix ; et aujourd'hui il me reste à me venger de Venise et de Gênes. Cependant la vieillesse approche ; mais j'espère bien, en dépit d'elle, avoir encore assez de force pour chercher les Barbares sur le Bosphore, comme je les ai vaincus dans Tunis. J'exciterai les princes chrétiens ; j'appellerai les Francs d'au delà les monts. Mais vous, payez-moi mon hospitalité ; répandez vos sciences dans mes États ; nous avons des écoles à Naples, où je vais souvent écouter les maîtres habiles. Restez parmi nous, ô Grecs ! Rome vous abandonne ; moi, je veux vous accueillir et vous venger. » En même temps le roi fit apporter le présent que venait de lui envoyer la seigneurie de Florence, et qui avait désarmé son ressentiment ; c'était un précieux manuscrit de Tite-Live [1]. Heureux temps que celui où, pour acheter la paix, on cédait un livre au lieu d'une province ! Les Grecs eux-mêmes furent étonnés de ce prix extraordinaire que l'on attachait dans l'Occident aux ouvrages de la pensée ; et ils en conçurent l'espoir d'un meilleur avenir. Leur empressement de passer en Italie redoubla. Vainement Alphonse prodigua tous ses efforts pour les retenir à sa cour ; ils devaient préférer la libre hospitalité de Florence. Le roi leur fit promettre seulement que quelques-uns d'entre eux s'arrêteraient à Naples, pour y répandre les arts de la Grèce.

 Embarqués au port de Palerme, sur une galère espa-

[1] Tiraboschi, t. VI.

gnole, ils touchèrent bientôt l'Italie, où la nouvelle de leur désastre était déjà partout répandue, et adoucissait en leur faveur l'amertume des haines religieuses. En abordant sur la côte de Naples, ils virent tout un peuple qui poussait des cris de consternation et d'effroi. Le nom de Mahomet retentissait dans cette foule, avec des prières à Dieu et à tous les saints du ciel, pour détourner de l'Italie le fléau de sa colère. De longues processions sortaient des églises, et promenaient les choses saintes au milieu des habitants, qui se jetaient à genoux sur leur passage. Ils racontaient entre eux mille prodiges précurseurs de la chute de Byzance. On avait entendu des armées s'entre-choquer dans l'air; des pluies de sang étaient tombées du ciel, et l'on avait trouvé les reliques des saints dispersées hors du sanctuaire. La vue des fugitifs augmenta cette panique terreur : il semblait que les flottes de Mahomet et ses terribles janissaires allaient apporter le ravage et la mort dans l'heureuse Italie. Des femmes fuyaient avec leurs petits enfants dans les bras ; et les hommes se faisaient bénir par les prêtres, comme s'il eût fallu bientôt combattre et mourir.

Au milieu de cet effroi, les Grecs trouvèrent des dispositions hospitalières et généreuses. La crainte avait produit la pitié. La vie douce de ces peuples, la mollesse de leur climat et de leur génie leur rendaient plus redoutable l'invasion de ces Barbares d'Asie, qui profanaient les temples, détruisaient les villes, et enlevaient les peuples en esclavage. Lascaris, en voyant cette terreur, disait : « Où donc sera l'asile des arts et de la pensée contre l'oppression des Barbares? Où se conserveront ces nobles trésors de l'esprit humain, que nous possédons encore?—Vous ne devez pas, lui répondait le Vénitien Bembo, juger de l'Italie par Naples, par une ville subjuguée. Ces pauvres gens! ils ont peur comme s'ils n'étaient pas déjà conquis. C'est ma libre patrie qui peut lutter contre les Turcs. Ses flottes seront le rempart de l'Europe. » Il parlait ainsi : il était jeune, il aimait la gloire, et ne siégeait pas encore au sénat de Venise : mais quelques jours après, étant retourné dans sa patrie, il apprit qu'il avait fait un traité d'alliance avec les Turcs, pour se ménager la conquête peu durable de quelques villes de la Morée, et une part dans l'oppression de la Grèce.

Cependant, on disait que le souverain pontife allait enfin armer tous les princes de l'Europe pour reprendre Byzance ; on parlait d'une flotte de dix galères qui devait mettre à la voile ; et les Grecs, avec un triste sourire, écoutaient le récit de ce faible appareil, en songeant aux innombrables soldats de Mahomet. A mesure qu'ils avançaient en Italie, ils sentaient s'appesantir sur leurs têtes la ruine irréparable de leur empire : ils voyaient partout un asile, nulle part un secours et une vengeance.

Divisée en États rivaux et nombreux, l'Italie semblait agitée d'une émulation de savoir et d'élégance sociale inconnue jusqu'alors. De toutes parts l'antiquité sortait de ses ruines, et l'amour des arts renaissait avec elle. Dans les villes, des maisons, d'une architecture encore imparfaite et grossière, étaient décorées par des statues, que l'on tirait du milieu des décombres, ou du lit des fleuves qui les avaient ensevelies. La vue des Grecs excitait la curiosité : on se pressait autour d'eux pour les écouter; on s'occupait de leurs sciences, bien plus que de leurs malheurs.

Impatient de ces vains égards, l'évêque d'Éphèse avait hâte de se rendre à Rome, et ne pouvait renoncer à l'espoir de cette croisade tant promise. « Séparons-nous, dit-il à Lascaris, faites parler pour la Grèce nos arts et le génie de nos pères. Dieu permet cette voie profane pour intéresser à son culte les princes de la terre. » Lascaris suivit le jeune Médicis à Florence. En approchant des bords de l'Arno, il sentit plus vivement tous les regrets de la patrie perdue. C'était le doux climat des plus belles contrées de la Grèce; et c'était une terre d'exil! Mais la générosité de Cosme de Médicis avait déjà recueilli beaucoup de familles grecques fugitives; et les vaisseaux de son commerce ramenaient chaque jour quelques-unes de ces tristes victimes. Tous ses soins lui semblèrent payés par la présence de Lascaris apportant les arts et les monuments de la Grèce.

Là commença cette noble mission du génie grec au milieu de l'Italie. Florence vit alors briller cette Académie platonicienne, qui répandait l'enthousiasme, meilleur que la science. Cosme de Médicis la reçut dans son palais, agrandi par l'art de Donatello. Là se réfugiaient ces hommes que nous avons vus errant avec Lascaris.

De là leurs paroles éloquentes interprétaient les grands génies de la Grèce : c'était une vive lumière partout répandue. On abandonnait une scolastique étroite et barbare pour se tourner vers ces nobles études. L'idée sublime du beau reparaissait dans les arts du dessin, comme dans les inspirations de la pensée; et les Italiens eux-mêmes appelaient Florence la ville d'Homère.

Délivré des longues agitations qui avaient troublé la république, maître paisible de ses concitoyens, Médicis n'aspirait qu'à les occuper par les lettres et les arts. Il touchait à la vieillesse; le feu de vivacité qui l'animait autrefois était tempéré maintenant par une douceur majestueuse. A l'activité du commerce, aux intrigues de la place publique, il aimait à substituer d'agréables entretiens dans ses belles retraites de Fésolles et de Careggi. Là le dictateur adroit de Florence n'était plus qu'un philosophe ingénieux, passionné pour tous les plaisirs de la science. Ses deux fils l'imitaient; et Laurent de Médicis, encore enfant, promettait de continuer cette belle tradition dans une même famille. Cosme avait rassemblé près de lui quelques jeunes Italiens, épris de ce même attrait pour les arts. Leur vive imagination se laissait ravir à cette philosophie des Grecs, où la raison était parée de poésie. Cosme de Médicis se délassait en méditant avec eux sur ces théories sublimes. « Venez, écrivait-il un jour à Marsile[1], le plus célèbre disciple des

---

[1] Fabroni, *Vita Cosmi*.

Grecs; apportez-moi le livre de Platon sur le souverain bien. Il n'est pas de recherche qui m'occupe davantage : venez, et n'oubliez pas la lyre d'Orphée. »

Ce culte pour les arts et le génie de la Grèce fut porté si loin, que l'on célébra dans le palais des Médicis la fête de Platon, qui, depuis douze siècles, avait cessé dans Athènes. L'image du philosophe fut inaugurée dans les jardins de Careggi, ornés des marbres les plus précieux de la Grèce et dessinés comme les bosquets d'Académe. Le ciel de la Toscane jetait sur cette fête une lumière aussi brillante que le climat de la Grèce. Les disciples de Platon semblaient réunis : on lut un passage de ses éloquents écrits sur l'immortalité de l'âme et la beauté de la vertu. On récita des hymnes à sa gloire. On remercia la Providence d'avoir accordé jadis à la terre cet homme vertueux et ce divin génie. Les Italiens étaient saisis d'une ivresse d'admiration ; les Grecs fugitifs éprouvaient une sorte d'orgueil en voyant honorer après tant de siècles les souvenirs de leur patrie. Gémiste se croyait dans Athènes affranchie des Barbares.

Mais Lascaris, qui, dans les lettres, ne cherchait qu'une espérance de servir et de ranimer la Grèce, vivait malheureux parmi les fêtes et le repos de Florence. Souvent, lorsqu'au milieu d'une jeunesse accourue de toute l'Italie pour l'entendre, après avoir redit les grandes pensées de l'ancienne Grèce, il parlait de l'oppression de sa patrie, toutes les âmes étaient émues de colère et de pitié. Mais cette noble chaleur passait avec la mobile vivacité des imaginations d'Italie. La politique de Cosme ne songeait pas d'ailleurs à prendre la moindre part dans des guerres aventureuses ; et il croyait faire assez d'embellir Florence par le commerce et par les arts. « Soyez heureux parmi nous, » disait-il à Lascaris. Quand on annonça le projet du souverain pontife de marcher lui-même à la tête d'une croisade : « Voilà, dit-il, un vieillard qui fait une entreprise de jeune homme. »

Cependant l'évêque d'Éphèse et Nicéphore étaient arrivés dans Rome, qui retentissait encore des prières ordonnées pour la délivrance de la chrétienté. Ils apprirent qu'au delà des monts la ruine de Byzance avait excité la colère des Francs. Plusieurs pèlerins, venus à Rome pour les indulgences de la croisade, racontaient une fête célébrée dans le palais du puissant duc de Bourgogne, et où le courage des chevaliers s'était enflammé par un spectacle extraordinaire. Au milieu des joies du banquet, on avait vu paraître dans la salle, sur un éléphant conduit par un Sarrasin de taille gigantesque, une femme vêtue de deuil, et qui semblait captive. Tandis que tous les yeux étaient fixés sur elle, cette femme, comme si elle eût représenté l'Église prisonnière des infidèles, avait chanté d'une voix douloureuse une complainte, pour appeler à son secours les preux de France et de Bourgogne. La Foi, l'Espérance, la Charité et toutes les vertus chrétiennes figurées par autant de jeunes filles vêtues de blanc, étaient venues ensuite chantant tour à tour des vers pour émouvoir le cœur des fidèles. A cette vue, tous les chevaliers, et le duc à leur tête, avaient juré de prendre la croix; ils avaient juré sur la Toison d'or, sur le nom de la Vierge, et sur le faisan, symbole de cette chevalerie d'Occident.

Ces idées, ces coutumes étaient bien nouvelles pour des Grecs de Byzance et d'Éphèse; mais la réputation du courage des Francs, toujours célèbre dans l'Orient, ranimait la confiance des fugitifs. Théodore, dans l'ardeur de sa foi, contemplait déjà la croix victorieuse relevée sur les murs de Constantinople, et le temple de Sainte-Sophie sanctifié de nouveau par le culte du Seigneur.

Cet espoir l'emporta sur sa répugnance pour un déserteur de la foi grecque, et il se pressa de voir le cardinal Bessarion. Il se rendit à son palais, au pied du mont Quirinal, près de l'église des Saints-Apôtres. En traversant le péristyle, les yeux de l'évêque d'Éphèse furent frappés des richesses de la cour romaine. Sous un immense portique étaient réunis des marbres précieux de l'ancienne Grèce, des vases d'airain, des statues, monuments immortels du paganisme aboli. Tous ces trésors récemment découverts, tout ce luxe de l'antiquité renaissante, ornaient avec un peu de désordre la demeure du savant cardinal; et des prêtres de l'Église de Rome prenaient garde, en passant, d'embarrasser leurs robes dans les magnifiques débris de quelque dieu mutilé. Tous ne louaient pas également le zèle curieux de Bessarion. Quelques-uns remarquaient avec ironie, qu'à ces soins profanes il était facile de reconnaître un Grec d'origine, un néophyte, ancien disciple de l'erreur. Retiré dans le lieu le plus solitaire de son palais, le cardinal était dans ce moment occupé d'une question de philosophie qui lui semblait mal expliquée par Aristote. Cependant, averti de la présence de Théodore, il abandonna tout pour voir un compatriote; et quelle que fût la division de ces deux hommes, leurs premières paroles, dans cette langue qui leur était commune, furent pour eux pleines de douceur. Bessarion n'était plus jeune, et les voyages, l'étude, les chagrins de l'ambition avaient vieilli les traits de son visage, où brillait une empreinte italienne et grecque à la fois, un mélange de vivacité, de finesse et d'enthousiasme, tempéré par la fierté d'un cardinal. Ses manières étaient simples : son vêtement rappelait celui des religieux de Saint-Basile; et il portait, suivant l'usage d'Orient, cette barbe longue dont se moqua Louis XI, dans l'audience solennelle qu'il lui donnait un jour, comme ambassadeur de la cour de Rome.

Accueilli par son ancien adversaire, Théodore s'informa promptement du sort des jeunes Grecques appelées en Italie, et du respect qu'on avait eu pour leur foi. Bessarion interrogeait l'évêque d'Éphèse sur les monuments de la Grèce profane; il se reprochait de n'en avoir pu recueillir encore qu'un bien petit nombre. « Mais quoi, disait Théodore, quelle est cette vaine curiosité? sachez-le donc, l'Évangile est sous les pieds de l'impie. Nos frères de Grèce et d'Orient sont entre l'apostasie et l'esclavage. Il n'y aura bientôt plus de chrétiens dans la Grèce. Pontifes d'Italie, vous accueillez les traditions d'Athènes et les livres des gentils, mais vous laissez périr la vraie foi. — La vraie foi, dit Bessarion, elle est à Rome dans le sacré collége. — La vraie foi, reprend l'évêque d'Éphèse, est celle des martyrs ; elle est gravée sur la dernière pierre de nos églises détruites et dans le cœur de nos pontifes égorgés. » En achevant ces mots, il sortit plein de colère.

Cependant Bessarion prodigua ses soins et sa richesse aux Grecs fugitifs. Retirées dans un saint asile, les religieuses de Byzance y conservaient leur règle austère. Un grand nombre de familles du Péloponèse et des îles étaient accueillies au port d'Ostie. Beaucoup d'autres étaient rachetées de l'esclavage. Le souverain pontife montrait également de la charité pour le malheur et de l'admiration pour la science. Il enviait à Florence cette académie platonicienne fondée par les Médicis. Il encouragea les mêmes études dans Rome.

Parmi toutes ses dignités apostoliques, Bessarion était supérieur du monastère de *Crypta Ferrata,* bâti dans la *villa* de Cicéron, à Tusculum. Là souvent il réunit quelques-uns de ses éloquents compatriotes ; et il semblait que l'ombre du génie de la Grèce vînt errer sur ces ruines qu'avait illustrées le génie de Rome. Que de fois, dans ces entretiens, on espéra de voir la Grèce affranchie des Barbares ! Que de fois on se promit d'armer les princes d'Occident pour une cause si sainte ! Lascaris quitta le repos de Florence et l'amitié des Médicis, pour venir exciter Bessarion, et ranimer en lui le zèle de la patrie par l'amour des arts. Souvent, sur les débris de Tusculum, il montrait à ses yeux la barbarie menaçant toute l'Europe, et Mahomet poursuivant bientôt dans l'Italie la Grèce renaissante. Le cardinal était touché de ces images : de telles paroles étaient plus puissantes sur lui que les prières hautaines de Théodore. Quand il voyait près de lui ces hommes ingénieux et enthousiastes, dont il était le compatriote, il oubliait les querelles religieuses et les défiances de la cour de Rome, il s'animait, comme eux, au souvenir des grands génies de la Grèce ; il versait des larmes, en pensant que cette patrie d'Homère et de Platon était la proie des Barbares ; il écoutait avec une sorte d'illusion les vives paroles de son maître Gémiste rêvant la liberté d'Athènes, qui serait encore quelque jour le temple de la philosophie et des arts ; il était ému de cette pensée, il redevenait Grec à force d'être platonicien, et il promettait d'employer son zèle, ses efforts, son crédit dans le sacré collége, pour hâter une croisade, surtout si l'Église grecque voulait enfin reconnaître ses erreurs, et accepter avec une foi docile l'union de Florence.

Mais rien de cela ne répondait aux vœux ardents de Théodore. Il était inquiet du séjour de Rome pour la foi de ses frères ; il était plus inflexible dans l'exil qu'à Byzance ; il s'accusait d'avoir désiré le secours si tardif et si dangereux des Latins. En vain Nicéphore, dans son zèle plein de douceur, cherchait à calmer cette âpre véhémence. Il était faible devant l'évêque d'Éphèse ; il respectait son invincible fermeté ; il s'effrayait à l'idée de paraître lui-même abandonner encore la foi de ses frères malheureux ; il eût craint, en combattant Théodore, de sembler parjure.

Ainsi l'évêque d'Éphèse, dans une longue attente, vit passer les espérances qu'il avait formées pour le salut de la Grèce. Les pontifes romains se succédèrent. Bessarion lui-même fut près d'obtenir le trône pontifical ; et l'ancienne jalousie des Latins contre les Grecs, la défiance pour un nouveau converti, tout zélé qu'il était, l'écartèrent seules de cet honneur, où l'appelaient son savoir et son génie. Déchus de l'espoir d'un si grand appui, les Grecs se consumèrent en vains efforts. Leur zèle même nuisait à leur puissance. L'orgueil de l'Église latine s'effrayait de la hauteur de ces prêtres d'Orient qui, proscrits, fugitifs, sans patrie, sans autels, ne perdaient rien de l'inflexibilité de leur foi, et n'auraient pas acheté d'un repentir le salut de la Grèce.

Enfin, cependant, l'Europe parut touchée de leurs plaintes, ou plutôt de ses propres périls. Æneas Sylvius, ami passionné des arts et zélé pour la gloire du nom chrétien, fut élu souverain pontife, tandis que Mahomet étendait son empire jusqu'au Danube, et envahissait à la fois le nord et le midi de l'Europe. Venise menacée, Belgrade assiégée, tous les pays voisins de la Grèce, subjugués comme elle, effrayèrent l'Occident. Le pontife romain fit un dernier effort pour apaiser les inimitiés des princes chrétiens, exciter l'ardeur des peuples, les réunir dans une croisade, et rejeter enfin les Barbares au delà de l'Europe. Il convoqua, dans cette espérance, un concile à Mantoue. On y vit les ambassadeurs de France et de Pologne, ceux du roi de Naples, des ducs de Bretagne et de Bourgogne, et des républiques d'Italie. Le duc de Milan, François Sforce, y parut. Les envoyés de l'île de Lesbos, de l'Épire et de Monembasie dans la Morée, retracèrent les maux de leur pays. Le souverain pontife et Bessarion parlèrent avec éloquence. La guerre fut résolue. Bessarion repartit alors pour solliciter les secours des princes d'Allemagne ; et le souverain pontife annonça la réunion de la croisade dans la ville d'Ancône.

Mais les rois, malgré leurs promesses, étaient distraits par leur ambition et leurs querelles. Alphonse d'Aragon était mort avant d'avoir fait la paix avec Venise. Le duc de Bourgogne avait vieilli, en projetant une croisade dans les fêtes de sa cour ; et maintenant il redoutait l'ambition de Louis XI. L'Allemagne était pauvre et divisée ; l'Angleterre était agitée par les guerres sanglantes des deux familles royales. Les princes d'Italie se surveillaient l'un l'autre. Les dîmes réclamées par la cour de Rome commençaient à peser aux peuples. L'empereur d'Allemagne abandonnait la Hongrie. Il n'accourut à la voix du pontife romain que des hommes obscurs et sans pouvoir. Toutefois, le cœur des réfugiés palpita de joie ; ils crurent toucher au moment de revoir leur patrie, et de combattre pour la délivrer. Mais la mort du pontife romain vint détruire toutes ces espérances. Faible vieillard épuisé par les efforts d'une si grande entreprise, il expira dans Ancône, en faisant des vœux pour les chrétiens de la Grèce, et en recommandant à l'Europe de venger cette cause sacrée. Le zèle religieux, ranimé par un grand homme, s'éteignit avec lui; les mœurs plus douces, l'activité du commerce refroidissaient les esprits pour ces guerres lointaines. Les Vénitiens seuls voulaient combattre, parce qu'ils avaient besoin de se défendre. Leur ambition fit la paix, quand elle n'espéra plus tirer parti de la guerre.

Ainsi livrés à la politique intéressée de l'Europe, les Grecs continuaient d'éclairer de leurs sciences des peuples qui les abandonnaient. Ces apôtres des lettres eurent en peu d'années répandu leur langue et leur philosophie dans les villes d'Italie. Les chefs-d'œuvre de l'antiquité grecque, révélés de toutes parts, excitèrent un enthousiasme inconnu jusqu'alors. Le zèle exclusif, qui d'abord attacha les esprits à la contemplation du génie antique, semblait ralentir l'originalité nationale; mais elle germait avec plus de force sous cette riche culture. Les grands hommes du XVIe siècle allaient naître; les bannis de la Grèce, qui travaillaient à préparer cette grande époque, ont laissé peu de gloire; leur puissance fut tout entière dans la parole, et fugitive comme elle. Ils répandirent autour d'eux l'admiration et le goût des arts; ils agitèrent l'esprit humain; ils sauvèrent la plus belle moitié des monuments antiques; mais, eux-mêmes, ils n'ont pas créé de monuments. Ainsi leur souvenir a disparu dans la gloire des hommes formés par leur exemple, et la grandeur même de leurs services en a plus rapidement fait perdre la trace.

Après la mort du pontife romain, l'évêque d'Héraclée, n'espérant plus rien de l'Europe, retourna dans l'Orient pour y soutenir la foi de ses frères contre les épreuves de l'esclavage. « C'est là seulement, dit-il, que je dois expier mon ancienne faiblesse, dont Rome me fait souvenir. » On raconte qu'il vécut quelque temps à Constantinople et dans la Morée, portant partout l'ardeur de sa charité, s'introduisant dans les bagnes des esclaves chrétiens, bravant chaque jour la peste et le cimeterre des Turcs. Doux autant qu'intrépide, il calmait ces haines religieuses que les chrétiens des deux communions conservaient en Orient jusque sous le poids de leurs fers. Il leur prodiguait également ses secours et leur prêchait le même Évangile. Il n'était plus sectaire, il était chrétien; et dans sa bouche la divine parole inspirait un zèle plein de force et de patience. Il périt au milieu de ces œuvres saintes. Les Turcs, en permettant aux Grecs vaincus de racheter leur vie et l'exercice de leur culte par un tribut annuel, leur enlevaient une partie de leurs enfants pour les convertir à la foi musulmane; et ils punissaient avec une grande cruauté tout prêtre chrétien qui cherchait à inspirer à ces jeunes Grecs l'horreur d'une telle apostasie. Accusé d'avoir voulu ramener à la religion de leurs pères quelques-uns de ces otages de l'islamisme, élevés parmi les Azamoglans de Byzance, Nicéphore subit un affreux supplice. Son corps, brisé à coups de marteaux de forge, fut jeté à la mer, de peur que les chrétiens ne l'honorassent ; mais son nom resta consacré dans la Grèce comme celui d'un martyr.

Avant d'apprendre cette fin glorieuse de Nicéphore, l'évêque d'Éphèse avait aussi quitté l'Italie, conduit par une autre espérance. Sur les plus âpres sommets de l'Épire, vivaient des pâtres à demi sauvages, dès longtemps traités de rebelles par les souverains de Byzance, mais qui, n'ayant jamais été souillés par le mélange d'une barbarie étrangère, conservaient dans leurs mœurs et dans leur courage la plus vive empreinte du génie national. Ces Grecs, autrefois invincibles à la puissance romaine, n'avaient été domptés que par le christianisme ; et ce joug, le seul qu'ils eussent porté jamais, leur inspirait d'autant plus de haine pour l'oppression des Turcs. C'est parmi eux que Théodore alla chercher un asile où il pût longtemps souffrir pour la foi et pour la patrie. Jeté par un navire italien sur les côtes de l'Épire, il traversa le pays désolé, et parvint dans les montagnes, sans autre trésor que son Évangile et sa croix d'évêque. Ces hommes belliqueux qui vivaient dans un continuel péril, entre les assauts des Turcs et toutes les privations d'un climat rigoureux, accoururent avec joie près du saint prêtre qui leur semblait envoyé par le ciel. Leurs villages avaient été brûlés dans les incursions de leurs barbares ennemis. Ils n'avaient plus d'autre refuge pour leurs familles, que le creux des rochers, et quelques huttes grossièrement construites aux lieux les plus inaccessibles, et sous les coups de la tempête. Ils campaient la nuit en plein air, près des feux allumés; le jour, ils avaient à combattre sans cesse les postes des janissaires; et lorsqu'ils tombaient aux mains de leurs ennemis, ils périssaient dans d'horribles tortures. Mais jusque-là ils étaient libres; et cette vie dure entretenait en eux le patriotisme et le courage. Théodore bénit le ciel d'avoir à partager de si rudes épreuves, qui promettaient d'être couronnées par le martyre.

On dit qu'il habita longtemps parmi ces bandes guerrières dont la race s'est perpétuée sur les montagnes de la Grèce. De là il visitait quelquefois les saints monastères qui couvrent les hauteurs de l'ancienne Arcadie. Il ranimait la foi des religieux découragés par l'oppression des Turcs. Il apparaissait au milieu d'eux comme une image de l'antique Église : et lorsqu'au retour de la solennité de Pâques il célébrait sur la montagne le divin sacrifice, et chantait l'hymne du Christ glorieux, à ces mots *le Christ est ressuscité, le Christ est le vainqueur,* les pâtres, les laboureurs, accourus de toutes parts, croyaient entendre une voix prophétique annoncer l'affranchissement et la renaissance de la Grèce. On répétait les paroles sacrées; on les mêlait au salut du matin et à l'adieu du soir. Une commune joie se répandait depuis les sanctuaires du couvent de Méga-Spiléon, et les sommets d'Agrapha, jusqu'aux villages de la plaine asservis par les Barbares. Ainsi la religion soutenait ce peuple affligé, et faisait vivre son espérance. Que de fois Théodore, dans les plus âpres retraites de l'Épire et de la Thessalie, célébra les cérémonies sacrées, au milieu des clephtes adoucis par ses paroles! Que de fois il ranima leur constance dans la défaite, ou les rendit humains après la victoire! L'Évangile par sa voix enseignait à ces Grecs sauvages des vertus dignes de leur valeur. Parmi les représailles d'une vengeance journalière et terrible, souvent on vit briller en eux la générosité, la pitié pour les faibles, le respect pour les femmes captives. Le saint évêque, disaient-ils, nous bénira. Il était comme une conscience visible pour ces hommes incultes et farouches.

Il leur rendait une patrie par la religion; et quand ses paroles pleines de foi leur montraient le temple de Sainte-Sophie souillé, la croix d'or et la table sainte brisées par les infidèles, tous voulaient mourir chrétiens et libres. Souvent, dans les montagnes de l'Épire et de la Thessalie, et sur les sommets du Pinde, on entendit répéter le chant de la ruine de Byzance. Au milieu de l'esclavage et du désert, on redisait cette prophétie poétique, où respire tout l'espoir de la Grèce chrétienne : « O Vierge sainte, souveraine maîtresse! silence, ne pleure pas, ne gémis pas; avec le temps et les années, et la ville et le grand monastère, toutes ces choses seront à toi de nouveau. »

Ainsi l'évêque d'Éphèse entretenait l'amour du pays et l'espoir de la délivrance parmi ces peuplades fidèles et ignorées, qui avaient à peine connu l'empire au temps de sa splendeur. Il se consolait lui-même dans la pensée qu'un jour, de ces retraites sauvages, sortiraient les vengeurs de la croix et les libérateurs du temple. Il préférait leur rude simplicité et leur foi naïve à la mollesse et aux arts nouveaux de l'Occident. Il vécut jusqu'à la plus extrême vieillesse dans cet apostolat, où le soutenait l'espérance. Quelquefois, par l'entremise d'un marchand étranger, ou d'un moine voyageur du mont Athos, il fit parvenir des nouvelles de la Grèce à ses compatriotes dispersés à Rome, à Florence, à Mantoue. Il leur parlait de ces Grecs sauvages, autrefois dédaignés par l'empire, et où se retrouvait la patrie : « Tâchez d'émouvoir vos peuples polis, écrivait-il à Lascaris : moi, j'anime nos Barbares. Répandez les arts dans l'Europe; je conserve la religion dans la Grèce. » Au milieu de ces soins, il mourut plein de jours. Les pâtres de la montagne lui creusèrent une tombe dans la roche qu'il avait habitée. On se partagea ses vêtements comme de saintes reliques. Les feuillets de son Évangile furent distribués entre les familles errantes de la peuplade. On allait prier sur sa tombe, d'où jamais, dans leurs combats et leurs fuites, les montagnards ne laissèrent approcher les Turcs. Longtemps après, les pères montraient à leurs enfants la pierre où le saint évêque s'était assis, le torrent desséché où il avait célébré le divin mystère, l'arbre auquel il avait suspendu une image de la Vierge sainte, le sommet de la montagne où il avait ranimé le courage des Grecs, l'étroit et sombre défilé où il avait obtenu la vie des prisonniers turcs enlevés dans la plaine ; et le souvenir d'un homme conservait tout un peuple.

Tandis que la Grèce se renouvelait lentement par la barbarie, ses arts antiques éclairaient l'Occident. Protégée d'abord par la cour pontificale, l'imprimerie faisait connaître à l'Europe les chefs-d'œuvre d'Athènes ; l'ignorance se dissipait à la lueur de ces sublimes modèles. Ainsi s'accomplissait l'heureuse révolution qu'avait annoncée Lascaris. Pour lui, satisfait d'avoir mis la main à ce grand ouvrage, il tournait incessamment ses regards vers la Grèce. Ce sentiment était plus vif encore dans ce vieux adorateur de Platon, dans Gémiste chassé de son pays esclave. Le séjour de Rome et même de Florence ne put le retenir longtemps. Il aima mieux aller achever sa vie sous la domination des Turcs, au milieu des ruines d'Athènes. Arrêté par un charme puissant, il voulut mourir dans ces lieux sacrés pour lui, comme ces prêtres du polythéisme, qui, au milieu du renversement de leurs idoles, lorsque les temples étaient détruits, la flamme du sanctuaire éteinte, ne pouvaient être arrachés du lieu où ils avaient adoré des divinités qui n'étaient plus.

Sans partager ce culte aveugle pour le sol de la Grèce défigurée par l'esclavage, Lascaris voulut aussi se rapprocher de son infortunée patrie. Après avoir rempli à Florence, à Rome, à Mantoue, cette noble tâche de multiplier, de répandre les sciences et la philosophie de la Grèce, quand il vit une génération nouvelle se former autour de lui, quand il fut assuré que l'inestimable dépôt conservé par ses efforts était désormais acquis au genre humain, malgré la faveur des républiques et des princes d'Italie, il revint en Sicile [1]. Il préféra cette con-

---

[1] On a conservé quelques lettres de Constantin Lascaris, datées de la Sicile ; elles n'ont été publiées que dans le catalogue d'Yriarté. On y retrouve cet amour des arts et de la patrie que nous avons essayé de dépeindre. Souvent aussi le découragement d'un trop long malheur s'y fait sentir. Lascaris accuse avec amertume l'ingratitude des cours d'Italie pour quelques-uns de ses savants compatriotes. Il refuse de retourner à Rome, qu'il appelle la nouvelle Babylone, et il se plaint de la barbarie de la Sicile, où il veut pourtant demeurer. Voici un fragment d'une lettre qu'il adressait à Jean Pardo, savant italien : « L'avarice des princes a relégué dans la Calabre Théodore élevé si haut dans l'étude de la philosophie. Elle a fait fuir Andronic, fils de Caliste, jusque dans les îles Britanniques où il est mort sans amis. Elle a forcé Démétrius de retourner dans sa patrie, pour vivre esclave des Barbares. Je ne parle pas de mon maître, Argyropule, qui souffre la pauvreté dans Rome et vend successivement ses livres. Rome n'est plus. Ils n'existent plus ces grands citoyens de Rome qui aimaient également les lettres latines et les lettres grecques. Elle n'est plus cette Naples, colonie de Chalcis et d'Athènes, gymnase de l'éloquence grecque où les Romains accouraient pour s'instruire. Tout est changé. Préoccupé de ces pensées et d'autres semblables, je demeure ici, les yeux attachés sur la mer, sur Charybde et Scylla, et sur ce périlleux détroit. Je m'afflige de rester en ce lieu, je gémis de ne pouvoir m'embarquer, je ne sais que faire ni dans quelle terre aller. »

Le recueil d'Yriarté contient un autre fragment des écrits de

trée pour son dernier asile, parce qu'il y recevait plus vite des nouvelles de la Grèce, et qu'il pouvait y recueillir par intervalle quelques malheureux compatriotes échappés à l'oppression des Barbares. La civilisation de la Sicile était toujours imparfaite et grossière, les arts de la vie presque entièrement négligés, les sciences inconnues, l'usage du papier fort rare. Lascaris, par sa

Lascaris. C'est une espèce de préface de ses leçons publiques. Il y retrace les premiers efforts de l'Italie moderne pour étudier les lettres antiques, surtout depuis que beaucoup de Grecs savants se furent retirés en Italie, à cause des malheurs de leur patrie. Il désigne dans ce nombre Argyropule, Théodore Gaza, Andronic, Démétrius : « Ces hommes, dit-il, et beaucoup d'autres, se dispersèrent dans toutes les villes d'Italie ; la langue grecque fleurit, enseignée non-seulement par les Grecs, mais par les Italiens même, au point qu'il fut honteux d'ignorer notre littérature, et que notre langue devint plus commune en Italie que dans la Grèce même, désolée par tant de malheurs ; et si la jalousie de quelques savants et le peu de générosité de quelques princes ne s'y fût opposé, tout serait rempli des monuments du génie grec, comme aux jours de l'empire romain. » Lascaris rappelle ensuite ses efforts pour répandre à Milan, à Naples, à Messine, le goût des lettres et de la philosophie grecques; et se livrant à l'enthousiasme, qui seul l'avait soutenu dans cette tâche souvent ingrate et laborieuse : « Quel bien plus grand que les lettres ! dit-il. Comment un homme peut-il l'emporter sur un autre, si ce n'est par la science ? Le riche y trouve la parure de sa prospérité, le pauvre la consolation de ses maux et le courage de mépriser toutes les peines de la vie. Il faut donc se livrer à l'étude, et orner notre âme du trésor le plus précieux, de celui qu'on ne peut ravir, et qui se conserve pendant et après la vie. »

seule présence, y fonda cependant une école qui fut bientôt célèbre, et qui attira des disciples de toutes les villes d'Italie, et des autres contrées de l'Europe, même des îles Britanniques.

C'est là que ce généreux Grec, plus de trente ans après la ruine de Constantinople, s'entretenait encore de ses tristes souvenirs et de ses nobles espérances déjà presque accomplies. Il avait vu, dans ce long intervalle de temps, beaucoup de projets formés en Europe pour la délivrance de la Grèce : les pontifes de Rome l'avaient souvent réclamée, les rois l'avaient promise. Rien ne s'était fait. La mort de Mahomet avait affranchi l'Italie de la terreur, mais avait laissé la Grèce dans les fers de Bajazet.

Cependant l'esprit humain s'était éclairé ; les arts avaient fait de rapides progrès; une industrie d'abord merveilleuse était devenue presque populaire. Lascaris recevait de Rome ou de Venise ces ouvrages dont il avait apporté en Italie les précieux originaux, maintenant reproduits par un art indestructible. Un jour qu'entouré de ses disciples, il achevait de leur interpréter le sublime passage de Platon, racontant, sous une forme à demi fabuleuse, les vieilles traditions de l'Égypte sur l'île Atlantide, il apprit qu'un pilote génois venait de découvrir un nouveau monde, et de retrouver cet autre hémisphère que les siècles antiques avaient connu, ou que Platon avait deviné.

Belle époque de l'histoire moderne! heureux âge de l'esprit humain, où les âmes encore jeunes et naïves avaient incessamment le plaisir de la science et l'émotion de la découverte !

Lascaris, avec une vivacité d'imagination que la vieillesse n'avait pas affaiblie, versa des larmes en apprenant cette nouvelle conquête du génie de l'homme. Dans les derniers temps de sa vie, il entretenait souvent les jeunes étrangers de cette grande révolution du monde ; il parcourait avec eux tout ce qui s'était fait en Europe de grand et de nouveau depuis trente ans, les lettres florissantes, le génie des anciens retrouvé, leurs pensées entendues et inspirant des pensées nouvelles, enfin l'univers s'agrandissant à la même époque où les esprits s'éclairaient. Préoccupé de ces réflexions, et toujours animé par ce prosélytisme des arts qui avait passionné sa jeunesse, Lascaris, avant de mourir, conduisit un jour les jeunes étrangers rassemblés près de lui au lieu où, pour la première fois, il était débarqué, dans sa fuite de Constantinople. Il voyait parmi ses disciples les successeurs de ces généreux Italiens, dont il avait alors reçu les secours. Le plus brillant d'entre eux, le plus zélé pour les arts de la Grèce, était le jeune Bembo [1],

---

[1] Bembo rappelle dans ses lettres et dans le dialogue sur l'Etna, le souvenir des années qu'il a passées en Sicile, près de Constantin Lascaris. Il le nomme le plus vertueux et le plus éclairé des hommes : « Nihil illo sene humanius, nihil sanctius. » Il parle de son éloquence, de son goût exquis pour les arts, et de sa philosophie sublime. Tel fut l'ascendant de ces Grecs expatriés sur les hommes les plus célèbres de l'Italie.

fils du sénateur de Venise, aux yeux duquel Lascaris avait autrefois justifié, sur ce même rivage, les arts et les sciences calomniés par la ruine de la Grèce.

Le sage vieillard prenait plaisir à rappeler ce souvenir, et à retracer l'image de ces premiers entretiens, comme assuré de les transmettre à la postérité en les confiant à la mémoire et au talent de ses élèves. « Je vais bientôt quitter la vie, disait-il, je ne laisse rien de moi ; mais je vous ai formés dans l'amour des arts et des nobles sentiments qui les inspirent. Après ma mort, vous retournerez dans votre patrie ; vous suivrez, dans la carrière des arts et du génie, ce mouvement qui doit entraîner l'Europe et qui commence par l'Italie. Combien de belles créations vous verrez éclore ! A quelle gloire vous serez vous-mêmes associés ! L'esprit de l'homme, échauffé par l'heureux levain de l'antiquité, fermente de toutes parts. Notre maître Platon a dit que les âmes arrivées à la vie retrouvaient par réminiscence tout ce qu'elles avaient su dans un autre monde, et que pour elles apprendre c'était se souvenir. Ainsi, le génie de l'antiquité devient chaque jour l'inspiration, et comme la pensée des temps modernes. Quand vous jouirez de cette heureuse révolution, quand vous en partagerez la gloire, songez à la Grèce esclave et malheureuse ; souvenez-vous du jour où notre vaisseau fugitif vous apporta les monuments des anciens Hellènes. L'Europe ne sentira-t-elle pas enfin la dette de reconnaissance qui l'engage envers notre patrie ? Faudra-t-il attendre que ce nouveau monde qui vient à peine de sortir de l'Océan, instruit quelque jour par nos arts, dont il ne connaît pas encore le nom, s'intéresse à notre malheur, et nous envoie ses soldats et sa liberté ! Et la civilisation doit-elle prendre un si long détour, avant de reparaître sur cette terre, d'où elle est sortie tant de fois ? Oui, poursuivit Lascaris avec une sorte de chaleur prophétique, l'Europe entière n'abandonnera pas cette gloire. Quelque jour, l'enthousiasme des arts nous suscitera des vengeurs parmi les héritiers du génie de nos pères. »

Le vieillard ne survécut pas longtemps à cet entretien. Sa mort fut pleurée dans la Sicile, à laquelle il avait donné l'idée d'une civilisation plus douce et d'une vie meilleure. Ses disciples se répandirent dans l'Europe, emportant avec eux le souvenir de ses paroles, et cette heureuse tradition de la Grèce qui vivait en lui. On a vu longtemps à Messine, dans l'église des Carmélites, un tombeau de marbre blanc, que les premiers citoyens de la ville avaient élevé à Lascaris ; mais ce monument, négligé dans la suite, a péri sans retour. Car l'indifférence est plus destructive que le temps ; et le sauveur des arts de la Grèce, Lascaris, à qui l'Europe doit tant de reconnaissance, n'a laissé trace de lui-même que dans quelques souvenirs transmis par ses disciples, et que nous avons essayé de rassembler.

ESSAI
SUR
L'ÉTAT DES GRECS
DEPUIS LA CONQUÊTE MUSULMANE

ESSAI
SUR
L'ÉTAT DES GRECS
DEPUIS LA CONQUÊTE MUSULMANE.

CHAPITRE I.

Démembrement de la Grèce à l'époque de la prise de Constantinople. — Conquête de la Morée par les Grecs.

Après la prise de Constantinople et le massacre des premières familles de l'empire, la civilisation grecque semblait ne plus exister que dans quelques pontifes et dans quelques savants qui emportaient avec eux les traditions et les monuments de leur littérature. Tel est le tableau que nous avons essayé de reproduire : c'est celui d'une nation chez laquelle le goût des travaux de la pensée survit à l'énergie des âmes, et où les hommes de caractère et de génie, s'ils peuvent y naître encore, n'ayant aucun appui dans la foule, ne sont plus que des contemplateurs isolés et des enthousiastes sans pouvoir.

Aujourd'hui, tout au contraire, il se retrouve une nation grecque pleine de vigueur et d'audace, qui a peu de souci du passé, mais qui fait, comme par instinct, des actions héroïques. D'où vient ce contraste entre les derniers moments de l'empire grec et la renaissance actuelle d'un peuple qui semblait disparu tout entier dans son esclavage? Quels événements ont rempli cette époque intermédiaire, où les Grecs étaient frappés de mort civile, où leur histoire ne s'écrivait plus, où leur pays n'était plus que la propriété de leurs maîtres et le théâtre de quelques guerres, dans lesquelles ils figuraient seulement comme un accessoire de la conquête? Voilà maintenant le sujet de nos recherches; voilà l'étude toute historique qui doit expliquer comment les théologiens et les lettrés de Constantinople mourante ont aujourd'hui pour successeurs les pâtres guerriers du Pinde et les matelots d'Ipsara.

« La Hellade, écrivait un Grec du xviie siècle[1], nom jadis grand et glorieux, maintenant humble et misérable, est appelée la Grèce par les Européens, et la Romélie par les Turcs et les autres peuples. Dans le sens le plus étendu, elle comprend l'Épire, l'Acarnanie, l'Attique, le Péloponèse, la Thessalie, l'Étolie, la Macédoine, la Thrace, les îles nombreuses de la mer Ionienne et de la mer Égée. » Mais cette carte n'était pas celle de l'empire grec, lorsque Constantinople périt. Jamais cette an-

---

[1] *Meletii Geographia.*

tique et débile souveraineté ne s'était remise du choc terrible des Latins et n'avait pu rassembler de nouveau ses membres épars.

A la fin de la conquête française, beaucoup d'îles grecques, l'Attique et une partie de la Morée, restèrent séparées de l'empire. Dès le commencement du xive siècle, les Turcs avaient enlevé à Constantinople les provinces grecques de l'Asie Mineure, et appesanti leur joug sur ces peuples descendus des anciennes colonies de la Grèce et des premiers chrétiens de l'Orient. Ils avaient choisi, pour siége de leur empire, la ville de Broussa, bâtie au pied de ce mont Olympe d'Asie, dont les hautes cimes sont aperçues de Constantinople. Smyrne, Thiatyre, Antioche, Pergame, Sardes, Laodicée, Éphèse, toutes ces villes autrefois si riches, dans les contrées les plus riantes et les plus fertiles de la terre, avaient été prises ou ruinées par les Turcs. Une seule ville de la molle Ionie, Philadelphe, au pied du mont Tmolus, avait résisté longtemps à leurs assauts. Partout vainqueurs, les Turcs avaient permis aux Grecs de conserver leur religion, en payant tribut, et leur avaient laissé quelques églises. Bientôt ils avaient passé l'Hellespont et s'étaient répandus dans l'Europe, où les Grecs énervés et désunis n'avaient pas opposé plus de résistance qu'en Asie. En 1390, ils s'emparèrent de Larisse et de la Thessalie. Ensuite ils avaient envahi la Thrace jusqu'au mont Hémus; et, suivant cette politique guerrière qui leur faisait placer leur capitale dans leur dernière conquête, ils avaient pris Andrinople pour siége de leur empire. En 1430, ils avaient saccagé Thessalonique, la ville la plus florissante de la Macédoine. L'année suivante, ils subjuguèrent la plus grande partie de l'Épire. Ainsi, maîtres du centre et des extrémités, ils séparaient la Grèce du reste de l'Europe, et ils s'avançaient jusqu'aux portes de Byzance, qu'ils environnaient d'une population de vainqueurs et de Grecs asservis.

La part des Vénitiens et des Génois n'avait pas été moins grande dans ce dépouillement de l'empire grec; Venise s'était approprié, par la force ou l'argent, des principautés, des villes de la Grèce et de l'Archipel. Elle avait conquis Candie et Négrepont, Corfou s'était donné à elle. Dans le xive siècle, Argos et Napoli di Romanie ne lui avaient coûté qu'une pension de sept cents ducats à la veuve d'un seigneur feudataire, qui possédait ces deux villes. Lépante, dans l'ancienne Phocide, avait été de même échangée pour une pension de cinq cents ducats. Patras avait été livré par son archevêque, Étienne Zacharie. Modon et Coron étaient tombés au pouvoir des Vénitiens par l'abandon volontaire du prince grec de la Morée, qui cherchait à ce prix une protection contre les Turcs.

Les Génois avaient usurpé les îles de Scio, de Mytilène, et s'étaient établis dans les faubourgs mêmes de Constantinople. Un aventurier florentin avait conquis l'Attique. La Morée, Trébisonde étaient soumises à des princes grecs séparés de l'empire. Chypre avait pour roi un prince de la maison de Lusignan. Ainsi divisés en vingt dominations différentes, démembrés par de petites et faibles tyrannies, mélangés par des invasions étrangères, les peuples d'origine grecque avaient perdu tout sentiment de courage et jusqu'au nom de leur patrie. Il ne leur restait que le lien d'une religion commune.

La victoire de Mahomet servit presque à les réunir, en les menaçant d'un même esclavage. Toute la race grecque se sentit frappée par ce désastre. Dans la Morée et dans les îles on fuyait sans savoir où aller[1]. La mer était couverte de vaisseaux, de barques, portant les familles et les richesses des Grecs. Les montagnes, les monastères, les îles occupées par les Génois et les Vénitiens, servaient de refuge. C'était, disent les chroniqueurs, une dispersion comme celle des Hébreux, après la ruine de Jérusalem.

Mahomet avait laissé d'abord ses soldats s'enivrer du pillage de Constantinople; lui-même racheta de leurs mains quelques Grecs des plus illustres familles, que, peu de jours après, il fit mettre à mort, sous prétexte d'une conspiration avec les princes d'Italie. Choisissant désormais Constantinople pour capitale de son empire, il s'occupa de la repeupler d'habitants arrachés à toutes les provinces; et des colonies violemment transplantées vinrent combler le vide qu'avait fait le carnage. La population grecque demeura nombreuse à Constantinople,

---

[1] *Chalcondyle*, l. VIII.

et occupa dès lors un quartier qui prit le nom de Fanar.

Mahomet avait près de lui des interprètes grecs [1], auxquels on donnait le nom de γραμματικοι. Il ne haïssait pas leur nation, qu'il accablait de tant de maux. Lui-même était instruit, savait quelques langues d'Europe, et n'avait d'un Barbare que la cruauté. Connaissant le zèle des Grecs pour leur religion, il voulut le ménager, et peut-être y chercher un instrument de servitude. Il prit le temple de Sainte-Sophie pour en faire une mosquée; mais il abandonna la moitié des autres églises aux Grecs, et leur ordonna de choisir un nouveau patriarche. Le synode des évêques nomma le moine Scholarius, qui, pendant le siége, avait été le plus grand adversaire de l'Église latine, et le prophète de la victoire des Turcs. Mahomet l'introniza lui-même, en lui remettant la crosse pontificale, et lui fit donner une bourse de mille ducats et un cheval magnifique. Les Grecs esclaves ont conté que Mahomet avait eu de longs entretiens avec le nouveau patriarche, et qu'il avait été convaincu par lui de la vérité du christianisme [2]. Leur servile reconnaissance a même expliqué par là ce qu'ils ont appelé la douceur de Mahomet. Quelle que soit l'absurdité de cette fable, il est certain que Mahomet accorda quelque faveur au culte chrétien. Du reste, il n'en

---

[1] *Crusii Turco-Græcia.*
[2] *Ibid.*

poursuivit pas avec moins d'acharnement les faibles débris de l'empire grec. Par lui-même, ou par ses généraux, il conquit rapidement Énos, Athènes, Thèbes, l'île de Thase, la Samothrace, Imbros et Lemnos. Nulle part il ne trouva de résistance; Athènes était disputée par les héritiers de deux chefs obscurs, qui l'avaient successivement gouvernée. Mahomet déposséda les deux partis; et on voit encore aujourd'hui, dans l'Attique, une famille de paysans grecs qui passent pour descendre de Nérie, l'un de ces petits souverains, et qui en portent le nom. Athènes, dit-on, qui s'était défendue contre Alaric, ne résista point à Mahomet. Les clefs de la ville lui furent apportées par le supérieur du monastère de Saint-Cyriani sur le mont Hymette, auquel il n'imposa que le tribut d'un sequin. Il admira les monuments d'Athènes, fit une mosquée du Parthénon, et laissa la plupart des autres églises aux habitants.

Le Péloponèse qui n'était plus connu que sous le nom de Morée, était partagé entre deux princes, frères du dernier empereur de Byzance, et qui ne savaient pas mourir comme lui. L'un régnait à Misitra, près de Sparte, et l'autre à Corinthe. Mahomet n'avait d'abord exigé d'eux qu'un tribut de douze mille ducats. Mais bientôt la guerre se mit entre les deux frères. Sous prétexte de venir au secours de Démétrius, qui gouvernait Misitra, Mahomet s'empara de son territoire, mit sa fille dans le harem, et le relégua lui-même dans Andrinople. Le frère de Démétrius, sans attendre les armes de Mahomet, s'enfuit à

Corfou, et le pays se rendit aux Turcs. La terreur qu'inspirait leur cruauté était si grande, que les villes se soumettaient avant d'être assiégées ; mais elles n'en étaient pas traitées avec moins de barbarie. L'élite de la population était faite esclave ; les remparts des villes, les maisons étaient rasés. Un Grec du temps compare les habitants de la Morée à un troupeau de brebis sans pasteur, en proie à la fureur d'une bande de loups[1]. Toutefois, lorsqu'un chef intrépide se montrait quelque part, il se défendait avec avantage contre les Turcs. Un Paléologue, enfermé dans une petite forteresse voisine de Patras, arrêta près d'un an leur armée, et obtint de se retirer libre sur les terres de Venise. « La Morée, disait un pacha turc, est un beau et riche pays, où j'ai trouvé beaucoup de cerfs et d'animaux fugitifs : mais je n'y ai vu d'homme que celui-là. »

Cependant, à cette époque, chez un peuple tout voisin des Grecs, et dont la race se confond souvent avec la leur, on avait le spectacle d'une héroïque résistance animée par le génie d'un homme. La haute Albanie, qui comprend une partie de l'ancienne Épire, fatigua pendant plus de vingt ans toutes les armées turques. Scanderberg, fils du souverain de cette petite province, élevé comme otage chez les Turcs, échappé de leurs mains et rétabli par ruse et par audace dans la ville de Croïa, capitale du pays, rassembla les tribus belliqueuses de cette

---

[1] *Chalcondyle*, l. VI.

contrée, et soutint d'innombrables combats contre les pachas. Dès longtemps des colonies d'Albanais avaient pénétré dans la Grèce. L'Attique en était peuplée; et, bien que les Albanais parlent une autre langue que les Grecs, et que les traits de leur visage décèlent une autre race d'hommes, le voisinage, le fréquent mélange des deux nations, la religion qui leur était commune, et la haine du joug musulman, auraient dû, ce semble, les réunir sous l'étendard du héros qui défendait l'Albanie. L'inutilité de cet exemple est la plus grande preuve de l'abaissement où était tombée la Grèce. Scanderberg mourut en 1467; et son pays ne lui survécut pas. Malgré la protection des Vénitiens, auxquels Scanderberg avait laissé plusieurs villes de ses domaines, nous verrons bientôt l'Albanie tomber sous le joug et la religion de Mahomet.

Il restait encore de la famille de Comnène un prince de Trébisonde, ville grecque heureusement située sur les bords de la mer Noire, entourée de riches campagnes et fort célèbre dans nos romans de chevalerie du moyen âge; il se rendit sur les menaces de Mahomet, et livra ses forteresses et ses sujets, sous la condition d'une retraite pour sa famille. Mais, peu de temps après, Mahomet le fit mourir avec ses enfants. Ainsi disparaissaient tous les débris de l'empire grec. Il n'y avait plus, hors du joug des Turcs, que quelques villes de la Morée, et les îles occupées par Venise. Cette république avait traité d'abord avec Mahomet; et, satisfaite de s'être assuré quelques avantages de commerce[1] dans ses États, elle n'avait pas gêné ses conquêtes. Mais quand Mahomet eut pris Lesbos sur les Génois, eut pénétré dans l'Illyrie, eut occupé la Bosnie et la Valachie, les Vénitiens craignirent pour leurs possessions, et se préparèrent sérieusement à la guerre. Après avoir donné des subsides à Mathias Corvin, roi de Hongrie, qui résistait aux Turcs avec tant de courage, ils firent passer dans la Morée beaucoup d'insulaires de Candie[2], pour soulever les Grecs; et étant descendus à Napoli, dont ils étaient maîtres, avec une armée de six mille hommes, ils s'emparèrent d'Argos, et vinrent assiéger Corinthe; mais le plus grand effort de cette campagne fut de rétablir la muraille qui coupait l'isthme de Corinthe, faible rempart élevé par la peur dans le XIVe siècle. On espérait que, lorsque cette muraille serait rétablie, les habitants du pays prendraient confiance et s'armeraient de toutes parts. Les soldats de l'armée vénitienne pressèrent cet ouvrage. Les paysans de la Morée y travaillaient avec ardeur. Il fut rapidement achevé, et s'étendit d'un golfe à l'autre, fermant ainsi l'entrée de la péninsule.

En même temps, un jeune Grec, du parti des Vénitiens, avait fait soulever la ville de Sparte, dont le peuple conservait encore un renom particulier de rudesse et de valeur. Un autre Grec avait pénétré dans Corinthe, dont

[1] *Chalcondyle*, l. VI.
[2] *Ibid.*

il espérait gagner les habitants, asservis par la garnison turque ; mais il fut découvert et mis à mort. Le siége se prolongea sans succès, tandis que le beglier-bey de la Grèce assemblait une armée nombreuse dans la Livadie. Lorsqu'il parut, les Vénitiens ne se crurent pas en sûreté derrière la muraille de l'isthme ; ils reculèrent jusqu'à Napoli, et s'y défendirent avec courage. On préparait alors dans l'Occident une croisade promise depuis long-temps, que le pape Pie II excitait avec une admirable ardeur, et qu'il voulait diriger lui-même : mais les cardinaux et les princes d'Italie n'avaient rassemblé en tout que neuf galères ; et la mort du pape, dissipant l'entreprise, réduisit à un subside de quarante mille ducats le secours que l'Europe donnait à Venise. Ce fut donc par elle-même que cette république lutta contre l'empire turc, dans la Morée et dans les mers du Levant ; mais elle ne préserva point les malheureux Grecs de la vengeance des Turcs. La portion de la Morée qui avait accueilli les Vénitiens fut impitoyablement ravagée. On raconte que les habitants d'une bourgade près de Modon furent, au nombre de cinq cents, sciés par le milieu du corps. Les Vénitiens faisaient également une guerre de barbares ; ils saccagèrent Athènes, dont Mahomet lui-même avait respecté les monuments ; et dans la ville d'Énos, toute peuplée de chrétiens, ils enlevèrent deux mille Grecs, qu'ils vendirent comme esclaves.

Mahomet fit attaquer avec une flotte immense l'île de Négrepont ; lui-même s'était avancé par terre jusqu'aux bords de l'Euripe, tandis que sa flotte se déployait dans le détroit. Il couvrit ce passage d'un pont de bateaux, en face de Chalcis, et inonda l'île de ses soldats. La résistance des habitants fut intrépide; des femmes grecques combattirent sur les remparts, et on en trouva plusieurs parmi les morts. La ville ne fut emportée qu'après avoir été abandonnée par l'amiral vénitien. Les Turcs vainqueurs massacrèrent tout ce qui restait de Grecs et d'Italiens dans Chalcis, et ils emmenèrent les femmes et les enfants à Constantinople. L'île de Négrepont, que l'on appelait autrefois la clef de la Grèce, se trouva rangée sous le même joug que l'Attique, et fut gouvernée par le même pacha [1].

Cette importante conquête fut suivie d'un changement dans le sort des Grecs de la Morée soumis encore aux Vénitiens. Jusque-là, ils avaient été traités par leurs maîtres chrétiens avec autant de rigueur et de mépris qu'ils pouvaient l'être par les Turcs. Exclus de tous droits, pillés par les bandes italiennes, accablés d'avanies et de corvées, ils n'avaient guère de distinction à faire entre les deux peuples qui se disputaient leur territoire. Après la prise de Négrepont, Venise effrayée essaya de les attacher à sa cause, et de les intéresser à la défense de leur propre pays qu'elle occupait. Mocenigo, grand homme de guerre que le sénat de Venise avait choisi pour réparer ses défaites, forma des milices grecques dans la

[1] *Historia politica Constantinopoleos.*

Morée, leur donna le même rang qu'aux troupes vénitiennes, et en composa les garnisons de Napoli, de Patras et de Modon. Mais, en même temps, la guerre que ce général porta sur les côtes de l'Asie Mineure n'était pas moins funeste à la population grecque des villes maritimes qu'aux Turcs qui les avaient conquises. Mocenigo, à la tête d'une flotte nombreuse, qu'avaient grossie les escadres du pape et du roi de Naples, ravagea les campagnes d'Éphèse avec une barbarie toute musulmane, et vint saccager la ville de Smyrne, presque entièrement habitée par des Grecs. Ses soldats pillèrent également les églises et les mosquées. Une foule de chrétiens périrent; d'autres furent emmenés esclaves. Smyrne fut incendié ; et l'amiral ramena dans Modon sa flotte chargée d'un immense butin enlevé sur les Grecs d'Asie.

Venise réparait en même temps la perte de Négrepont par la conquête d'une des îles les plus riches et les plus fertiles du Levant : c'était l'île de Chypre, où régnaient, depuis la fin du xiie siècle, des princes de la maison de Lusignan, sous l'investiture du soudan d'Égypte. Les Vénitiens, qui dès longtemps ambitionnaient cette conquête, avaient favorisé l'usurpation de ce royaume par un bâtard du dernier Lusignan, qui chassa l'héritière légitime, et qui épousa une jeune Vénitienne, à laquelle le sénat conféra le nom de fille adoptive de la république. Ce prince étant mort, la reine fut nommée régente, sous la protection de Venise, qui se réservait le droit d'hériter d'elle, à titre de mère. Cette subtile interprétation fut aidée victorieusement par les armes de Mocenigo. Il débarqua dans Chypre, à la tête d'une armée de Grecs et d'Italiens, fit punir de mort tous ceux qu'on accusait de conspiration contre la reine, et établit le droit de succession de la république. Quelques années après, Venise, comme une héritière impatiente, força la reine d'abdiquer. Dans une assemblée des nobles Chypriotes, cette princesse déclara que, fille de la république, elle remettait son pouvoir dans les mains de sa mère. Venise obtint l'investiture du soudan d'Égypte, qui d'abord affecta de méconnaître cette singulière hérédité, mais qui se laissa toucher par un tribut et de riches présents.

Tandis que les Vénitiens préparaient l'envahissement de l'île de Chypre, Mahomet essaya de leur enlever la portion de l'Albanie que leur avait léguée Scanderberg. Il assiégea Scutari et la ville de Croïa, dont les habitants parurent encore animés du génie guerrier de leur ancien chef. La prise de Croïa fut l'événement le plus décisif pour compléter l'esclavage de la Grèce. Mahomet vainqueur fit massacrer les habitants de la ville, et, par la terreur, il rendit presque toute l'Albanie mahométane. Ainsi, ce peuple guerrier, qui pouvait être l'allié le plus utile des Grecs, devint, sous une religion nouvelle et barbare, leur plus cruel ennemi. L'ancienne Hellade fut pressée de toutes parts, et comme emprisonnée par des peuples musulmans. La seule protection qui lui restait, c'était le joug de Venise, encore maîtresse d'une partie de la Morée.

Vainqueur des Vénitiens en Albanie, Mahomet fit de nouveaux efforts pour les chasser des villes maritimes de la Grèce. Il envoya le pacha de Romélie assiéger Lépante. Cette ville fut défendue par le courage de la garnison grecque. Enfin, Venise fit un traité de paix avec Mahomet, par lequel elle lui cédait l'île de Négrepont et l'île de Lemnos qu'il avait conquises, la ville de Croïa, et celle de Scutari et de Tenaro dans la Morée. La dernière entreprise du règne de Mahomet sur les débris de l'ancienne Grèce fut l'invasion de Rhodes, possédée par l'ordre de Saint-Jean de Jérusalem, qui seul perpétuait alors la tradition et l'héroïsme des croisades. Dans la défense intrépide et victorieuse qu'ils opposèrent aux assauts des Turcs, les chevaliers tirèrent un puissant secours des milices grecques du pays; et Mahomet avait sur sa flotte un grand nombre de matelots grecs, et parmi les plus habiles généraux, un héritier des Paléologues qui avait embrassé la foi musulmane. Telle était la destinée de ce malheureux peuple de donner à ses ennemis une force qu'il n'avait pas pour lui-même, et de recruter ses oppresseurs. Enfin, Mahomet, après avoir fait trembler l'Europe pendant trente ans, porté la guerre jusque sur les côtes d'Italie, et menacé Rome du même sort que Byzance, mourut à Nicomédie, fondateur de l'empire turc en Europe.

Arrêtons-nous ici pour reconnaître un moment l'état de la Grèce à la mort de Mahomet. La servitude y semblait dès lors régulièrement établie, autant qu'elle peut l'être sous le sabre des musulmans. Le pays était divisé en quatre gouvernements principaux. Les trois premiers étaient la Macédoine, la Thessalie, Négrepont qui comprenait l'Aulide, la Béotie, l'Attique, la Phocide, et les côtes de l'Étolie. La Morée, dont il faut excepter les possessions vénitiennes, formait le quatrième. Des chefs particuliers commandaient dans les villes, dans les cantons, sous les noms de sangiaks, de beys, de vayvodes; et enfin la nation conquérante tenait elle-même le sol, par une sorte de féodalité semblable à celle du moyen âge. En effet, à mesure que les Turcs avaient conquis la Grèce, le sultan s'était emparé des maisons, des terres, dont les possesseurs étaient esclaves, morts ou fugitifs; il en avait donné plusieurs à perpétuité à des officiers musulmans[1]. Une autre partie considérable avait été, sous le nom de *vacouf*, réunie aux mosquées; et enfin beaucoup de champs et de domaines avaient composé des fiefs viagers, appelés *zaim* et *timar*, et donnés à des Turcs, sous la condition du service militaire. Ces nouveaux possesseurs, qui prenaient le titre d'*Agas*, formaient une milice de propriétaires armés. Ils étaient tenus de marcher en temps de guerre, et de fournir un nombre d'hommes proportionné à l'importance de leur domaine. La spoliation du territoire ne fut cependant pas complète : les petites propriétés furent conservées aux vaincus; ils en jouissaient en payant le cinquième du

---

[1] *Voyage d'Olivier dans l'empire ottoman.*

produit; et ils les transmettaient par héritage à leurs enfants. Des villages, des cantons entiers restèrent ainsi dans la main des Grecs. Ils étaient administrés par des espèces de municipaux grecs, appelés *proëstoi, archontes, codgia-bachi*; et ce fut, dès cette époque, et sous le poids accablant de la conquête, que commença l'humble pouvoir de ces primats qui forment aujourd'hui une faction puissante dans la Grèce délivrée.

Tous les Grecs, depuis l'âge de dix ans, payaient un impôt par tête, appelé *karatch*, par lequel ils étaient censés racheter annuellement leur vie. Le cinquième des enfants mâles, nés dans les familles grecques, était élevé dans la foi musulmane, et enrôlé parmi les janissaires. Sous ce joug pesant, la Grèce ne tarda pas à dégénérer, même de la décadence où elle languissait depuis tant de siècles. Tout se précipita vers la misère et la barbarie. Beaucoup de villes heureusement situées devinrent désertes, et la population grecque reflua vers des lieux plus stériles, où elle forma de pauvres villages, qui seront un jour, qui sont déjà des cités historiques. Athènes, Thèbes et Corinthe cessèrent d'entretenir des fabriques de soieries, encouragées dans le xive siècle par l'empereur Nicétas, et alors imitées par Venise et par Gênes. Le commerce de la Grèce fut presque entièrement détruit; des portions du sol fertile de la Morée restèrent sans culture; beaucoup d'habitants se réfugièrent dans les montagnes du Taygète, où ils menaient une vie presque sauvage.

Une seule peuplade de la Morée repoussait également le joug des Vénitiens et des Turcs : c'étaient les Maniotes. Nous sommes loin sans doute d'adopter ici cet enthousiasme d'érudit, qui voit dans les Maniotes les héritiers des Spartiates, et qui prendrait, au besoin, les brigandages d'une peuplade pauvre et grossière pour une tradition classique des larcins autorisés par Lycurgue. Mais il est certain que ces montagnards, plus nombreux que ceux d'Épire et de Thessalie, résistèrent constamment aux Turcs. On ne peut même douter que beaucoup de Grecs de Byzance ne se soient, dans le xve siècle, réfugiés parmi eux, et n'y aient porté quelques noms glorieux et quelques souvenirs. Mahomet n'essaya point de soumettre les Maniotes; il attacha peu de prix à réduire sous sa puissance ce canton stérile, qui s'étend depuis les montagnes du Taygète jusqu'à l'ancien promontoire du Ténare.

CHAPITRE II.

Agitation de la Grèce vers la fin du xv⁰ siècle. — Guerres des Vénitiens. — Conquête de Sélim et de Soliman II.

La mort de Mahomet II avait rendu quelque espérance à tous les peuples abattus par ses armes. Mais l'empire turc était dans le progrès de sa force, et il continua de s'agrandir sous Bajazet. Ce sultan acheva de soumettre toute l'ancienne Épire, et se fit rendre par les Vénitiens l'île de Céphalonie.

Cependant la Grèce fut agitée, vers la fin du xv⁰ siècle, d'un mouvement qui prouve que la vie n'était pas encore éteinte dans le peuple vaincu. En 1495, Charles VIII avait traversé l'Italie, pour conquérir Naples. Les troupes de France avaient dissipé sans peine les bandes mercenaires de Condottieri. Charles, jeune et vainqueur, s'était enivré d'un projet de délivrer l'Orient. Il avait acheté d'un Paléologue ses droits sur l'empire grec; et, d'après ce singulier contrat, il avait pris le diadème d'empereur d'Orient, pour faire son entrée triomphale dans la ville de Naples. Le bruit de cette étrange révolution passa dans la Grèce. Charles devait marcher d'Otrante sur Valonne dans la haute Albanie, et de Valonne sur Constantinople, à travers les peuplades albanaises, esclavonnes et grecques, dont il espérait le secours. Un archevêque de Durazzo, Albanais de naissance, servait cette entreprise avec ardeur, et avait fait de grands amas d'armes. Des envoyés venaient à Venise et dans la Pouille conférer avec les Français. On comptait sur un soulèvement de plus de cinq mille Grecs dans la seule Thessalie[1]. Mais déjà la première conquête du jeune prince lui échappait; et il avait peine à regagner son royaume à travers les troupes confédérées du pape, des rois de Castille et d'Aragon, et des Vénitiens. Charles, vainqueur à Fornoue, revint avec la gloire d'une expédition inutile. Mais les espérances des Grecs, aussi légèrement conçues que les entreprises du roi de France, furent cruellement punies. Les Vénitiens dénoncèrent au sultan le complot qui avait été formé dans la Thessalie et dans la Morée; et ce malheureux pays, qui commençait à renaître par une paix de quelques années, fut inondé de sang.

Les Vénitiens, bientôt après, furent mal récompensés de leurs soins. Bajazet recommença la guerre, et s'empara de Lépante. Alors Venise essaya d'appeler les Grecs à la liberté; mais une nombreuse armée turque pénétra dans la Laconie, et vint mettre le siége devant Modon, après avoir ravagé par le fer et le feu tous les cantons que les Vénitiens avaient voulu soulever. Pressé par terre et par mer, Modon fut emporté d'assaut; les troupes italiennes et grecques périrent sous le fer des Turcs,

---

[1] Comines, l. VII.

et dans l'incendie qu'ils allumèrent. Coron et Pylos se rendirent à cette nouvelle; et le pacha, maître de Modon, marcha sur Napoli di Romanie. Cette dernière ville se défendit avec courage; et les Turcs se virent forcés d'en abandonner le siége. Cependant la république luttait contre l'empire turc par des représailles de pillage et de cruauté, qui tombaient en partie sur les malheureuses peuplades de l'ancienne Grèce. L'amiral vénitien Pesaro désola les côtes de l'Asie Mineure, Ténédos et Mitylène. Un grand capitaine avait alors paru dans les mers du Levant, Gonzalve de Cordoue, que Ferdinand d'Aragon envoyait avec une flotte au secours de Venise. Il aida l'amiral vénitien à conquérir Céphalonie, et à reprendre Pylos. La république reçut encore d'autres secours de la France, du pape et des chevaliers de Rhodes. Elle s'empara de l'île de Leucade, plus célèbre dans la poésie qu'elle n'est importante dans l'histoire. Mais enfin cette guerre, comme les précédentes, se termina par un traité qui confirmait les accroissements de l'empire turc en Europe. La ville maritime de Lépante demeura dans la main des Turcs. Venise restitua même le rocher de Leucade, et elle ne conserva plus dans la péninsule que Napoli di Romanie, Modon, Patras et Malvoisie; mais elle avait encore Chypre, Candie, Céphalonie, Corfou, et toutes ces îles de l'Archipel que la culture, le commerce et des lois sages pouvaient rendre si fertiles et si riches. Malheureusement, la domination de Venise, comme celle de presque toutes les républiques, était dure aux peuples assujettis. La différence de communion religieuse aggravait encore le poids de ce joug. L'avarice des gouverneurs vénitiens, la fierté dédaigneuse du sénat, les préjugés du culte grec, tout se réunissait pour rendre l'autorité de Venise presque aussi fâcheuse aux habitants de la Grèce que celle des Turcs. Ces causes firent perdre à Venise la Morée ; et elles devaient lui enlever plus tard presque toutes ses possessions dans les mers du Levant.

En 1500, Bajazet conquit de nouveau sur les Vénitiens la ville de Modon : toute la population au-dessus de douze ans fut massacrée. Le règne de Sélim ne fut pas moins fatal aux chrétiens. Ce sultan, réputé cruel, même chez les Turcs, et monté sur le trône par le meurtre de son père, voulut, dans un zèle barbare pour l'Alcoran, forcer toute la nation grecque à l'apostasie. Suivant les récits des Grecs, il avait donné l'ordre de raser les églises de Byzance, sous prétexte que, la ville ayant été prise d'assaut, aucun privilége ne devait rester aux vaincus. Un Grec, nommé Xénacès, en fut instruit, et en prévint le patriarche. Celui-ci obtint une audience du sultan, et offrit de prouver, devant les docteurs de la loi musulmane, que Constantinople s'était rendu volontairement, et que même Constantin avait apporté les clefs de la ville à Mahomet [1]. Il produisit en témoignage trois vieux janissaires, âgés de plus de cent ans, qui avaient

---

[1] *Historia ecclesiastica Græcorum.* — *Oriens christianus.*

assisté, dit-on, à la conquête, et qui déposèrent de la vérité des stipulations accordées aux chrétiens de Byzance. Alors Sélim révoqua l'ordre de démolir les églises chrétiennes, et renvoya le patriarche avec honneur dans son palais épiscopal. Cette fiction par laquelle les Grecs esclaves ont renié le courage qui avait illustré la chute de leur empire, ne peut prévaloir sans doute sur le témoignage unanime des contemporains qui racontèrent les premiers la prise de Byzance. Il est certain seulement que la tolérance du culte chrétien fut menacée sous Sélim, mais que ce dessein n'eut pas de suite. Les Grecs gardèrent leurs églises, et le droit de les réparer; il leur était seulement défendu d'en bâtir de nouvelles.

Sous Sélim, l'empire turc continua de s'agrandir vers le Danube ; ses armées étaient nombreuses, ses trésors immenses. Une sorte d'impulsion communiquée à tout le peuple musulman le poussait sur l'Europe.

Le génie d'un sultan vint ajouter à cette puissance. Soliman II a pris sa place parmi les grands princes que vit naître le XVIe siècle. Moins barbare que ses prédécesseurs, il affermit les conquêtes de la Turquie. Non-seulement il continua de tolérer le culte chrétien, mais il accorda même aux Grecs quelques priviléges [1]. On place sous son règne l'institution des armatolis, ou milices chrétiennes établies dans la Grèce septentrionale. Soliman reçut aussi beaucoup de Grecs sur sa flotte, et les

---

[1] *Historia ecclesiastica Græcorum.*

employa de préférence aux Turcs, qu'ils surpassaient en adresse et en expérience de la mer. La chute de Rhodes, où s'était brisée la force de Mahomet, fut le premier exploit de Soliman; et dès lors les Vénitiens purent prévoir qu'il serait bientôt maître de tout l'Archipel. Rhodes, sous la domination des chevaliers, avait conservé une population grecque d'origine, qui combattit avec courage dans les rangs de ses maîtres. Après un siége terrible, lorsque le grand maître capitulé sortit du milieu des ruines de la ville, Soliman y mit une garnison. Il fut interdit aux Grecs d'habiter dans la ville : ils y venaient le jour pour faire quelque commerce; mais ils se retiraient à la nuit dans les villages voisins [1]. Cette île, si longtemps florissante dans l'antiquité, n'avait plus qu'une population de quelques milliers d'hommes; et son territoire admirable était presque sans culture; car les Turcs envahissaient tout, pour laisser tout dépérir.

Corfou restait encore dans les mains des chrétiens : et Venise, qui la possédait depuis trois siècles, était en paix avec les Turcs. Mais Soliman, dont les armées inondaient l'Albanie et l'Illyrie, voisines des terres de la république, eut bientôt un prétexte de guerre avec elle. En 1538, Soliman, avec une flotte nombreuse commandée par Barberousse, vint descendre à Corfou. Cette île florissait alors, moins par la domination vénitienne que par des libertés municipales qu'elle avait retrouvées

---

[1] Belon.

dans le moyen âge. Le pays était riant et cultivé, couvert de vignes et d'oliviers, parsemé de nombreux villages. Tout fut détruit par les Turcs, excepté la ville même, que défendirent les habitants avec un courage digne de n'être pas employé pour des maîtres. Un provéditeur de Venise y commandait. Forcé d'abandonner le siége, l'amiral turc vint ravager Zante, Céphalonie, Paros, et lever un tribut sur Naxos, capitale d'un petit duché de l'Archipel, qui se conservait au milieu de la conquête des Turcs, comme un reste de la féodalité du moyen âge, transplanté dans les mers du Levant.

Venise, avertie de son danger, fit un nouvel effort pour former une ligue que signèrent le pape et l'empereur. On régla les forces que devait fournir chaque souverain, et la part qu'il aurait dans les conquêtes à reprendre sur la Turquie. Mais Soliman assiégeait déjà Napoli di Romanie et Malvoisie dans la Morée; et il était maître de la péninsule avant que les galères de l'empereur, que commandait Doria, fussent arrivées au rendez-vous dans la rade de Corfou. Les troupes musulmanes couvraient la Dalmatie, et Candie était menacée par les vaisseaux de Barberousse. Lorsque enfin la confédération chrétienne fut réunie, elle fit peu de chose, malgré le génie de Doria; et les Vénitiens s'occupèrent bientôt de négocier avec la Porte. Ils auraient bien voulu garder quelques places dans la Morée, et ils offraient en échange un tribut de six mille ducats. Mais Soliman voulait leur expulsion de la péninsule. Ils cédèrent Malvoisie et Napoli di Romanie, ainsi que toutes les petites îles de l'Archipel ; ce fut la fin de la guerre. Dans la suite de son règne, Soliman, occupé de ses guerres contre la Perse, la Hongrie et les chevaliers de Malte, laissa reposer les malheureuses peuplades de la Grèce. Toutefois il soumit encore à son pouvoir l'île de Naxos, dont le petit souverain lui payait depuis longtemps tribut.

Ainsi, depuis la prise de Constantinople, la domination turque allait toujours s'étendant sur les débris de la race grecque, et lui rendait, pour ainsi dire, par l'esclavage, cette unité qu'elle avait dès longtemps perdue. Le règne de Soliman fut la plus glorieuse époque de la puissance musulmane ; il consolida, par quarante ans de victoires, l'obéissance des peuples conquis. Jamais les armées turques ne furent plus nombreuses et mieux disciplinées. Son nom retentissait dans tout l'Orient comme celui d'un grand prince ; et les rois de l'Europe recherchaient son alliance.

CHAPITRE III.

État des Grecs depuis l'affermissement de la conquête. — Du clergé grec. — Lettre curieuse du patriarche d'Antioche au patriarche de Constantinople. — Communication avec les Russes. — Moines du mont Athos à la fin du xvi° siècle.

Cependant sous l'empire de Soliman, la Turquie, fréquentée par les ambassades et par le commerce des nations chrétiennes, commença d'être mieux connue; et quelques renseignements précieux furent recueillis sur l'état des Grecs.

La curiosité savante, dont toute l'Europe était saisie dans le xvi° siècle, fit tourner les yeux vers ces contrées fameuses, d'où les arts étaient sortis. On s'informa d'Athènes. Des savants du nord de l'Allemagne entrèrent en commerce de lettres[1] avec les prêtres de Constantinople. La civilisation italienne, importée par les Vénitiens dans les îles de leur domaine, suivit les Grecs sous le joug des musulmans. De jeunes Grecs voyagèrent en Italie, étudièrent la médecine à Padoue, et revinrent l'exercer dans leur patrie. Cet art les introduisit dans la faveur des pachas et des grands de la Porte. Soliman les employa comme interprètes et comme écrivains. Ce fut le commencement de ces fortunes du fanar, qui, dans la

---

[1] *Crusii Turco-Græcia. Crusii Germano-Græcia.*

suite, associèrent des raïs grecs au despotisme de leurs maîtres. Mais il fallait de bien longues années avant que cette influence de l'esprit, exercée par quelques Grecs au milieu du sérail, descendît sur leur malheureuse nation, accablée par la conquête.

Les Grecs d'Asie demeuraient plongés dans la misère et l'ignorance. Ceux du continent européen étaient devenus barbares. En Asie, la population grecque était pressée et comme absorbée par une atmosphère toute musulmane. A peine dans la grande ville de Broussa se conservait-il deux mille chrétiens. Antioche n'était plus qu'une ruine parsemée de quelques huttes habitées par des paysans grecs. Enfin, sur le territoire de l'Anatolie, les Grecs ne formaient plus que de petites colonies perdues dans un mélange d'Arméniens, de juifs et de Tartares. En Europe, la race grecque, plus nombreuse et plus également répartie sur le sol, était traversée ou environnée par des cantons musulmans qui formaient comme les postes avancés de la conquête, et qui répandaient autour d'eux la barbarie. Il n'y avait plus d'écoles chrétiennes dans aucun lieu de la Grèce, excepté dans Constantinople. Beaucoup de prêtres grecs même ne savaient pas lire. Les Grecs payaient tribut, cultivaient la terre et faisaient un peu de commerce, mais avec bien de la contrainte. Une anecdote suffira pour le montrer. Soliman, par un scrupule de religion [1], et malgré

---

[1] *Lettres de Busbech*, t. II.

les réclamations de l'ambassadeur allemand, prohiba tout usage et tout commerce du vin; les Grecs effrayés arrachèrent aussitôt les vignes qu'ils cultivaient sur les coteaux voisins de Constantinople.

Parmi les sujets de la Porte, les juifs et les Arméniens l'emportaient beaucoup sur les Grecs pour le commerce et l'industrie. En Thrace, près de Cypcella, il y avait des Grecs occupés à exploiter des mines d'or, d'alun et d'argent; mais ils travaillaient pour des juifs. La Morée, lorsqu'elle n'était pas ravagée par les Vénitiens et les Turcs, produisait beaucoup de blé, que les Grecs allaient porter à Constantinople. L'Attique vendait ses figues, ses olives et son miel.

Toutefois le gouvernement des pachas, des beys, des vayvodes, pesait à divers degrés sur les Grecs du continent et des îles. Sur le continent, chaque village grec avait un primat de sa nation, qui recevait le tribut et le payait au collecteur turc [1], devant lequel il devait toujours se tenir debout. Dans les îles, la même fonction était remplie par des magistrats grecs que l'on appelait *épitropes*, et qui venaient apporter le tribut au capitan-pacha, sur ses vaisseaux, lorsqu'il faisait sa tournée maritime.

Pour cette nation grecque, disséminée sur tant de lieux et mêlée partout à ses conquérants, il existait un pouvoir invisible qui s'étendait de l'Asie Mineure jus-

[1] D'Ohsson.

qu'aux îles les plus rapprochées de Venise. C'était une sorte de police civile et religieuse exercée par les évêques, et soumise au patriarche de Constantinople. Ce qui se passait en France, au viiie siècle, lorsque l'État était tout entier dans l'Église et qu'il n'y avait d'autre vie publique, d'autre histoire que celle du clergé, se reproduisait alors parmi les chrétiens de la Grèce; et cet ordre de choses, qui serait oppressif et bizarre chez un peuple maître de son territoire et de lui-même, était, dans l'asservissement de la Grèce, une protection salutaire, et conservait seul un peuple que tout semblait détruire.

L'Église grecque, depuis sa séparation d'avec Rome, avait reconnu quatre patriarcats, ceux de Jérusalem, d'Alexandrie, d'Antioche et de Constantinople. La présence du trône impérial avait donné la suprématie au siége de Constantinople; et le vainqueur musulman lui-même parut la reconnaître, en établissant le premier patriarche après la conquête. Ce faible privilége se maintint; mais la succession au patriarcat de Constantinople fut aussi variable et aussi précipitée que les caprices du despotisme. Bientôt cette dignité s'acheta, et dès lors elle fut souvent vacante. La triste série de ces mutations forma les annales du peuple grec. Le patriarche de Constantinople fut considéré par les Turcs comme le chef et, en quelque sorte, le garant de sa nation. Ces patriarches n'étaient que des esclaves du Divan. L'un d'eux, suivant les récits des Grecs, avait été frappé par Mahomet. Presque tous étaient déposés, et souvent exilés, sur la plus légère défiance d'un visir; mais le caractère sacré dont ils étaient revêtus les rendait chers à la nation, et faisait de leur avénement une des joies de cette Église affligée. Lorsqu'un nouveau patriarche était élu, toutes les églises épiscopales de Grèce lui écrivaient avec cette magnificence de style, employée si souvent chez les peuples du Midi à cacher leur misère et à parer leur servitude. « Semblable, lui disait-on, à l'étoile de lumière qui resplendit à l'orient, tu as ébloui, tu as illuminé l'Église. La grâce est répandue sur tes lèvres, rejeton précieux des pontifes, gardien de notre foi, précepteur de Constantinople, de cette nouvelle Rome, placée par le Seigneur sous ta protection sainte! » Avec ces belles paroles, le patriarche recevait les tributs modestes des églises. Dans le XVIe siècle, c'étaient quelques produits des divers pays : le mastic de Scio, les olives et le miel de l'Attique, les laines grossièrement travaillées du mont Athos, quelques étoffes plus précieuses de l'Asie Mineure.

Les patriarches de Jérusalem, d'Antioche et d'Alexandrie relevaient du patriarche de Byzance, sans lui obéir; ils régnaient sur les Orientaux du rite grec. Ceux de Jérusalem et d'Alexandrie habitaient souvent à Constantinople, et prenaient part au synode. Le patriarche d'Antioche résidait à Damas, ville florissante et peuplée de beaucoup de chrétiens, tandis qu'Antioche n'était plus qu'une ruine presque inhabitée. Il avait dans sa juridiction plus de quarante évêques. Chaque année, il allait célébrer une messe solennelle sur le mont Liban. Il donnait au patriarche de Constantinople le titre de frère et de collègue ; et il était le lien naturel entre les Grecs d'Europe et d'Asie.

Un monument curieux du XVI° siècle fera connaître ce gouvernement ecclésiastique conservé sous la conquête ; c'est une lettre du patriarche d'Antioche au patriarche de Constantinople.

« Seigneur très-saint de la grande ville de Constantinople, de la nouvelle Rome, et patriarche œcuménique, frère et collègue de notre humilité, je prie Dieu qu'il te donne la santé du corps et de l'âme, et que tu prospères en tout. Sache, très-saint homme, que, dans la juridiction de ton trône épiscopal, il se trouve un chrétien du nom de George, né à Patras, dans le Péloponèse, et cordonnier de son état. Il a ici, dans la ville de Damas, une femme et des enfants qui, Dieu merci, sont aujourd'hui bien portants ; mais lui, depuis douze ans, ne les a pas vus. Pourquoi est-il errant hors de sa maison, comme la brebis perdue de l'Évangile, sans prendre depuis si longtemps aucun souci de sa femme ni de ses enfants, sans s'inquiéter s'ils boivent ou s'ils mangent, et sans songer à sa maison ? Nous prions donc ta sainteté de faire une enquête pour le trouver, et de le réprimander, et de lui remettre en l'esprit son devoir, afin qu'il revienne dans sa maison ; car il n'est pas bon qu'il soit si longtemps loin des siens. S'il t'obéit, tout sera bien ; mais, s'il en est autrement, et s'il n'écoute pas tes avis, retranche-le de la communion des fidèles, et prononce sa séparation d'avec sa femme ; prête l'appui de ta miséricorde à cette œuvre juste ; et qu'il soit ainsi fait, nous t'en prions.

« Adieu, sois heureux dans le Seigneur, cher frère et collègue. Que Dieu soit avec vous et avec nous[1]. »

Le patriarche de Constantinople, investi, comme on le voit par cette lettre, du droit de prononcer le divorce, avait bien d'autres pouvoirs religieux et civils. Il était le juge des Grecs : il pouvait décerner plusieurs punitions, telles que l'emprisonnement et même quelquefois la peine des galères. Armé du droit d'excommunication, il pouvait étendre à tout ses décisions et ses défenses, et gouvernait en quelque sorte le peuple grec. Au XVIe siècle, il exerçait ce pouvoir parmi les Grecs de l'empire turc et dans l'île de Candie, soumise encore à la domination vénitienne. En 1567, les Grecs de Candie avaient maltraité des négociants juifs. Le patriarche, averti de ce désordre, écrivit une lettre de réprimande adressée, suivant l'usage, aux évêques, aux prêtres et au reste du peuple chrétien ; il menaçait d'excommunication ceux qui avaient commis ou qui renouvelleraient de semblables violences, et terminait ainsi sa lettre, en ordonnant qu'elle fût lue dans toutes les églises de l'île[2] : « L'injustice, quel que soit celui qui en est l'objet, est toujours injustice ; et l'homme qui a fait du mal à quelqu'un ne

---

[1] *Crusii Turco-Græcia*, l. IV, p. 295.
[2] *Ibid.*, l. III.

sera pas justifié sur le prétexte qu'il a fait du mal à un homme d'une autre religion. Jésus-Christ Notre-Seigneur a dit dans son Évangile : Ne maltraitez et ne calomniez personne. Il n'a pas fait de distinction, et n'a pas permis aux hommes pieux de nuire à ceux qui ne le sont pas. »

Ces leçons de tolérance qui sortaient du malheureux synode de Constantinople étaient alors bien nouvelles en Europe. Elles prouvent qu'il se conservait quelques lumières dans cette Église opprimée. Le plus grand bienfait de son pouvoir était de maintenir l'unité du peuple grec, de lui communiquer, sous le joug de la conquête, un même esprit, une même espérance.

L'église patriarcale de Constantinople était fort pauvre. C'est une plainte qu'elle répète sans cesse. Le présent d'une montre d'argent[1] qui lui fut envoyée, dans le XVI° siècle, par un savant d'Allemagne, excita toute la reconnaissance du synode. Ce synode se composait de plusieurs évêques et des dignitaires de l'Église, le protonotaire, le grand économe, le grand logothète, le grand archiviste, l'orateur. C'était le conseil du patriarche pour juger tous les procès religieux et civils. Il maintenait ou déposait les évêques ; il s'occupait de la réforme des monastères, de la disposition des biens ecclésiastiques, des donations faites au clergé ; il intervenait dans les procès particuliers pour empêcher les Grecs d'aller plaider devant les infidèles ; et quand il ne pouvait y parvenir il

---

[1] *Crusii Turco-Græcia.*

fulminait des excommunications contre le témoin qui mentirait devant le cadi.

Près l'église de Constantinople, il y avait une école où l'on instruisait de jeunes Grecs dans la religion et dans les lettres anciennes. « Jeunes élèves, » écrivait l'évêque d'Andrinople, dans une lettre au savant Zygomala[1], qui était chargé de les instruire, « appliquez-vous à l'étude, je vous enverrai bientôt de beaux livres. » Rien n'est plus curieux que toute cette correspondance ecclésiastique au xvie siècle. De Napoli, de Coron, d'Athènes, de Janina, de Rhodes, de Scio, de Candie, on écrivait au clergé de Constantinople sur les accidents les plus simples de la vie privée, et l'on en recevait des décisions et des réponses.

Ce pouvoir du patriarche et du synode de Byzance ne se bornait pas aux peuples d'origine grecque; il s'étendait sur plusieurs nations qui, dans le moyen âge, avaient adopté le schisme de Photius. De là cette relation singulière au premier coup d'œil entre les Grecs et les Moscovites; de là cette tradition ancienne et obstinée qui faisait espérer aux Grecs le secours de la Russie. Le clergé russe, très-puissant sur un peuple barbare, regardait depuis longtemps les Grecs comme ses précepteurs et ses maîtres dans la foi. Au xvie siècle, une circonstance extraordinaire[2] marqua cette autorité de l'Église de

---

[1] *Crusii Turco-Græcia.*
[2] *Oriens christianus*, t. II.

Byzance. Le patriarche Jérémie, exclu du siége de Byzance, ayant voyagé dans la Russie, avec les évêques de Malvoisie et d'Alassona, fut invité par les prêtres de Moscou et par le grand-duc à sacrer un patriarche qui serait le chef de l'Église grecque. Il célébra cette cérémonie nouvelle avec une grande pompe, dans la cathédrale de Moscou; et, de retour à Constantinople, étant remonté sur le siége patriarcal, à la faveur des riches présents qu'il avait rapportés de son voyage, il fit de nouveau confirmer dans le synode l'institution du patriarcat de Russie, dont le rang fut assigné au-dessous de celui de Jérusalem, comme si cette Église de Byzance avait gardé dans son oppression le droit de régler l'établissement religieux d'un grand empire.

Dans tout le territoire de la Grèce, l'autorité du patriarche avait pour ministres et pour appuis les archevêques, les évêques, les archimandrites, les papas ou simples prêtres, et les caloyers ou religieux de Saint-Basile. Un voyageur a dit que l'on trouvait dans la Grèce moderne plus de gens d'Église que de laïques. Sans s'arrêter à cette singulière hyperbole, on sait combien les fondations religieuses avaient été multipliées dans les derniers siècles de l'empire grec, par la piété des princes et l'oisiveté pusillanime où le peuple était tombé. Toute la Grèce était couverte d'évêchés et de monastères. Une ville antique ruinée depuis plusieurs siècles avait son évêque; la bourgade moderne bâtie dans le voisinage avait également le sien. Il en était de même des îles, qui presque toutes conservaient des siéges épiscopaux institués dès les premiers temps de la prédication évangélique. L'Église grecque permettant le mariage aux simples prêtres, leur nombre était fort grand, d'autant plus qu'ils étaient exempts du tribut établi par Mahomet sur la population grecque. Il n'était presque aucune famille du continent et des îles qui n'eût un fils prêtre. Ces papas qui formaient l'ordre subalterne du clergé grec, étaient ignorants, superstitieux, avides d'aumônes ; mais ils vivaient avec le peuple, ils étaient confondus avec lui; ils lui communiquaient le zèle sans lumière, mais plein d'ardeur, qui les animait. Aucune cause ne lutta plus puissamment contre la conquête, et ne servit davantage à conserver la nation grecque au milieu de ses vainqueurs.

Les monastères, multipliés sur tous les points de la Grèce, n'eurent pas une influence moins salutaire. Un seul ordre religieux, celui de Saint-Basile, habitait ce grand nombre de couvents. Assujetti au célibat, il était le séminaire unique d'où sortaient les archimandrites et les évêques. Ces moines vivaient de leur travail ; ils étaient laboureurs ; et leurs terres étaient les mieux cultivées de la Grèce. On comptait les monastères de Saint-Cyriani près d'Athènes, de Saint-Luc en Béotie, de Méga-Spiléon, de Saint-George sur le mont Chelmos en Arcadie, et beaucoup d'autres répandus sur les hauteurs du Pinde, et sur la chaîne des monts Agrapha. Ces fondations saintes étaient encore plus nombreuses dans l'Archipel et dans les Cyclades. En effet, ces petites îles qui couvrent la mer Égée semblent disposées par la nature pour offrir un asile à des contemplatifs et à des solitaires. Il n'était presque aucun îlot cultivé qui n'eût un monastère. Quelquefois les religieux étaient les seuls habitants d'une île enchanteresse. La crainte des pirates avait fait bâtir plus d'un monastère sur des rochers presque inaccessibles, du haut desquels les solitaires voyaient à leurs pieds la tempête et le naufrage. Pathmos, fameuse par la retraite de l'apôtre saint Jean, les Sporades, les îles des Princes sur le Bosphore étaient occupées par ces pieux cénobites; ils étaient fort ignorants; et les voyageurs qui les visitèrent ont ri souvent de leur simplicité.

La plus nombreuse et la plus singulière de ces populations ecclésiastiques habitait le mont Athos, qui forme un isthme d'une vaste étendue à l'extrémité orientale de la Macédoine. Cet asile agréable autant qu'inaccessible avait dû tenter ceux qui fuyaient le monde durant la décadence et les misères de l'empire d'Orient. Aussi, dès longtemps, il fut peuplé de monastères; et les ambitieux mécontents de la cour de Byzance l'avaient souvent choisi pour retraite. A l'époque de l'invasion, les Turcs laissèrent subsister ces paisibles colonies, dont le nombre s'accrut par les malheurs et par les dangers du reste des habitants. Le respect des Turcs pour leurs *Santons*, qui sont des espèces d'ermites, leur inspira quelques ménagements envers les religieux du mont Athos. Mahomet ne leur imposa qu'un léger tribut, et les laissa en paix

sur ces montagnes, où les autres Grecs et les Turcs
même avaient défense de pénétrer. Ce privilége augmenta
la mystérieuse vénération qui s'attachait aux moines du
mont Athos. Les Grecs du continent et des îles appelaient
ce lieu la Montagne Sainte (Ἅγιον Ὄρος). Il était vénéré
par les Églises schismatiques de Smyrne, d'Alexandrie,
de Damas et même de Jérusalem, qui s'estimaient heureuses de recevoir des prêtres sortis de cet asile sacré.
C'était la Rome des chrétiens d'Orient. Toutefois, les religieux du mont Athos reconnaissaient la suprématie du
patriarche de Constantinople, recevaient ses instructions
pastorales et lui payaient un léger tribut.

Au milieu du xvie siècle, on comptait vingt-quatre de
ces couvents répandus sur les hauteurs et dans les gorges
de la montagne, et remplis chacun de deux ou trois cents
religieux, sans parler de beaucoup d'anachorètes qui vivaient solitaires, et que les Grecs nommaient *philérèmes*.
Le voisinage de la mer faisant craindre les invasions des
pirates, la plupart des monastères étaient fortifiés de
hautes murailles. Quelques-uns avaient été entretenus
dans l'origine, par des fondations de la Russie et de la
Moldavie : mais les guerres et la conquête musulmane
avaient interrompu ces secours ; aussi plusieurs religieux
allaient-ils chaque année faire des quêtes dans toute la
Grèce et jusqu'à Constantinople. Leur principale ressource était d'ailleurs le travail des mains, la culture des
champs, et la pêche dans la Méditerranée, qui baigne le
pied de la montagne. Ils avaient pour ce dernier usage

de petits bateaux creusés dans un seul tronc d'arbre [1], et qui n'étaient pas supérieurs à ces canots dont se sert l'industrie des peuplades sauvages. Le poisson et les fruits de la terre étaient leur seule nourriture, d'après l'abstinence prescrite par la règle de Saint-Basile. Ils cultivaient le blé, les oliviers, et couvraient la montagne de riches vergers, n'élevant d'ailleurs aucun troupeau domestique.

Tous n'étaient pas prêtres ; mais les prêtres parmi eux n'étaient pas plus exempts que les autres du travail matériel. Du reste, tous les rites de l'Église grecque étaient mieux pratiqués, et plus fidèlement conservés dans ces monastères qu'en aucun autre lieu du monde. Les divers travaux de la journée, les exercices religieux commencés dès le point du jour, étaient marqués par le retentissement d'une plaque de bois ou d'airain, sur laquelle on frappait à la porte des monastères ; car les Turcs avaient interdit le son des cloches, usité dans les églises d'Occident. A ce bruit répété d'un couvent à l'autre, tout le peuple de la montagne passait de la prière au travail, allait aux champs ou descendait vers les écueils de la mer. La vie purement contemplative n'était le partage que de quelques ermites qui vivaient dans une retraite plus grande, sur les plus rudes sommets, et dont la sainteté devenait célèbre dans tout l'Orient. La langue parlée sur le mont Athos était généralement ce grec ecclésiastique, qui tient le milieu entre la langue ancienne et

---

[1] Belon. *Turquie chrétienne.*

l'idiome vulgaire. La tradition des antiques prières et des chants religieux de l'Église entretenait cette langue; mais il ne restait presque aucune trace de l'ancienne érudition. Les lettres profanes étaient entièrement négligées par les religieux; et ils ne conservaient que quelques manuscrits des Pères de la primitive Église, que tous ne savaient pas lire [1]. Tel était le tableau de ces couvents du mont Athos, vers le milieu du xvie siècle. Cette espèce de république monacale était, comme toutes les autres, agitée par des guerres civiles. On n'en devine pas les motifs. Il semble qu'en renonçant au monde, les religieux de l'Athos auraient dû perdre les occasions de guerre et d'inimitié. Mais les passions de la terre arrivaient sur les sommets escarpés de la sainte montagne. En vain les Turcs étaient, par un ordre du sultan, exclus de ce lieu; la discorde et la violence venaient en troubler la paix. Peut-être une jalousie de prééminence entre les supérieurs, dont l'élection se renouvelait chaque année, peut-être quelque dispute théologique était-elle le prétexte de ces hostilités. Mais il est certain qu'elles n'étaient pas fort rares. La vie rude des cénobites les disposait à l'action autant qu'à la prière. On voit, par des monuments du xvie siècle [2], que le couvent de Philothée, au pied de l'Athos, en face de l'île de Thase, fit éprouver une dure persécution au monastère de Sainte-Laure.

---

[1] Belon.
[2] *Crusii Turco-Græcia.*

C'est encore un exemple de cette vie barbare du moyen âge, qui s'est perpétuée dans la Grèce moderne. Un moine de Sainte-Laure écrivait au protonotaire de l'Église de Constantinople : « La plaie que nous ont faite, il y a quelques années, les moines philothéites, loin d'être guérie, saigne encore. Que dis-je? ils nous affligent d'une calamité plus grande que la première. Notre lit même, que tout le monde sait nous appartenir de droit, ils nous le disputent; ils viennent attaquer notre monastère de Sainte-Laure la flamme à la main. Le feu consume l'intérieur du couvent et les lieux qui l'entourent ; ils chassent nos frères de leur asile, et leur persécution n'a pas de terme. Nous écrivons aussi à ce sujet au vénérable patriarche, pour qu'il réprime leurs fureurs. Pour toi, secours le monastère de Sainte-Laure, deviens son défenseur, afin de mériter la couronne, et d'empêcher que le mal ne s'étende plus loin. »

CHAPITRE IV.

État de l'île de Scio sous la domination turque.—Guerre de Chypre.
— Candie paisible sous les Vénitiens. — Mœurs des spacchiotes.
— Poésie grecque.

Après le mont Athos, le lieu le plus libre de la Grèce et le plus exempt de la tyrannie des Turcs était l'île de Scio. Sans doute la vie devait y paraître aussi douce qu'elle était abstinente et sévère sur la montagne sainte. Sous le ciel le plus favorable, entre l'Europe et l'Asie, cette île charmante abondait de toutes les productions du sol le plus fertile, et y joignait les richesses du commerce maritime. Scio, depuis longtemps possédée par les Génois, auxquels les empereurs de Byzance l'avaient d'abord cédée comme hypothèque d'un emprunt, garda sous leur domination d'anciennes coutumes municipales, en y mêlant la liberté des mœurs italiennes. Les Grecs schismatiques formaient le plus grand nombre des habitants. Quelques Grecs étaient catholiques ainsi que les Génois : et il y avait aussi des négociants juifs qui étaient distingués par l'obligation de porter un bonnet jaune. Un gouverneur génois et un petit sénat ou conseil administraient le pays.

Soliman s'empara de l'île de Scio en 1566, et le peu de résistance des habitants adoucit la férocité habituelle du vainqueur, et leur valut des priviléges. Il paraît qu'avant cette conquête Scio payait[1] depuis quelque temps, au grand seigneur, un léger tribut; et l'on peut s'étonner qu'il s'en soit contenté si longtemps. La conquête fut une simple prise de possession. Un amiral de Soliman, s'étant présenté devant Scio avec une flotte nombreuse, fit mander à son bord les principaux de l'île, et les envoya sur une de ses galères à Constantinople. La croix et l'étendard de Gênes furent abattus, et le croissant mis à la place. Touché de cette docilité, Soliman, bien que l'île fût riche, ne lui imposa que des taxes assez légères : une, entre autres, qui portait sur le revenu des habitants, était d'une piastre sur cinq cents. Par une exception favorable, les terres furent exemptes de toute dîme particulière envers les agas turcs. La partie méridionale de l'île, où se trouvent vingt-quatre villages adonnés à la culture du mastic, jouissait encore de quelques priviléges, et particulièrement du droit d'avoir des cloches dans les églises; enfin tous les habitants grecs de l'île conservaient des notaires de leur religion, dont les actes étaient reconnus devant les cadis; et cinq magistrats, sous le nom de *Gérontès*, jugeaient les procès civils. A la faveur de ces tolérances et de ces droits, malgré les vexations qui suivirent l'établissement de beaucoup de Turcs dans l'île, les Grecs de Scio commencèrent dès le XVIe siècle à jouir d'une civilisation et d'un repos inconnus dans le reste du Levant.

[1] Belon.

Il s'y conserva beaucoup de familles catholiques, la plupart d'origine italienne. Elles profitèrent de la tolérance accordée par les Turcs à l'île de Scio. Elles avaient également un notaire de leur religion, qui prenait le titre de notaire apostolique, et elles concouraient à l'élection des magistrats grecs. Plus d'une fois la haine entre les deux communions chrétiennes troubla l'île, et, par des accusations mutuelles, fournit des prétextes aux cruautés et aux pillages des Turcs. Toutefois cette île, peuplée de plus de cent mille chrétiens, jouissant de quelque liberté et d'une sorte d'aisance et de bonheur, était un lieu privilégié dans l'empire turc, une oasis florissante au milieu du désert. « C'est, nous dit un vieux voyageur, le meilleur séjour que je sache à mon gré, et où les femmes soient plus courtoises et plus belles[1]. » L'esprit ingénieux des habitants, leur humeur vive et folâtre, leur activité malgré la douceur énervante du climat, montraient assez dans cette île tout ce que pouvaient devenir les Grecs, lorsqu'ils n'étaient pas trop accablés par l'esclavage. Dans la suite, l'île de Scio fut l'apanage d'une sultane, et envoya son mastic et ses parfums pour l'usage du harem. On l'appelait le *jardin du sérail*; et quelque chose de la mollesse asiatique semblait se communiquer au joug qui pesait sur elle. A la faveur de cette protection, il s'établit dès le XVIe siècle des écoles dans l'île de Scio. Quelques sciences y furent

---

[1] Belon.

cultivées, surtout la médecine, si peu pratiquée dans l'Orient.

Non loin de là, l'île de Samos était presque dépeuplée, et les habitants y vivaient comme des sauvages. La plupart des autres îles, sans être aussi favorisées que l'île de Scio, conservaient quelque liberté. L'île de Cos, patrie d'Hippocrate, était presque entièrement occupée par les Turcs, et n'avait que deux villages grecs. Mais Pathmos, Calymno, et cette foule de petites îles que les anciens avaient nommées Sporades, qui parsèment la mer, étaient toutes grecques, habitées par des moines, de pauvres paysans, visitées par des pirates.

A la mort de Soliman, les Vénitiens possédaient encore Chypre, Candie, Corfou, Zante, Céphalonie, Cérigo et Paxos. La population grecque de ces îles recrutait leur marine, et s'appliquait sous les lois d'un peuple industrieux au commerce et à l'agriculture : les Vénitiens tâchaient d'ailleurs de la tenir dans l'ignorance. Le gouvernement de ces îles riches et fertiles était recherché par les principaux sénateurs de Venise. Ils y vivaient dans une mollesse orientale, et s'y corrompaient par le pouvoir et par le plaisir. Les Vénitiens ne gênaient pas la religion de leurs sujets, ils avaient même permis l'établissement d'une église grecque dans Venise. Mais la différence des cultes empêchait toujours la nation soumise de se confondre avec ses maîtres; elle prenait quelque chose des mœurs italiennes, comme elle se rapprochait dans l'Orient des mœurs turques. Sa langue dégénérée recevait l'empreinte de l'idiome italien ; mais le fond du génie grec se retrouvait sous ce costume servile. Le Grec esclave ne haïssait guère moins les Vénitiens que les Turcs. Au milieu de son ignorance, fier, subtil et moqueur, il était même plus blessé de la dureté hautaine des Vénitiens que de la férocité musulmane. Il cédait à l'une comme à un fléau terrible ; il était humilié par l'autre. Peut-être les Vénitiens auraient-ils pu vaincre cette prévention, en traitant ce malheureux peuple avec douceur. Mais ils étaient bien loin de cette politique généreuse ; ils employaient le sang des milices grecques, et ne choisirent jamais un officier dans leurs rangs. Venise eut cependant besoin de tout le courage des Grecs pour résister au nouvel effort de la Turquie.

Sélim, successeur de Soliman, vint attaquer l'île de Chypre avec une nombreuse armée. On sait que cette guerre, éloquemment racontée[1], est un des plus beaux tableaux militaires du XVIᵉ siècle. Famagouste, capitale de l'île de Chypre, soutint un long siége où fut déployé tout ce que peuvent l'héroïsme et la fureur. Venise, puissante sur mer, renouvela plusieurs fois la garnison de Famagouste et de Nicosie, la seconde ville de Chypre. Elle y prodigua son or, le talent de ses capitaines et le sang des milices italiennes et chypriotes ; mais enfin les deux villes furent emportées. Des cendres et un pays dépeuplé restèrent au pouvoir des Turcs. Au siége de Fa-

---

[1] *Histoire de Venise*, par M. le comte Daru.

magouste, un Grec[1] d'une taille gigantesque sortait souvent de la ville pour défier les plus braves d'entre les Turcs, et revenait toujours vainqueur. Cet exemple animait le courage des Grecs, et ils se battirent comme un peuple libre.

Une armée musulmane s'était en même temps jetée sur la province que Venise possédait encore dans l'Albanie, et avait saccagé l'ancienne Buthrotum et Parga sur la côte voisine de Corfou. Cette île importante aurait subi le même sort que Chypre, sans le grand effort que fit alors la chrétienté. Il n'est pas de fait d'armes plus illustre que cette bataille maritime de Lépante, où parurent les flottes confédérées de l'empereur, du pape, du roi de Naples, de Venise et des chevaliers de Malte; tout le monde sait que Don Juan d'Autriche y commandait, que Cervantès y fut blessé, et que jamais les chrétiens ne remportèrent une victoire plus complète sur les Turcs. La politique et le péril de Venise avaient formé cette ligue; il ne s'agissait ni de délivrer la Grèce oubliée dans son esclavage ni de renouveler les anciennes croisades : on voulait arrêter les progrès menaçants de la Turquie.

La bataille se donna dans ce bassin que forme la mer près du promontoire d'Actium, aux lieux où s'était disputée jadis la conquête de Rome et du monde. Toutes les forces de l'empire turc étaient rassemblées. Les vais-

---

[1] *Crusii Turco-Græcia.*

seaux du sultan occupaient le centre et la droite de cette armée; le dey d'Alger en conduisait la gauche. La flotte chrétienne, ayant longé le rivage, vint se déployer, en face de l'ennemi, dans le golfe de Lépante. Venise, à elle seule, avait réuni cent huit galères, et formait près de la moitié de l'armée chrétienne. Ses vaisseaux, en partie montés par des Grecs insulaires, servirent puissamment à la victoire; elle fut immense. Après cinq heures de combat, les vaisseaux turcs en désordre, mutilés, incendiés, s'abîmèrent dans les flots, se dispersèrent ou furent pris par les vainqueurs. L'escadre du dey d'Alger échappa seule à travers les feux des chrétiens. Un historien de la Grèce moderne rapporte que douze cents Vénitiens et huit mille Grecs périrent dans cette bataille. Cette inégalité de nombre serait glorieuse pour les Grecs; mais alors ils ne furent pas même nommés dans les récits qui remplirent toute l'Europe du bruit de cette grande journée. On sait qu'elle fut stérile; les confédérés, jaloux l'un de l'autre, se séparèrent. Don Juan se hâta d'aller recueillir les honneurs qui l'attendaient en Italie, et les bénédictions du pape.

Venise, qui restait seule chargée du poids de la guerre et des suites de la victoire, voyant son commerce dépérir, commença bientôt après à négocier avec les Turcs. Elle renonça par un traité à ses droits sur l'île de Chypre, se fit rendre les ruines de Parga, et quelques places de la Dalmatie. Ainsi, chaque guerre et chaque traité diminuait les possessions de Venise dans les mers du Levant.

Corfou, ravagé souvent par les Turcs, semblait ne pouvoir échapper longtemps à leur joug.

Candie, encore plus importante, excitait toute l'inquiétude du sénat de Venise. Cette île, si fameuse dans les antiquités grecques, était, par la fertilité de son territoire, la plus riche colonie de la république. Il y avait au xvi° siècle, dans les provinces de Candie, de la Canée, de Rethymo et de Sétima, plus de deux cent mille habitants. La plus grande partie de la population était grecque. Il s'y mêlait des Juifs, des Arméniens, et une tribu d'Arabes établie dans cette île au xii° siècle. On y comptait quatre cents gentilshommes vénitiens qui étaient comme les maîtres et les seigneurs du pays, sous l'autorité d'un provéditeur de Venise[1]. La république paraissait craindre que le peuple de cette île ne s'enrichît, et ne devînt plus difficile à gouverner; elle voulait le tenir dans l'abaissement.

Nous avons vu que les Grecs de Candie recevaient les instructions du patriarche de Constantinople. Leur clergé n'en était pas moins fort ignorant. Il n'y avait[2] aucune école grecque dans l'île; mais on remarquait dans les habitants cette vivacité d'esprit particulière à la race grecque. L'instinct des vers était fort répandu : dans les fêtes, les jeunes Grecs soutenaient souvent l'un contre l'autre des défis poétiques, comme les bergers de Théo-

[1] *Relazione dell' isola di Candia, del clarissimo Marino de Canalle.*
[2] *Crusii Turco-Græcia.*

crite. On retrouvait encore chez ce peuple plusieurs anciennes coutumes de la Grèce, et particulièrement l'usage de danser les armes à la main.

La tribu grecque la plus belliqueuse de l'île était celle des Spacchiotes[1]. Retirée sur les hauteurs et dans les gorges des monts Spacchia, elle se gouvernait par ses propres usages, ne parlait pas la langue italienne, et ne donnait à Venise d'autre marque de soumission qu'un léger tribut.

Vers la fin du XVI° siècle, la république, fort occupée de plans et de projets pour assurer la défense de Candie, songeait à lever des troupes parmi ces montagnards; mais en comptant sur leur courage, elle redoutait leur humeur indocile.

Une paix de trente années avec la Porte Ottomane éloigna les craintes de Venise. Elle continua de tenir Candie sous le joug, sans chercher à gagner l'affection des habitants, et ne leur demandant que des tributs et de l'obéissance.

Cependant la civilisation italienne, si florissante au XVI° siècle, devait se communiquer aux Grecs de Candie. Les familles grecques et vénitiennes se mêlaient, et quelquefois confondaient leurs noms. Le commerce maritime de l'île s'accroissait sous le pavillon puissant de la république; et plusieurs négociants grecs des principales villes de Candie avaient amassé de grandes richesses,

[1] Belon.

malgré la politique jalouse du sénat. Ils envoyaient leurs enfants étudier à Venise et à Padoue.

[1] Un degré de culture morale inconnu dans la Grèce suivit ce premier progrès ; et il est à remarquer que la plupart des Grecs savants, dont les noms furent portés en Europe à la fin du xvie siècle et jusqu'au milieu du xviie, appartenaient à l'île de Candie.

Quelques-uns d'entre eux[2] ne furent pas occupés seulement de controverses théologiques, ou de philologie ancienne ; ils cultivèrent avec soin l'idiome national. Un Grec de Candie, Portios, écrivit la première grammaire de la langue romaïque, et la fit imprimer en France, avec une dédicace au cardinal Richelieu. Quelques autres s'adonnèrent à la poésie, non cette poésie naïve et populaire, née du ciel et du climat, conservée par la tradition, et qui ne porte ni date ni nom d'auteur ; elle se retrouvait à Candie comme dans tous les lieux de la Grèce ; mais il y avait aussi dans cette île des hommes qui cultivaient cette poésie littéraire, souvent moins heureuse dans ses inspirations, mais dont l'existence suppose de l'art et de l'étude.

Ce caractère se trouve dans un roman d'Érotocritos[3], ouvrage mêlé de prose et de vers, écrit en grec moderne avec un goût d'élégance italienne et de recherche orien-

---

[1] *Crusii Turco-Græcia.*
[2] *Leake's Researches into Greece.*
[3] On peut lire dans l'excellent discours préliminaire de M. Fauriel une agréable analyse de ce roman.

tale. Le nom de l'auteur, Vincent Cornaro, semble annoncer un Vénitien de Candie qui avait adopté la langue des Grecs. Mais à la même époque, un autre ouvrage, composé par un Grec de naissance, George Khortatzi, portait la même empreinte de savoir et d'imitation. C'est une tragédie d'Érophile, le premier drame sans doute que l'on eût vu dans la Grèce depuis *le Christ souffrant*, ouvrage de Grégoire de Naziance, dans le IVe siècle. Ce drame, tout romanesque, présente une Égypte imaginaire, un tyran de Memphis qui ne ressemble à rien, une jeune princesse fille de ce tyran, et un jeune prince vertueux dont elle est aimée. Le tyran, mécontent de cette inclination, fait assassiner le jeune prince, et envoie son cœur et ses deux mains coupées à la princesse, qui se tue de désespoir. Il vient alors sur la scène, et est mis en pièces par le chœur, composé de femmes.

Ce poëme, bizarrement imité d'Euripide et de quelques poëtes italiens, est, pour ainsi dire, entrelacé dans une autre pièce formée par quatre intermèdes, où sont reproduites les principales scènes de la *Jérusalem délivrée*. Les Sarrasins y sont appelés Turcs, et dépeints avec beaucoup d'énergie et de haine. C'est le seul trait national de cet ouvrage tout artificiel, où, parmi quelques beautés ingénieuses et brillantes, on peut surtout remarquer la grande influence des idées italiennes sur l'imagination de l'auteur.

Une autre production de la même époque et du même pays porte dans sa forme et dans quelques détails une preuve d'origine grecque et un caractère tout indigène. C'est une pastorale de Nicolas Drimitiko, natif d'Apokorona, près du canton des Spacchiotes. Le poëte indique lui-même son nom et le lieu de sa naissance, dans des vers d'une autre mesure, à la fin de la pièce; et il ajoute qu'il l'écrivit en 1627, et la fit imprimer à Venise.

Cet ouvrage d'un Grec civilisé conserve cependant une teinte rude et naïve qui témoigne de la vérité des peintures.

Rien de plus simple que le sujet, et de plus touchant que certains détails : c'est la nature antique retrouvée plutôt qu'imitée. Un jeune pâtre gardant ses troupeaux était devenu amoureux d'une jeune fille, dont le père était allé à la carrière chercher de quoi bâtir une bergerie. Ils se jurent de s'aimer, et se donnent pour gage de leur foi des bagues d'osier. Le jeune homme promet de revenir dans un mois demander la jeune fille en mariage à son père; il part, et, retenu dans ses montagnes par une maladie, ne revient qu'au bout de deux mois. Il rencontre au même lieu un vieillard assis sur un rocher; il l'aborde [1]; et le vieillard lui dit : « Elle m'a chargé de t'attendre dans ces lieux. Il passera, m'a-t-elle dit, un joli berger, au teint bruni par le soleil, aux yeux noirs, à la taille élancée, au gracieux sourire. Il s'informera de celle qui est morte et perdue pour lui. Dis-lui qu'elle est morte en l'aimant toujours. Qu'il la

---

[1] *Leake's Researches into Greece.*

regrette et qu'il la pleure ; qu'il inonde ses vêtements de larmes : car la cause de sa mort, c'est qu'il avait laissé passer les jours sans revenir, et qu'il avait tout à coup oublié la pauvre fille ; et pour cela, elle est morte de chagrin. Et ce jeune berger, ajoute le vieillard, d'après la ressemblance, c'est toi. Je suis en peine pour toi, et je te plains, car je croyais que vous seriez tous deux mes enfants ; et nous avions parlé de mariage. »

Le malheureux berger visite la tombe de sa bien-aimée, et fait vœu de renoncer à ses troupeaux, pour errer dans les bois avec un mouton blanc qu'il avait reçu de la jeune fille.

On ne peut douter que cette pièce, qui peut-être n'est pas exempte de quelque souvenir de pastorales italiennes, ne retrace les mœurs des bergers spacchiotes près desquels le poëte habitait, et ne soit le monument curieux d'une poésie à la fois instinctive et cultivée.

CHAPITRE V.

Descente des Turcs dans l'île de Candie. — Siége de la capitale. — Courage des Grecs de Candie.—Secours envoyés par Louis XIV.

Les faibles traces de civilisation qui renaissaient dans l'île de Candie, sous le pouvoir de Venise, furent effacées par la longue et cruelle guerre dont les Turcs affligèrent ce beau pays. Elle commença dès l'année 1644, et dura plus de trente ans. L'invasion fut imprévue, suivant la politique peu scrupuleuse des Turcs. Le nouveau sultan Ibrahim était en paix avec la république, lorsqu'un vaste armement, préparé dans les arsenaux de Constantinople, excita l'inquiétude du sénat. La Porte rassura par des promesses le commissaire de Venise. La flotte musulmane vint amicalement relâcher dans l'île de Tines, possédée par la république; puis, remettant à la voile, elle tourna brusquement vers la pointe occidentale de Candie, et débarqua près du fort de la Canée, construit par les Vénitiens dans le xv⁰ siècle.

La population grecque de Candie, opprimée par ses derniers gouverneurs, montra peu de zèle pour la défense commune; elle fuyait aux montagnes, et ne paraissait pas s'inquiéter du péril de ses maîtres. Il restait pour la défense de l'île une flotte de trente vaisseaux sous les ordres d'un amiral vénitien, Capello, et quelques milices indigènes commandées par le gouverneur Cornaro, qui résidait dans la ville de Candie, capitale de l'île. Les autres places, Rethymo, Spina-Longa, Setia, n'étaient défendues que par de faibles garnisons; mais les Vénitiens, à cette nouvelle, firent les plus puissants efforts pour garder une si précieuse possession. L'argent manquait; et le sénat, par une ressource dont il avait quelquefois usé, mais qui coûtait à l'orgueil aristocratique, mit à l'enchère plusieurs dignités de la république, et créa cinq titres nouveaux de patriciens, pour être vendus à autant de citoyens ou sujets de la république, choisis parmi ceux qui s'engageraient à verser au trésor soixante mille ducats. Une disposition particulière de l'ordonnance du sénat montre assez qu'il commençait à se repentir de l'injuste dédain ou de la rigueur qu'il avait montrée pour la population grecque soumise à son empire. « Parmi les nations sujettes ou étrangères, disait cet acte, l'illustre et royale nation grecque sera préférée comme ayant possédé longtemps l'empire, et comme ayant bien mérité de la république. » Mais ce vain et tardif honneur ne ranima pas le zèle des Grecs de Candie; et quoique le sénat eût augmenté jusqu'au nombre de quatre-vingts ces promotions vénales, elles ne furent achetées par aucun Grec. Venise en même temps sollicitait avec ardeur les secours de presque tous les États de l'Europe; et elle cherchait à susciter, pour sauver Candie, cet esprit de croisade et ce patriotisme chrétien qu'elle avait souvent trahis par ses alliances intéressées avec la Turquie.

Cependant les Turcs, après un siége de cinquante-neuf jours, s'étaient emparés de la Canée, et, forts de cette position, favorisés par le voisinage du Péloponèse, ils s'obstinaient à conquérir le reste de l'île.

Leurs progrès furents lents : Venise fit de prodigieux efforts ; ses flottes vinrent plusieurs fois attaquer les escadres jusqu'à l'entrée des Dardanelles. La longueur de la guerre excita l'émulation des chrétiens. Candie devint une espèce de rendez-vous chevaleresque pour les braves et les aventuriers de l'Europe. Le cardinal Mazarin lui-même y fit passer un secours de neuf vaisseaux. Le désordre et la fréquente anarchie du gouvernement turc prolongeaient cette guerre ; mais les forces n'étaient pas égales : sans cesse recrutés, les Turcs avaient conquis Rethymo, et tout le territoire, jusqu'à la capitale de l'île qu'ils bloquaient rigoureusement. Ce siége de Candie vit épuiser, de part et d'autre, tout l'art terrible des mines, des galeries souterraines, des bombes et des assauts.

Sans nous attacher à tous les faits d'armes des braves étrangers qui venaient teindre de leur sang ces remparts attaqués par les infidèles, nous voudrions retrouver la trace de ce que fit et de ce que souffrit le peuple indigène de l'île, ainsi disputé entre des maîtres européens et des tyrans asiatiques. Mais bien que les vœux des Grecs de Candie ne fussent plus douteux, depuis qu'ils avaient senti le poids de la conquête musulmane, ils résistèrent peu. Toutes les plaines furent envahies ; et au bout de quelques années il ne restait aux Vénitiens que deux ou trois forteresses maritimes, et l'imprenable capitale, qui, d'un côté baignée par la mer, était défendue par sept boulevarts et d'immenses fortifications. Les milices grecques enfermées dans la ville partageaient avec zèle tous les périls du siége. On remarquait leur courage, à côté même de ces guerriers français envoyés par Louis XIV. Leur manière de combattre offrait un curieux contraste. Tandis que les plus habiles ingénieurs de la France et de l'Italie, les Castellano, les Quirini, les Maupassan, dans les assauts, dans les combats, dirigeaient avec un art savant l'artillerie de l'Europe, les milices indigènes, gardant le cothurne antique, lançaient des flèches avec une force et une justesse redoutées des Turcs, et qui rappelaient ces archers crétois célèbres dans l'antiquité.

En 1665, lorsque Venise obtint du duc de Savoie le secours d'un général célèbre, le marquis de Ville, et que, d'une autre part, le vizir Koproli, grand homme de guerre, vint lui-même presser l'interminable siége de Candie, les efforts redoublèrent. Tout ce qu'on avait fait jusque-là fut surpassé. Le nombre et la fureur des assauts, la hardiesse des sorties, firent périr en quelques mois plus de vingt mille Turcs et quatre mille chrétiens. Dans la plus mémorable de ces sorties, où les Turcs abandonnèrent leurs travaux et leurs étendards, les assiégés s'étaient avancés sur quatre colonnes, les Italiens, les Allemands, les Français et les Grecs de l'île. Tous combattirent avec une égale valeur; mais le génie opiniâtre du vizir et les forces toujours renouvelées de l'empire turc devaient triompher.

Vainement un point d'honneur chrétien et une mode de cour, firent encore arriver dans Candie la plus brillante noblesse française; l'aventureux duc de La Feuillade, le jeune comte de Saint-Pol, et d'autres illustres volontaires, des Beauveau, des Créqui, des Tavannes, le marquis de Fénelon et son fils. Vainement Louis XIV fit passer dans Candie un secours plus régulier, une armée de six mille hommes, commandée par le duc de Beaufort et le duc de Navailles. Cette protection qui, renouvelée de nos jours, suffirait pour sauver la Grèce entière des efforts de la Turquie sur son déclin, fut impuissante pour défendre Candie contre cette domination barbare, qui n'avait encore rien perdu de sa vigueur, et qui, par accident, avait un grand homme pour ministre.

Koproli joignait à la force des armes l'art des négociations; et sa fierté barbare ne dédaignait pas d'employer les ruses et la subtilité naturelles à l'esprit grec. Un insulaire de Scio, Panajoti, était, au siége de Candie, le confident et le diplomate du grand vizir.

Cet homme, fort zélé pour sa religion, et même savant théologien, n'en était pas moins parvenu, par son habile souplesse, dans la faveur de Koproli. On dit que les

Turcs le regardaient avec respect, comme une sorte de magicien; et les Grecs, qui imputèrent à ses ruses la chute de Candie, lui donnaient le surnom du traître Architophel; mais, sans exagérer l'influence de ce Grec, l'issue de la longue guerre de Candie s'explique assez par les efforts opiniâtres des Turcs.

Depuis plus de vingt ans, maîtres de tout le territoire de l'île, ils avaient bâti une seconde capitale à une lieue de celle qu'ils assiégeaient.

A l'arrivée de l'expédition française commandée par le duc de Beaufort, Candie, depuis si longtemps écrasée par le feu des Turcs, n'était plus qu'une ruine défendue par quelques centaines de soldats de tout pays, et habitée par quelques familles grecques et italiennes.

Mais un grand homme, François Morosini, commandait au milieu de ces débris, et repoussait toutes les offres du grand vizir et les insinuations de son adroit interprète. Entrés dans cette malheureuse place, les Français pouvaient, derrière ses bastions à demi ruinés, se défendre longtemps : leur courage les emporta dès les premiers jours hors des murs, malgré les avis de Morosini. Engagés dans une sortie imprudente, surpris, embarrassés par l'ignorance du terrain, ils perdent cinq cents hommes et leur général, le duc de Beaufort. Ce fut un coup mortel à l'expédition; la destruction d'un vaisseau de ligne français, qui sauta sous le feu des Turcs, augmenta le découragement. On ne songea plus qu'à partir. Le duc de Navailles, inquiet sans doute de se voir seul comptable d'une expédition si malheureuse, résolut de mettre à la voile, malgré les instances du courageux Morosini.

Tous les habitants de la ville, le clergé à leur tête, poussèrent des cris de désespoir en voyant partir leurs défenseurs. La flotte française s'éloigna, deux mois après son arrivée. Dans cet intervalle si court, les Français ne virent que les bastions de Candie; et leurs récits n'offrent point de lumières sur la situation de toute l'île occupée par les Turcs; mais on y retrouve quelque chose des usages grecs qui frappèrent leurs yeux. Un officier raconte que, traversant une rue de la ville sillonnée de bombes et de boulets, il vit beaucoup d'habitants assemblés dans une maison; étonné, il s'avance: le corps d'une femme était placé dans un cercueil, paré de beaux vêtements, le visage découvert, la tête ornée de perles, les doigts chargés de bagues précieuses, les bras enveloppés de dentelles, la chaussure parsemée de pierreries. Beaucoup de jeunes filles se tenaient à l'entour, et l'une d'elles disait plusieurs choses à la louange de cette femme morte, racontait ses vertus, puis s'arrachait les cheveux, déchirait ses habits, se frappait la poitrine, versait des larmes, et poussait des gémissements auxquels toutes les autres répondaient par des cris et des pleurs [1]. Les détails de ce récit indiquent sans doute une femme grecque, d'une famille riche et considérable; ils mar-

---

[1] *Voyage de Candie fait par l'armée de France en l'année* 1669, par M. des Reaux.

quent bien surtout la constance de cette coutume funéraire pratiquée dans les divers lieux de la Grèce, et qui s'observait avec tant de pompe, au milieu des horreurs d'une ville assiégée.

CHAPITRE VI.

Émigration d'une tribu de Maniotes dans l'île de Corse. — Vue générale de la Grèce au commencement du xviie siècle. — Intrigues du patriarcat de Constantinople. — Imprimerie dénoncée au divan par les jésuites.— Influence des nobles du Fanar. — Lettrés de Constantinople.— Napoli. — Athènes. — Commerce de la Grèce.

La prise de Candie semblait consommer l'asservissement de la race grecque et le triomphe des Barbares dans toutes les mers du Levant. Il n'est pas douteux que cette catastrophe n'ait porté le découragement parmi les Grecs du continent qui, malgré leur dégradation apparente, conservaient encore la haine du joug musulman et l'espérance de le briser. Sans regretter la domination vénitienne, les Moraïtes voyaient avec effroi la puissance turque les environner de toutes parts. Pendant le siége de Candie, on avait fait assidûment des prières dans les églises grecques pour le succès des armes chrétiennes. Après la prise de l'île, tout espoir fut détruit. Les Turcs parurent décidés à ne plus souffrir aucune résistance. Les Maniotes, qui s'étaient conservés toujours indépendants, et dont le courage et la pauvreté tentaient peu les pachas turcs, furent attaqués dans leurs montagnes ; et quelques familles de cette peuplade la quittèrent alors, désespérant d'y rester libres. C'est à cette émigration que remonte l'établissement d'une tribu grecque dans l'île de Corse.

Un Grec de Mania, Jean Stéphanopoli, qui se prétendait issu d'une branche des Comnènes, et qui avait beaucoup voyagé, conduisit l'entreprise; il était allé d'abord à Gênes demander la protection du sénat, et avait visité la Corse. Il revint, après avoir choisi le canton de Paomia; et, de concert avec le capitaine d'un vaisseau français, il embarqua ceux de ses parents et de ses compatriotes qui voulurent s'associer à lui. Partie de Porto-Betilo, le 3 octobre 1673, la petite colonie, qui comptait sept cent soixante personnes, hommes, femmes, enfants, après avoir relâché à Zante et à Messine, se rendit à Gênes, où la concession de territoire qui lui était promise fut solennellement réglée par le sénat. Le printemps suivant, elle passa dans l'île de Corse, et s'établit à Paomia. C'est là qu'elle a longtemps subsisté, fidèle au gouvernement génois, parmi les séditions fréquentes de l'île, et cultivant ses terres avec une industrie fort supérieure à celle des habitants. On reconnaissait à cette marque le canton des Grecs. Quelques chants populaires des montagnes de la Morée se conservaient parmi ces Maniotes expatriés; et ils les redisaient comme un souvenir de leur pays. C'est même un renseignement précieux sur l'ancienneté de ces poésies, rassemblées de nos jours par un savant plein d'imagination et de goût. Le beau chant d'une femme de la Morée sur la mort de son fils est connu chez les Grecs de Corse, depuis leur émigration. Ils le répètent encore aujourd'hui à Carghèse et à Ajaccio, où se conservent quelques familles grecques, dernier débris de cette colonie, qui fut, en 1730, chassée du canton qu'elle habitait par les Corses soulevés contre l'autorité de Gênes.

Le long épisode de la guerre de Candie nous a distraits du tableau général de la Grèce. En reportant les yeux sur l'état de ce beau pays, vers les commencements du xviie siècle, on aperçoit d'abord peu de changement. Rien n'est immobile comme la servitude. Les années, les siècles même s'écoulent avec une lente uniformité. Des générations naissent et meurent sans laisser de trace. Il n'y a pas d'événements pour elles. Il n'y a rien de nouveau, même dans leurs souffrances ; et leur malheur est monotone comme la pitié qu'il inspire. Tel était le sort de la Grèce sous le joug abrutissant des Turcs, tandis que tous les peuples de l'Europe marchaient à grands pas vers la civilisation et la lumière.

Il semblait cependant que l'influence de ce progrès universel devait se faire jour tôt ou tard à travers le cordon de barbarie tracé par les Turcs autour de leur empire, et pénétrer jusqu'à cette race ingénieuse qu'ils tenaient asservie par le sabre et par l'ignorance. Les relations de commerce devenaient plus nombreuses, les voyages plus fréquents. Des consulats européens étaient établis dans les principales villes du Levant. Des missions chrétiennes les parcouraient ; et cet esprit de secte qui divise les chrétiens venait y chercher des combats et un théâtre. Ainsi, le contre-coup des guerres civiles et religieuses de l'Europe se fit sentir jusque parmi les Grecs de Constantinople. L'esprit de la réforme, qui remplaçait l'enthousiasme des croisades, avait été, dans son origine, défavorable aux chrétiens d'Orient ; et Luther, par le désir illimité de tout contredire dans les opinions de l'Église romaine, écrivit, en style dogmatique, pour soutenir la légitimité des Turcs, et leurs droits sur les nations qu'ils avaient conquises. Indépendamment de cet étrange paradoxe, les guerres nées de la réforme ne permettaient pas de songer à de lointaines expéditions contre les Turcs : c'est la plainte d'un Grec savant de Corfou[1], dans une lettre qu'il adressait au célèbre Mélanchton, vers le milieu du XVIe siècle.

Plus tard le zèle du prosélytisme fit souvenir les protestants de l'existence des Grecs. Avant la prise de Candie, un Grec né dans cette île, Cyrille Lucar, ayant fait des études à Venise, voyagea chez les protestants d'Allemagne, et goûta leurs opinions religieuses. Plusieurs docteurs de la réforme attachèrent un grand prix à trouver des disciples dans cette Église grecque, séparée de Rome depuis plusieurs siècles, et qui se vantait de remonter aux traditions apostoliques.

Cyrille ayant passé en Turquie, auprès de Mélèce, son parent et dignitaire de l'Église de Constantinople, com-

---

[1] *Crusii Turco-Græcia.*

mença bientôt après à répandre les idées nouvelles qu'il avait prises dans l'Occident. Il devint célèbre dans l'Église grecque, et fut nommé patriarche d'Alexandrie. Il ambitionna le siége de Constantinople, que les caprices de la Porte rendaient souvent libre par la déposition et l'exil du patriarche. Repoussé dans une première élection, où Timothée, évêque de Patras, obtint la préférence, il lui succéda quelques années après ; mais ses doctrines nouvelles excitèrent la défiance des évêques ; et le synode de Constantinople fut rempli d'orages. L'ambassadeur d'Angleterre et l'envoyé de Hollande soutenaient le patriarche novateur. L'ambassadeur de France travaillait contre lui. Les évêques rédigèrent des protestations et des anathèmes ; et le divan, fatigué de ces querelles qu'il ne comprenait pas, relégua Cyrille dans l'île de Rhodes.

Le patriarche, du fond de sa retraite, remua de nouveaux ressorts, et se fit rappeler. Rétabli sur son siége, il essaya de répandre un catéchisme conforme aux principes des Églises protestantes. L'ambassadeur d'Angleterre fit venir secrètement pour cet usage une presse et quelques ouvriers d'imprimerie, les premiers qu'on ait vus dans Constantinople. Quelques missionnaires jésuites, dans leur zèle contre la réforme, dénoncèrent au divan cette nouveauté, comme une conspiration. La presse fut détruite, et Cyrille exilé dans l'île de Ténédos[1]. Ce qui

---

[1] *Collectanea de Cyrillo Lucare.*

peut étonner, et ce qui montre la mobilité vénale et capricieuse des ministres de la Porte, c'est que Cyrille fut une seconde fois rappelé. Mais, sur de nouvelles plaintes et par de nouvelles intrigues, il fut déposé, conduit sur un vaisseau et mis à mort. Le dénonciateur principal du patriarche devint son successeur, et peu de temps après périt du même supplice. Le synode restait agité de querelles. On eût dit que les fureurs scolastiques qui avaient perdu l'empire des Grecs se ranimaient au milieu de leur esclavage; et les puissances chrétiennes, si longtemps indifférentes sur le sort de ce malheureux peuple, s'occupaient avec un zèle singulier de ce qui pouvait changer sa foi, et le faire passer du schisme à l'hérésie.

Ces fréquentes mutations du patriarcat de Byzance étaient liées presque toujours aux intrigues que formaient quelques familles établies dans le Fanar, et dont la fortune s'était augmentée par un négoce lucratif, et quelquefois par la faveur des grands de la Porte. Presque toujours le patriarche était un instrument docile dans la main de quelques-uns de ces Grecs, en qui la finesse naturelle à leur nation était aiguisée par les périls d'une cour ombrageuse et sanguinaire. Ces grandes familles du Fanar composaient une espèce d'aristocratie servile, distinguée du reste de la nation par ses vices et par ses lumières.

Dans le xviie siècle, il y avait dans le Fanar une vingtaine de ces familles, la plupart enrichies par le commerce de diamants et de soierie. C'étaient les Juliani[1], les Rosetti, les Soutzi, les Maurocordati, les Contaradi, etc. Aucun de ces noms, comme on le voit, ne rappelait les anciennes maisons de l'empire grec. Il se conservait cependant quelques-uns de leurs héritiers réels ou prétendus, qui portaient les noms de Cantacuzène et de Paléologue. Mais presque toute la noblesse fanariote était de nouvelle date, venue de l'Asie Mineure ou de l'île de Scio, et mêlée de sang italien. Le crédit qu'avait obtenu Panajoti près du grand vizir Koproli, redoubla les intrigues et l'ambition des Grecs du Fanar. La charge de drogman ou d'interprète devint une haute fonction qui donnait part à tous les secrets de la Porte, et dominait son ignorante diplomatie.

Tentées par le succès de Panajoti, les principales familles du Fanar firent instruire avec soin leurs enfants dans les langues d'Europe, pour les mettre au service du divan. Dans cet avilissement de l'esprit et de l'adresse servant au triomphe de maîtres cruels et grossiers, les Grecs du Fanar conservaient un zèle religieux qui faisait tout leur patriotisme : Panajoti en avait donné l'exemple. Il avait travaillé à la destruction des chrétiens de Candie, et il se servit de sa faveur pour faire relever des églises et pour fonder des monastères. Telle fut la conduite des principaux Fanariotes, qui s'unirent toujours au patriarcat de Byzance, et firent à leur

---

[1] *Turquie chrétienne.*

ambition toute espèce de sacrifices, hormis celui de leur culte.

Un autre résultat de leur influence fut de ramener quelque instruction parmi leurs concitoyens, et de préparer ainsi de loin la liberté, sans la vouloir. Le xviie siècle et l'âge suivant virent s'élever, parmi le haut clergé et les riches familles de la Grèce, un assez grand nombre d'hommes instruits dans les arts et dans les langues antiques et modernes. Le célèbre Cantemir, Moldave de naissance, mais Fanariote par son éducation, son séjour à Constantinople et son mariage avec une princesse Cantacuzène, a comparé les savants grecs de son temps aux plus célèbres génies de l'antiquité[1].

C'est là, sans doute, une hyperbole grecque un peu forte ; mais il est certain qu'à cette époque parurent en Grèce des hommes que l'on aurait remarqués dans d'autres pays. Un Grec nommé Monolaki, enrichi par le commerce, fonda près de l'Église de Byzance une académie, où l'ancienne langue, les diverses philosophies de l'antiquité et les sciences naturelles étaient enseignées par des maîtres célèbres. Ce fut là qu'Alexandre Maurocordato, interprète et médecin du sérail, fit connaître le principe de la circulation du sang, dont la découverte récente était encore contestée dans l'Europe.

D'autres hommes savants, Jean Cariophile, Scœvophylax, Antonios Sébastos, illustraient cette école ; et Cante-

---

[1] *Histoire de l'empire ottoman*, par Demetrius Cantemir.

mir, qui suivit leurs leçons, les cite avec la même reconnaissance que montre Marc-Aurèle en nommant ses maîtres. Mélèce, archevêque d'Arta et ensuite d'Athènes, Métrophane et plusieurs autres ecclésiastiques, ne s'adonnèrent pas aux lettres avec moins d'ardeur. Enfin le siége patriarcal fut occupé par un homme d'une grande vertu et d'une rare éloquence, Callinicos.

Parmi les Grecs célèbres de cette époque on peut encore citer Philaras d'Athènes, qui voyagea dans l'Europe et fut en commerce de lettres avec Milton[1].

A la vérité, ces lumières et cette érudition de quelques hommes n'avaient nul rapport avec l'état général de la nation. Au commencement du XVIIe siècle la population grecque du continent et du Péloponèse formait un peuple nouveau qui semblait repasser par les degrés successifs de la barbarie. Cachés sous le nom de *Romaioï* qu'ils se donnaient eux-mêmes, les Grecs n'avaient sur leurs antiquités qu'une notion très-vague. Ils croyaient que leur patrie avait été jadis habitée par des géants païens. Ils conservaient mieux les traditions du christianisme, mais entremêlées de fables et de coutumes bizarres : comme tous les peuples simples, ils avaient beaucoup de fêtes religieuses. On sait aujourd'hui, par un recueil célèbre, quel instinct poétique se conservait parmi les Grecs ; et, quoique la plupart des chants populaires rassemblés par M. Fauriel ne remontent pas au delà du

---

[1] *Milton's works.*

dernier siècle, on peut présumer que des traditions semblables appartiennent à des époques plus anciennes, et que les Grecs eurent toujours dans leur ignorance cette même nature poétique et musicale.

Les voyageurs qui, dans le xviie siècle, ont décrit la Turquie d'Europe, étaient des érudits plus attentifs aux monuments et aux inscriptions de l'antiquité qu'aux débris vivants de la Grèce. Ils sont cependant frappés de cette vivacité d'esprit, de ce feu du Midi qui brillait souvent dans un pauvre pâtre ou dans un paysan grec. Mais ils s'accordent à montrer la population tout entière comme abattue par l'oppression des Turcs.

Vers le milieu du xviie siècle une charge odieuse cessa cependant de peser sur les familles grecques; depuis l'année 1656 on ne leva plus le tribut du cinquième des enfants mâles. La Porte, moins heureuse dans ses expéditions militaires, avait abandonné son ancien usage de former les *ortas* de janissaires avec les enfants chrétiens enlevés dans le sac des villes d'Europe. Elle renonça également à les recruter avec la population grecque, et ne mit plus dans leurs rangs que des Turcs asiatiques.

Cet impôt du sang avait été surtout insupportable aux Grecs, parce qu'il entraînait l'apostasie de leurs enfants. On avait vu souvent des mères poignarder leurs fils dans les bras des commissaires turcs, et se tuer ensuite elles-mêmes. Ce courage se retrouvait particulièrement chez les femmes de la Zaconie, canton de l'ancienne Lacédémone. La suppression de cette dîme odieuse fut pour les

Grecs un grand allégement à leur servitude, et la population s'augmenta dans la Morée.

Quelques villes avaient obtenu d'ailleurs des espèces de priviléges dont profitaient les Grecs. Napoli, habitée en partie par des Turcs, avait le droit de ne recevoir le pacha dans ses murs que pendant trois jours chaque année. C'étaient autant de rapines et de concussions évitées pour le reste du temps. Aussi cette ville, heureusement située, était-elle enrichie par le commerce. On y rassemblait des productions de toute la Grèce; et il s'y faisait un grand trafic de blé, de vin, d'huile, de soie, de coton et de tabac. Le port était vivant et fréquenté. Il y venait des vaisseaux de Constantinople, du Caire, de Venise, de Livourne. Sur le rivage, on voyait beaucoup de femmes zaconites, d'une stature haute et vigoureuse, occupées incessamment à transporter des fardeaux. Les hommes naviguaient sur de petites *sarcolèves* au pavillon turc, et allaient trafiquer dans les îles voisines.

Il y avait dans la ville quelques négociants grecs fort riches, et à qui cette richesse donnait, comme il arrive partout, une sorte de pouvoir. Les Turcs mêmes de Napoli paraissaient plus humains que les autres, et un peu civilisés par l'abord fréquent des étrangers. Dans les autres villes de la Morée nul commerce, nulle industrie. La vie des Grecs était à peu près la même que celle des Turcs. Les femmes des primats et des riches ne sortaient que voilées et entourées de suivantes, comme les femmes turques. A l'église, elles se tenaient dans un lieu séparé, qu'on appelait Gynecetis.

Les villages et les campagnes de la Morée offraient un aspect assez riant. La guerre ne les avait pas ravagés depuis près d'un demi-siècle; il y passait peu de troupes. Il n'y avait donc à supporter que les vexations habituelles des *pachas*, des *mousselims*, des *cadis* et des *naëbs*, les insolences de quelques agas, et ce dur mépris de la race victorieuse pour la race vaincue. Dans quelques lieux mêmes, ce sentiment s'était adouci par l'habitude de vivre ensemble. Il se trouvait beaucoup de paisibles hameaux, nommés χωρια par les Grecs, peuplés de familles turques et chrétiennes, ayant chacune également leur petite maison[1] fermée avec une serrure de bois, surmontée d'une petite terrasse, où l'on passait la nuit sous le doux ciel de la Grèce, et entourée d'un jardin rempli de mûriers, de térébinthes et d'oliviers. Ce qui ne manquait nulle part, c'était une église chrétienne, quelquefois creusée dans le rocher, une image de la Vierge, et quelques prêtres pour absoudre le peuple de ses péchés.

Les anciennes habitudes, celles qui naissent du génie même des lieux, se retrouvaient dans les diverses parties de la Morée. Les habitants de l'Arcadie étaient toujours pasteurs; ceux de la Messénie, laboureurs et adonnés à la chasse; ceux de l'Argolide, industrieux et commerçants. Mais ces traits distinctifs étaient affaiblis par l'op-

---

[1] La Guilletière en l'année 1676.

pression. Il est certain cependant, que, vers le milieu du
XVIIe siècle, il restait parmi les raias de la Morée l'espoir
d'être délivrés par le grand-duc de Moscovie, et même
la croyance que quelque jour un vaillant capitaine[1] s'élè-
verait du milieu de leur nation, et reprendrait toutes les
mosquées, pour en faire des églises chrétiennes.

Le sort d'Athènes avait été longtemps le même que
celui des villes de la Morée. Malgré son beau port, elle
avait moins de commerce que Napoli, et elle était exposée
aux fréquentes rapines du pacha de Négrepont. Ce fut
un bonheur pour elle d'être donnée en apanage au chef
des eunuques noirs, par le crédit d'une belle Athénienne
qui était entrée dans le sérail. Cette juridiction lointaine
fut une espèce d'affranchissement pour Athènes. Les
Grecs de cette ville se gouvernaient par un conseil de
vingt-quatre vieillards, appelés *Vecchesiadoi*; et ils se
servirent quelquefois avec assez d'adresse de la protection qu'il avaient dans le sérail, pour obtenir le renvoi
du gouverneur ou de l'aga. Les plus instruits d'entre
eux[2] se vantaient de ces petites résistances comme d'un
esprit de liberté qu'ils avaient hérité de leurs ancêtres.
Avec ce secours, ils échappèrent souvent à des avanies
que voulait leur faire subir le pacha de Négrepont, par
un ancien droit de sa charge.

Athènes, bien que remplie de ruines, conservait encore

---

[1] La Guilletière.
[2] Spon et Wheler.

beaucoup de monuments qui furent mutilés dans la suite par les armes ou la curiosité des peuples civilisés. Les Grecs qui l'habitaient, indifférents pour ces souvenirs, se rapprochaient assez des mœurs turques ; et les enfants des deux nations jouaient ensemble sur les débris des chefs-d'œuvre antiques.

Le peuple d'Athènes était ignorant, comme celui du reste de la Grèce ; mais cet esprit subtil, que les anciens attribuaient à l'influence du climat de l'Attique, se remarquait dans la population moderne. Une chose fort singulière, c'est que la méthode ingénieuse de l'enseignement mutuel était pratiquée vers le milieu du xviie siècle dans la ville d'Athènes, où le didascalos instruisait une trentaine d'enfants. Athènes avait alors pour archevêque Anthime, homme savant, qui cherchait à répandre quelque instruction parmi ses compatriotes. La religion était fort en honneur dans la ville. On y comptait plus de cinquante églises desservies par des prêtres grecs ; et là, comme ailleurs, le zèle religieux conservait la nation vaincue, malgré le mélange des races et la longue durée de l'oppression musulmane.

CHAPITRE VII.

Conquête de la Morée par les Vénitiens.—Morosini assiège Athènes. — Gouvernement des Vénitiens dans la Grèce. — Ils en sont expulsés de nouveau.

Vers la même époque, la prescription de l'esclavage fut interrompue dans une partie de la Grèce, ou du moins remplacée par une autre conquête. Les Vénitiens qui, depuis la perte de Candie, épiaient l'occasion de se venger de la Turquie trop puissante, saisirent le moment où elle était engagée dans une guerre contre l'empereur d'Autriche. Ils avaient jusque-là dévoré beaucoup d'affronts et d'avanies; mais quand ils apprirent que l'armée ottomane, campée sous les murs de Vienne, avait été défaite par le secours de Sobieski, roi de Pologne, ils n'hésitent plus; ils déclarent la guerre à la Porte, qui n'avait pas coutume de se laisser prévenir, et mettent tous leurs vaisseaux en mer.

Dans cette grande occasion, ils rappellent au commandement Morosini, qui, depuis la malheureuse issue de la guerre de Candie, subissait, malgré sa gloire, l'ingrat oubli de ses concitoyens. Morosini se vengea comme un grand homme, en redoublant de zèle et de courage. A la tête d'une flotte nombreuse, il se saisit d'abord de Leucade, poste avancé du Péloponèse, et débarque dans la péninsule huit mille hommes qui marchent sur Coron. C'était la première fois que l'étendard chrétien reparaissait dans la Grèce depuis bien des années ; et, quoique l'ancienne domination de Venise eût laissé de fâcheux souvenirs, la haine du joug musulman ne permettait aucune incertitude dans les vœux des Moraïtes.

Toute la péninsule fut ébranlée. Plusieurs évêques correspondaient avec le général vénitien ; des paysans, des pâtres de la montagne arboraient les couleurs de Venise ; et tout appelait les nouveaux conquérants. Coron fut emporté après quelques jours de siége, et les Turcs qui l'habitaient passés presque tous au fil de l'épée. Alors, des hauteurs du Taygète, descendirent les Maniotes pour combattre et piller ; et leur secours servit à disperser un corps de troupes commandé par le capitan-pacha.

Ces premiers succès, poussés par le génie guerrier de Morosini, firent tomber en peu de temps les plus fortes places de la Morée. Dans la seconde campagne, en 1686, les deux forteresses de Navarin, Modon, Argos et Napoli se soumirent aux Vénitiens. C'était une révolution rapide ; les Turcs se réfugiaient de toutes parts dans les villes, et les villes capitulaient avec les vainqueurs. L'année suivante, Patras et Neocastro furent emportés ; Lépante et Misitra se rendirent ; et le séraskier de la Morée, battu plusieurs fois, n'osa défendre Corinthe ; il fit sauter les fortifications de cette ville ; incendia les magasins et se retira vers les montagnes de l'ancienne Phocide [1], en massacrant tous les Grecs qu'il rencontrait sur son passage, et qu'il accusait des maux de l'empire. Morosini, rapidement accouru, s'empara de Corinthe, enlevée aux Turcs et aux flammes. Il était maître de toute la Morée, où les Turcs ne possédaient plus que Malvoisie.

Ce général sentit alors le besoin d'étendre ses conquêtes, pour les assurer. Le port d'Athènes et l'île de Négrepont pouvaient seuls garantir la possession du Péloponèse; et, tandis que toutes les forces des Turcs étaient occupées dans la guerre contre l'Autriche et la Pologne, l'occasion était belle pour enlever la Grèce aux Barbares.

En 1687, Morosini vint assiéger Athènes avec une formidable artillerie, qui foudroya la garnison turque et les monuments antiques. Une bombe éclata dans le Parthenon, dont les Turcs avaient fait un magasin à poudre. Après quelques jours, la forteresse et la ville se rendirent. Morosini, dont les armes n'avaient pas été moins destructives que celles des Barbares, voulut emporter, comme trophée de sa victoire, la statue de Minerve, ouvrage de Phidias. Mais dans le travail des ouvriers qui l'enlevaient, ce chef-d'œuvre, sauvé depuis tant de siècles, tomba brisé de toutes parts.

La prise d'Athènes, en donnant aux Vénitiens le golfe

---

[1] *Histoire de l'empire ottoman*, par Cantemir, t. III.

Saronique, comme ils occupaient celui de Corinthe, protégeait leurs conquêtes dans la Morée. Morosini, à qui sa patrie venait de décerner une statue, le titre de *péloponésiaque*, et bientôt après la dignité de doge, tourna ses efforts vers l'île de Négrepont. Mais les prospérités de Venise étaient passées. La capitale de Négrepont se défendit avec vigueur. Les chrétiens du pays, la plus pauvre et la plus sauvage de toutes les peuplades grecques, ne donnèrent aucun secours à l'armée vénitienne. La peste se mit dans ses rangs ; et Morosini, après quelques mois d'un siége inutile, abandonna son entreprise. Il revint pour attaquer Malvoisie qui résistait encore; il tomba malade, et la guerre se ralentit. Les généraux qui lui succédèrent firent de vaines tentatives sur Candie, où la république possédait encore quelques forteresses voisines du rivage, et que les Turcs, maîtres de toute l'île, n'avaient pas su conquérir.

Morosini, chargé d'années, reparut un moment à la tête de la flotte vénitienne, pour venir expirer à Napoli, sur le théâtre de sa gloire. Les Vénitiens, sous un autre général, s'emparèrent presque sans combat de l'île de Scio ; mais peu de temps après ils la perdirent ; et cette conquête passagère ne fit qu'envenimer les haines des deux communions qui habitaient dans l'île, et qui s'accusaient mutuellement près du vainqueur. Les catholiques d'origine grecque ou génoise s'étaient montrés favorables à l'invasion vénitienne, et il en périt un grand nombre, quand les Turcs rentrèrent dans l'île, peu de temps après.

Cependant Venise conservait toujours Athènes, la Morée, les îles d'Égine et de Leucade; et la stabilité de ses conquêtes ne semblait subordonnée qu'au succès de la grande guerre que l'empire ottoman soutenait contre l'Autriche et la Pologne. Ces deux puissances, pressées de se réunir à la ligue qui se formait contre Louis XIV, firent à la Porte des conditions plus favorables qu'elle ne devait l'espérer, après la perte de plusieurs batailles. On attribua cependant ce résultat au talent et à la finesse diplomatique d'un Grec qui fut l'interprète, ou plutôt l'ambassadeur de la Porte aux conférences de Carlowitz. C'était Maurocordato, que nous avons nommé parmi les hommes savants de la Grèce moderne. Éloquent, adroit, instruit dans les intérêts des princes de l'Europe, il défendit habilement ceux de la Turquie; et sans doute il ne lui fallut pas moins de dextérité pour arracher à l'orgueil ignorant de la Porte quelques concessions nécessaires.

Par le traité de Carlowitz la Morée resta sous le pouvoir de Venise; et le sort de ce beau pays ne dépendit plus que d'un peuple chrétien, qui s'en trouvait le maître paisible. Il semblait qu'un siècle de plus et le progrès de la civilisation dans toute l'Europe avaient dû adoucir le gouvernement de Venise. Mais, soit préjugé, soit défiance, soit hauteur habituelle envers les peuples assujettis, les Vénitiens ne marquèrent leur rétablissement dans la Morée par aucun bienfait pour les habitants. Le pays demeura pauvre et sans commerce, le peuple accablé d'impôts. Le sénat de Venise nomma cependant un provéditeur extraordinaire, chargé de protéger les Grecs contre les abus du pouvoir et les vexations des chefs militaires. Mais un grand vice subsistait toujours : c'était la conquête.

Dans sa dégradation apparente, le Grec conservait l'horreur du joug étranger. L'aversion de l'Église romaine, le zèle du schisme augmentaient ce sentiment. On se réunissait dans les églises; on y priait Dieu pour être délivré des Latins; enfin quelques familles de primats, pour qui les Turcs s'étaient adoucis par une longue habitude de vivre ensemble, regrettaient les anciens maîtres. Ainsi, pendant quinze ans, Venise occupa la Morée sans y fonder son pouvoir. La paix de Carlowitz humiliait encore les Turcs. Le sultan Achmet III, ayant remporté quelques avantages sur le czar Pierre, avait hâte de venger l'injure du croissant, et de reprendre la Morée. Il fit marcher vers l'isthme de Corinthe une armée nombreuse qui pénétra dans la péninsule, et se rendit aisément maîtresse de toutes les places. On ne peut expliquer un tel succès, que par la profonde indifférence du peuple grec, par l'indiscipline et la corruption des garnisons étrangères. Corinthe et Napoli furent prises d'assaut; les autres villes se rendirent. Au bout d'un mois, il n'y eut plus de Vénitiens dans la Morée. En même temps, une flotte turque s'empara de l'île de Tine, de Sude et de Spina-Longa, les deux forteresses que Venise conservait encore dans Candie.

Ainsi, la servitude de la Grèce fut plus complète et plus étendue que jamais. Les Turcs reprirent la Morée comme leur territoire. Les Grecs plièrent la tête, en regrettant peut-être Venise qu'ils maudissaient tout à l'heure. Les pachas, les mousselims, les beys, les agas reparurent avec tout leur cortége de vexations, de rapines et de cruautés. Les primats grecs reprirent leur misérable autorité, qui consistait à tourmenter leurs compatriotes, sous le bâton de leurs maîtres.

Les Maniotes seuls, retirés dans leurs montagnes, continuèrent à guerroyer contre les Turcs. La Morée se retrouva ce qu'elle était au XVIᵉ siècle. Cette reprise de la conquête, après une interruption de quinze ans, devait même plonger les Grecs plus avant dans la servitude; et ce malheureux pays semblait irréparablement condamné à ne jamais sortir de la domination des Barbares, et déchu même de l'espérance d'être conquis par des chrétiens.

CHAPITRE VIII.

Tentatives des Turcs sur Corfou. — Paix de 1718, qui confirme l'esclavage de la Grèce. — Clephtes devenus célèbres. — Commencement de l'influence des Russes sur la Grèce.

Les Vénitiens, perdant à la fois la Morée et leurs dernières possessions dans l'île de Candie, semblaient accablés. Leur marine cédait à celle des Turcs. Partout le croissant triomphait. Il ne restait aux Turcs qu'à s'emparer de Corfou pour chasser la république de toutes les mers du Levant, et régner sans partage sur les ruines de la Grèce ; mais cette île, que le courage de ses habitants et des circonstances heureuses ont conservée jusqu'à présent inviolable au joug des Barbares, fut alors défendue par le génie d'un grand capitaine enrôlé sous le drapeau de Venise : c'était Schullembourg, célèbre pour avoir arrêté la fortune de Charles XII. A la tête de la garnison de Corfou, il soutint pendant plusieurs mois les assauts des Turcs. La valeur des Grecs de l'île seconda puissamment les efforts de Venise. Les femmes et les prêtres combattirent dans un dernier assaut, où les Turcs furent repoussés, et poursuivis par Schullembourg. Le lendemain la flotte des Turcs abandonna l'île.

Les Ottomans avaient à se défendre, à la même époque,

contre les forces de l'empereur commandées par le prince Eugène. Cette guerre était une puissante diversion en faveur de la république de Venise. La célèbre bataille de Peterwaraddin abaissa l'orgueil du sultan, et le réduisit à souhaiter la paix. Elle fut conclue à Passarowitz le 21 juillet 1718. Par ce traité, les Vénitiens n'obtinrent que Cérigo, Butrinto et Parga, en face de Corfou. Ils réclamèrent vainement la Morée dont les Turcs restèrent en possession par les traités comme par les armes. Tandis que l'asservissement de la Grèce semblait ainsi confirmé par la diplomatie des cours, d'anciens germes de liberté longtemps inaperçus se fortifiaient dans quelques-unes de ses provinces. C'est en effet au commencement du XVIIIe siècle que remontent les seules traditions un peu détaillées qu'on ait recueillies sur les bandes armées d'Épire et de Thessalie. C'est le temps des Christos Milionis et des Boukovallas, les plus anciens clephtes dont l'histoire se conserve dans les chants populaires des Grecs modernes. On sait que, bien longtemps avant cette époque, dans les provinces de la Grèce septentrionale, l'humeur belliqueuse des habitants et la situation même du pays avaient mis quelques conditions à la victoire des Turcs. Les plaines furent envahies sans obstacle; mais des tribus guerrières se maintenaient indépendantes sur l'Olympe, le Pélion, les chaînes du Pinde et les monts Agrapha.

Les Turcs, dès les premiers temps de la conquête, après avoir fait des efforts pour soumettre ces bandes rebelles et pauvres, traitèrent avec elles; ce fut même une politique du gouvernement turc de les faire descendre de leurs montagnes, et de les attirer au milieu de la population soumise, en leur accordant des priviléges. Ainsi se forma, ou plutôt fut reconnue par les Turcs, la milice grecque des armatoles, qui, distribuée par cantons dans toutes les provinces, excepté la Morée, était chargée de la garde des routes. Au commencement du dernier siècle, la Grèce septentrionale se trouvait ainsi divisée en dix-sept armatolikes, ou capitaineries, dont le chef obéissait aux pachas, et dans quelques lieux aux primats grecs. Ceux des montagnards qui ne voulurent pas accepter ce servage armé, continuaient à vivre sur leurs rochers, d'où ils s'élançaient quelquefois pour piller les troupeaux des Turcs. On leur donnait et ils prenaient eux-mêmes le nom de clephtes, qui, dans l'ancienne langue, signifie voleurs.

C'est ainsi que, selon le récit de Thucydide, les premiers Grecs navigateurs s'étaient honorés du nom de pirates. Les clephtes se trouvaient dans une sorte de guerre forcée avec les armatoles devenus les gardiens du pays; mais le rapport de religion, de langue, d'origine rapprochait tous les Grecs, bien plus que cette division ne pouvait les séparer. L'armatole, fier et indocile sous le pouvoir des Turcs, regardait encore les clephtes de la montagne comme des alliés et des frères, vers lesquels il se réfugierait quelque jour. « Je fus vingt ans armatole, et trente ans clephte sur la montagne, » dit une vieille chanson[1] ; c'est l'image de la vie du Grec qui avait une fois touché les armes et se sentait du courage.

Quand il éprouvait un outrage des Turcs, ou même par inconstance, par dégoût de la plaine et de la servitude, il désertait aux montagnes. Quelquefois aussi le clephte était tenté par une vie plus douce, et venait s'enrôler dans la milice des armatoles, où il trouvait une paye régulière, et où il ne craignait plus la poursuite des spahis et des janissaires. Chaque capitaine d'armatolike formait lui-même sa bande. Il tenait à gloire d'y faire entrer les plus braves; il les appelait ses pallikares ou compagnons. Mais lorsqu'un capitaine, par le nombre ou par la valeur de ses pallikares, paraissait trop redoutable, il était souvent en butte aux trahisons et aux vengeances des pachas. Car les Turcs s'aperçurent bientôt de l'inconvénient d'avoir armé une partie des chrétiens; et ils auraient voulu ne plus employer que les Albanais mahométans, ennemis acharnés des Grecs. Les armatoles persécutés se rapprochèrent des clephtes. Quelquefois le même nom leur fut donné, avec les épithètes diverses de clephte apprivoisé ou de clephte sauvage, suivant qu'ils reconnaissaient le pouvoir des Turcs, ou qu'ils s'enfonçaient dans les montagnes. La principale expédition des clephtes sauvages était de piller quelques hameaux et d'enlever quelques Turcs opulents. On le

---

[1] *Chants populaires de la Grèce moderne*, recueillis par M. Fauriel.

voit par leurs chants populaires. « Ils avaient, » dit une de ces chansons, avec une franchise tout homérique, « des agneaux, des moutons qu'ils faisaient rôtir, et cinq beys pour tourner la broche. » Quelques capitaines d'armatoles ne se bornèrent pas à ces incursions passagères ; ils se rétablirent à main armée dans leurs anciens postes au milieu de la plaine, annonçant par cet exemple que la liberté pouvait renaître, et s'étendre dans la Grèce asservie. Ainsi, sur le continent de la Grèce, même dans les provinces qui sont encore aujourd'hui sous le joug des Turcs, il se maintenait un reste d'indépendance qui devait croître avec le temps. Les traces en seront mieux connues, si, quelque jour, la Grèce victorieuse et paisible s'occupe à rechercher les antiquités de son moyen âge.

Dans les archives des monastères et des évêchés de la Thrace, de la Macédoine et de l'Épire, on exhumera de précieux documents sur cette époque, dont quelques points seulement sont éclairés pour nous.

Il est certain que, même dans ces provinces qui sont le siége de l'empire turc en Europe, la religion et la langue toujours subsistantes maintenaient l'existence nationale des Grecs. Un espoir de liberté se conservait parmi eux. A Thessalonique, dans les premières années du xviiie siècle, les habitants s'informaient des victoires du czar de Russie, et en parlaient comme de leur libérateur[1].

---

[1] *Missions du Levant*, t. II.

C'est au règne de ce prince, en effet, que remontent les desseins de la Russie pour la délivrance, ou plutôt pour l'envahissement de la Grèce. Pierre le Grand, qui, par de violentes secousses, tira tout à coup son peuple de la barbarie, et le fit marcher de force à la gloire et à l'empire, n'osait pas encore espérer une domination facile sur les peuples de l'Europe éclairée. Son ambition était de s'agrandir du côté de la Turquie, et de vaincre les Barbares avec cette science de la guerre qu'il empruntait aux nations belliqueuses et polies de l'Occident.

Dans un semblable projet, le soulèvement ou l'invasion de la Grèce, la réunion sous un même drapeau des peuplades chrétiennes enclavées dans la Turquie, s'offraient naturellement à la politique du czar. Il se prépara de loin pour arriver à ce but. Il se servit de l'instruction nouvelle qu'il avait donnée à son clergé, pour exercer un pouvoir, auparavant inconnu, sur les moines grecs de l'Athos, et jusque dans le synode de Constantinople. De riches présents, des parures d'église, des livres imprimés étaient envoyés de Moscou dans les couvents et les évêchés de la Grèce; et quelques lueurs de civilisation sortaient d'une contrée encore à demi sauvage, pour éclairer l'antique patrie des arts.

Ces desseins auraient été poussés plus loin, si la fortune n'avait pas arrêté le czar sur les bords du Pruth, en le forçant de réduire son ambition à la retraite de son armée et au salut de sa propre vie. Ce revers inattendu montra la force qui survivait encore dans le vieil empire turc, et éloigna pour longtemps l'espoir de le détruire. Les Grecs, qui avaient tourné les yeux vers le nord, tressailli de joie au bruit des armes du czar, retombèrent dans leur décourageante servitude ; et seulement les prêtres des plus obscures églises de la Grèce, dans la prière qu'ils faisaient devant le peuple, mêlaient le nom de grand-duc de Moscovie à celui des saints de la nation.

Toutefois cette même époque, où les Grecs virent échouer l'entreprise de leur puissant protecteur, fut marquée par un incident que l'on pouvait croire heureux dans leur destinée. La Porte Ottomane, qui, dans la guerre contre le czar, s'était crue trahie par le célèbre Cantemir, hospodar de Moldavie, ne voulut plus confier cette province qu'à des gouverneurs étrangers. Les Grecs du Fanar, assidus courtisans des vizirs, ne négligèrent pas cette occasion de s'élever ; et Nicolas Maurocordato, fils du Grec habile et savant qui avait si bien servi l'empire turc, obtint le titre d'hospodar de la Moldavie. Mais la Porte, inquiète et jalouse de cette fortune inespérée qu'elle accordait à un Grec, ne permit pas à Maurocordato de visiter son gouvernement, et le laissa jouir de ses honneurs dans un palais de Constantinople.

Cependant les Grecs se trouvaient initiés de plus en plus aux intérêts de la Porte. La rudesse farouche des Turcs s'étant amollie, sans qu'ils perdissent rien de leur ignorance, ils trouvaient commode d'emprunter l'esprit souple et facile, et la langue déliée de ces vaincus qui rampaient sous leur pouvoir. Les Turcs du sérail, dans leur indolente fierté, se faisaient un instrument de la pensée d'un Grec comme du bras d'un esclave.

Mais cette servitude de l'intelligence n'est jamais complète, et finit quelquefois par donner plus de pouvoir à l'esclave qu'au maître. Le Grec fanariote, adroit, dissimulé, trompeur, conduisait souvent à ses vues secrètes les hommes les plus puissants de l'empire.

Constantin Maurocordato, fils de l'hospodar de Moldavie, parvint à exercer le pouvoir dont son père n'avait eu que le titre. Il partit pour la Moldavie avec une garde de janissaires soumis à ses ordres, et une suite nombreuse de Grecs attachés à sa fortune. Ainsi, tandis que presque toute la nation grecque gémissait sous le joug, quelques hommes sortis de son sein allaient tourmenter, au nom de la Porte, une nation voisine.

On a beaucoup accusé les Grecs transformés en princes de Moldavie. Ils furent despotes comme des échappés de servitude. Le gouvernement arbitraire et féroce qui pesait sur leur faible royauté les forçait d'ailleurs à mille concussions tyranniques. Ils opprimaient par peur et par nécessité. Toujours menacés par l'avarice de la Porte, ils se rachetaient du supplice en le méritant.

Toutefois, il faut avouer que quelques-uns de ces hommes si supérieurs à leurs compatriotes et à leurs maîtres, servirent utilement par leur crédit et par leurs lumières la nation grecque qu'ils paraissaient oublier. Constantin Maurocordato, élevé deux fois à la précaire souveraineté de Moldavie, établit des lois sages dans cette province, ranima les études parmi le clergé grec, fit instruire avec soin un grand nombre de ses jeunes compatriotes, et forma le dépôt d'une riche bibliothèque dans la capitale de sa principauté.

Ainsi, aux deux extrémités les plus opposées, deux espèces d'hommes semblaient seuls exister dans la nation grecque, les clephtes et les fanariotes; les uns, libres par la pauvreté, puissants par le pillage, barbares, mais nationaux; les autres, ingénieux et polis, parvenus à force de bassesses à une sorte d'indépendance et de pouvoir, dédaignant leur patrie, mais la servant par leur prospérité.

Le reste du peuple languissait à la fois dans la misère et l'esclavage, à l'exception de quelques marchands établis à Smyrne, à Constantinople et à Thessalonique. Les habitants des îles, bien que moins opprimés, étaient aussi pauvres et aussi ignorants que les autres Grecs; ils n'étaient visités que par quelques armateurs d'Europe, et par quelques missionnaires.

Les missions avaient commencé dès la fin du xvie siècle à se répandre dans la Grèce; les principales s'établirent à Constantinople, Thessalonique, Smyrne, Scio, Naxos, Santorin. Protégées par les ambassades, elles jouirent d'une assez grande liberté, bâtirent des églises, ouvrirent des écoles, où elles attiraient des enfants de la communion grecque. Elles s'occupaient à la fois d'édifier les catholiques du Levant, nationaux, voyageurs ou captifs, et de convertir les Grecs et les Arméniens. La charité des missionnaires fut sublime et presque céleste, lorsqu'ils pénétraient dans les bagnes des esclaves chrétiens, consolaient des mourants et donnaient la communion à des pestiférés; mais leurs efforts pour amener les Grecs à la foi romaine excitèrent souvent de tristes divisions parmi les chrétiens de Constantinople. Le synode les voyait avec jalousie, et les accusa plus d'une fois près du divan.

CHAPITRE IX.

Travaux des missionnaires dans les îles de la Grèce. — Tableau d'Athènes au xviii° siècle. — Fondation d'Aïvali. — Progrès de civilisation chez les Grecs. — Intrigues de la Russie.

A Smyrne, ville de passage et de commerce, peuplée d'une foule d'Européens, les missionnaires, moins suspects au clergé schismatique, instruisaient sans obstacle les enfants des familles grecques : ils étaient encore mieux accueillis dans quelques îles, et surtout dans celles où l'ancienne domination de Venise avait laissé des traces du culte romain. A Naxos, qui conservait un archevêque catholique, les missionnaires instruisaient les Grecs et les Italiens attachés à la religion romaine; ils allaient dans les églises grecques; ils y prêchaient en grec vulgaire, après la messe orientale. Les Grecs, vifs et spirituels, étaient charmés de ces discours, auxquels l'ignorance de leurs prêtres ne les avait pas accoutumés. Lorsqu'ensuite les missionnaires rassemblaient les enfants sur le parvis de l'église, pour leur donner quelques instructions, les parents venaient s'y mêler, et se pressaient souvent de répondre pour eux, sans être plus habiles. Les missionnaires croyaient avoir converti l'île entière; mais les habitudes du rite grec prévalaient toujours; le pain azyme et la communion sous une seule espèce semblaient à ces pauvres insulaires une différence insurmontable ; ils disaient avec une subtilité naïve que *le pain azyme, n'étant pas du vrai pain, ne pouvait se changer en la substance réelle du corps de Jésus-Christ.* Toutefois ils aimaient la pompe des cérémonies de l'Église romaine. A la fête du saint sacrement, qu'ils appelaient le présent du ciel, lorsque l'archevêque italien sortait en procession avec son clergé, les Grecs accouraient de toutes les parties de l'île, se couchaient par terre sur son passage, baisaient le soleil mystique du tabernacle, et le touchaient avec des branches de myrte et des fleurs, qu'ils remportaient avec eux, pour bénir et sanctifier leurs maisons.

Cette uniformité de la vie des Grecs sous le joug musulman était rarement interrompue par quelque événement nouveau. Sur le continent, les courses hardies de quelques chefs montagnards, les rébellions de quelques armatoles, les violences et la méchanceté du pacha faisaient tout l'entretien de la contrée. Dans les îles, la visite annuelle du capitan-pacha, et les descentes soudaines de quelque pirate, événements de nature à peu près semblables, tenaient les esprits en alarme et formaient toutes les annales des pauvres habitants.

Vers le milieu du xviiie siècle, Athènes gardait le même avantage qu'elle avait eu dans le siècle précédent. Elle semblait aux voyageurs une espèce de capitale de la Grèce. Les Turcs s'y montraient, comme à Napoli, plus doux et plus humains ; et ils avaient pris quelque chose des mœurs et de l'esprit grec. Les environs d'Athènes étaient en partie occupés par des Albanais laboureurs ou bergers toujours aux champs avec leurs femmes robustes comme eux, tandis que les Turcs restaient dans leur orgueilleuse inertie, et que les Grecs s'occupaient de petites ruses et d'un peu de commerce.

[1] Les maisons des Grecs ressemblaient à celles des Turcs; la plupart étaient entourées de hautes murailles, sans fenêtres sur la rue. La chambre des femmes était dans le lieu le plus retiré de la demeure. Elles ne sortaient que cachées sous beaucoup de vêtements, et le visage enveloppé. Un voile léger de mousseline, bordé d'une frange d'or, était jeté sur leur tête et sur leurs épaules.

Les Grecs recevaient quelquefois les voyageurs européens dans le gynécée. Là, et surtout chez les plus riches, les femmes prenaient un autre aspect et une autre parure. Elles avaient les pieds nus; un pantalon d'une toile légère descendait du milieu du corps jusqu'à mi-jambe : le bas de ce vêtement était orné de broderies. Elles portaient une chemise à manches larges et flottantes dont les bords étaient embellis de dessins faits à l'aiguille. Un corset d'étoffe de soie dessinait fidèlement la forme de leur sein et l'élégance de leur taille. Une riche ceinture serrait leurs vêtements, et se fermait avec des agrafes d'argent doré ou d'or, et montées de

---

[1] *Chandler's Travels.*

pierres précieuses. Par-dessus elles portaient une robe ouverte et bordée d'hermine. Elles avaient des bracelets d'or, un collier formé de pièces d'or, quelquefois de cette monnaie que l'on appelle *byzantine*.

Leur coiffure était ordinairement un chapeau de couleur écarlate ou verte, semé de perles, et qui se nouait sous le menton. Une boucle de cheveux tombait de chaque côté, et s'arrondissait sur la joue. Une profusion de tresses flottantes couvrait les épaules.

L'arrangement de cette chevelure, après le bain, était une grande étude. On la parsemait dans les jours de fête d'une poudre d'argent doré. D'autres artifices se mêlaient encore à la beauté naturelle de ces femmes; elles teignaient leurs doigts en rose, sans savoir d'ailleurs qu'Homère avait ainsi coloré les doigts de l'aurore. Suivant une mode orientale, elles marquaient d'une teinte bleue le cercle de la pupille, et peignaient en noir la membrane de l'œil et le bord intérieur des paupières.

Pour se donner cette singulière parure, elles jetaient sur le feu l'encens du labdanum, et en interceptaient la fumée avec un plat qui se couvrait de suie.

La jeune beauté, curieuse de cet ornement, assise, les jambes croisées sur un sopha, fermait l'œil, et prenant entre le doigt et le pouce de la main gauche les deux paupières, elle les tirait en avant, et introduisait dans le coin de l'œil une tête d'épingle imprégnée de la visqueuse vapeur, dont les particules s'attachaient à la membrane, et, en relevant l'éclat de la pupille, augmentaient singulièrement sa grandeur apparente. Une autre mode non moins bizarre employée par de jeunes filles grecques d'Athènes, c'était de s'appliquer sur les joues de légères feuilles d'or. Mais cette parure était réservée pour le jour des noces [1].

Malgré l'étroite clôture où elles étaient retenues, les jeunes filles d'Athènes s'étudiaient aussi à danser et à jouer d'une espèce de guitare turque; elles brodaient surtout avec une extrême perfection. Mais rien n'était plus rare parmi elles que de savoir lire.

Il y avait pour les enfants grecs deux écoles dans Athènes : l'ignorance n'en était pas moins générale. Ceux qui lisaient n'avaient d'autre lecture que des légendes de saints traduites dans leur langue vulgaire. Très-peu comprenaient l'ancienne langue.

Pour conserver la santé des enfants, on les couvrait de petites croix et d'autres amulettes. On faisait chaque année arroser sa maison d'eau bénite, pour prévenir l'entrée du démon. Les seuls tableaux que l'on eût, étaient quelques mauvaises représentations de saints ou de martyrs, peintes sur les murailles des églises. Le clergé grec n'était guère moins ignorant que le peuple. Quelques ouvrages grecs manuscrits, ou de l'imprimerie des Aldes, appartenant au monastère de Saint-Cyriani sur le mont Hymette, pourrissaient dans le coin d'un grenier d'Athènes. Cependant ce clergé grec, humble et

---

[1] *Chandler's Travels.*

ignorant, était sans cesse exposé aux avanies des Turcs. Souvent l'archevêque d'Athènes était obligé de fuir.

Ces persécutions s'apaisaient avec quelques centaines de piastres ; et la ville était rarement ensanglantée par les Turcs. Quelquefois même elle offrait un spectacle d'aisance et presque de liberté. A la fin des vendanges, les paysans grecs, marchant en tête de leurs mules et de leurs ânes chargés de paniers remplis de grappes, formaient dans la principale rue d'Athènes des danses, où les voyageurs antiquaires croyaient reconnaître un souvenir du labyrinthe de Crète et de la fable d'Ariane.

Tout dans Athènes, malgré tant de révolutions, semblait en effet reporter l'imagination sur l'histoire et le génie de la Grèce antique. Une foule de monuments étaient debout, et s'élevaient comme le symbole d'une gloire indestructible au milieu des chétives constructions bâties par les modernes habitants. L'Acropolis, le Parthenon, le temple de Thésée attiraient les regards, et semblaient n'avoir impunément traversé le chaos du moyen âge, que pour être enfin à jamais mis à l'abri par l'admiration de l'Europe éclairée et toute-puissante. Mais il en est autrement : les ruines mêmes ont péri. Six années de paix en Europe et de sainte alliance entre les rois, ont suffi pour consommer la destruction de ces chefs-d'œuvre qui avaient survécu à quinze siècles de barbarie, et pour faire ce que n'avaient pas fait Alaric et Mahomet II.

Cependant un progrès imperceptible de civilisation

gagnait les diverses parties de la Grèce. Parmi les insulaires, les uns allaient servir à Constantinople chez les riches du Fanar, ou dans les maisons de commerce de Smyrne ; d'autres, plus entreprenants, commençaient à naviguer sur toute la Méditerranée, et faisaient les affaires des bourgeois turcs, comme les Fanariotes faisaient souvent celles des vizirs. Le peuple vaincu, adroit, souple, infatigable, vivant de peu, semblait insensiblement croître et s'élever sous la dure protection de ses maîtres. Les Grecs étaient partout, ils se mêlaient à tout, et les Turcs, qui les accablaient encore d'outrages, ne pouvaient plus se passer d'eux.

Une tentative singulièrement heureuse, et qui marqua dans le xviiie siècle le nouvel état où pouvait aspirer la nation grecque, ce fut la fondation de la ville de Cydonie dans l'Asie Mineure, le siége principal de la barbarie musulmane. Il faut le rappeler, maintenant que la politique de l'Europe a laissé périr Cydonie et tant d'autres cités grecques. Dans le milieu du dernier siècle, une ville nouvelle, habitée par les Grecs seuls, et gouvernée par ses propres lois, fut fondée sur l'emplacement du village d'Aïvali, où quelques paysans chrétiens vivaient auparavant sous le bâton des Turcs. Les firmans de la Porte autorisèrent cette création, et protégèrent la ville nouvelle, qui prit le nom de Cydonie. Ce ne fut pas le crédit des princes du Fanar qui acheva ce grand ouvrage ; on le dut tout entier au génie et à la persévérance d'un pauvre religieux grec, Jean OEconomus.

Témoin dans son enfance des persécutions qu'éprouvaient ses compatriotes qui habitaient le village d'Aïvali, il conçut l'espérance de les affranchir un jour. Il étudia pour devenir prêtre, et se retira parmi les religieux de l'Athos. De là, il vint à Constantinople avec des lettres pour quelques grands de la Porte. Habile dans les langues de l'Orient, à force d'insinuations, de prières, et par cette volonté de l'homme de bien qui réussit quelquefois à tout vaincre, il obtint un ordre pour éloigner les Turcs du village d'Aïvali. Alors il anima ses concitoyens; il invita les autres Grecs à partager cet asile; il leur montra comme une terre sacrée ce territoire qui ne serait plus habité que par des chrétiens. De toutes parts on accourut; plusieurs hommes riches et industrieux du Péloponèse, de Scio, et même de Constantinople, se réunirent dans Aïvali; une ville élégante s'éleva sur les ruines du pauvre village; de nombreuses églises la décorèrent; des manufactures jusque-là peu connues dans l'Orient y portaient les arts de l'Europe; un collége, qui s'augmenta dans la suite, formait la jeunesse à la religion et aux lettres antiques. La liberté, la richesse embellissaient Cydonie, placée sous le ciel le plus pur, près du rivage de la mer.

Cette étonnante prospérité rencontra des obstacles. L'avare jalousie de quelques pachas, le fanatisme des Turcs du voisinage, et cette anarchie fréquente sous le pouvoir absolu, suscitèrent plus d'une attaque contre les murs naissants de Cydonie. Mais OEconomos, avec l'approbation ou la tolérance de la Porte, défendit par la force les droits de la ville qu'il avait fondée ; il arma ses concitoyens que le sentiment de leur bonheur animait d'un patriotisme inconnu dans la Grèce ; il repoussa toutes les insultes, toutes les violences ; et Cydonie, libre et respectée, conserva ses priviléges, au milieu de l'Asie musulmane.

On attribua [1] ce rare bonheur surtout à la protection d'un riche banquier grec, nommé Pétrarki, fort accrédité dans le sérail, et qui, dès l'origine, avait secondé la généreuse entreprise d'OEconomos.

Ainsi, dans le xviii° siècle, florissait une ville grecque, dont l'existence devait encourager toute la nation asservie. Il semblait que la Grèce pouvait dès lors, sans secousse et sans violence, espérer un adoucissement à son sort. L'exemple était donné ; et les Turcs, dans leur insouciance, auraient peut-être renouvelé plus d'une fois des concessions semblables. Mais l'ambition d'une puissance étrangère poussait les Grecs à des entreprises plus rapides et plus violentes. Les Russes, qui, mis une fois en mouvement par le génie d'un grand homme, travaillent sur ses idées comme sur un plan tout fait, ne pouvaient abandonner le projet de soulever la Grèce. On avait vu, sous le règne de l'impératrice Anne, le fameux maréchal Munich, qui portait la guerre en Moldavie, envoyer des émissaires, et répandre des proclamations

---

[1] *Histoire des événements de la Grèce,* par Raffenel, t. 1.

et de l'or dans l'Épire et dans les montagnes de Thessalie. La prompte issue de la guerre borna ses tentatives ; mais elles avaient ranimé au cœur des Grecs cette confiance et cette espèce de foi religieuse qui les faisaient espérer dans la Russie.

Le cabinet de Pétersbourg ne cessa pas dans la suite de cultiver ces mêmes sentiments. Une foule de Grecs, aventuriers et braves, étaient reçus dans les armées de l'empire. Le clergé moscovite entretenait un commerce fréquent avec les églises affligées de la Grèce ; il recevait avec vénération les reliques saintes qui lui étaient envoyées du mont Athos et des autres couvents ; et la cour de Russie adressait en échange des présents aux monastères de la sainte montagne.

Tant de motifs, ces prédictions populaires que nous avons citées, cette confiance si ancienne et qui n'avait pas encore été trompée, rendaient facile à la Russie d'agiter le peuple grec, et de le jeter dans des entreprises au-dessus de ses forces et des secours qu'elle lui donnerait.

CHAPITRE X.

Projet d'Orloff pour soulever la Grèce. — Émissaires envoyés dans le canton de Maïna. — Départ d'une flotte russe. — Descente d'Orloff à Porto-Betilo. — Soulèvement d'une partie de la Morée. — Prise de Tripolitza. — Siége de Modon. — Arrivée des Albanais mahométans. — Fuite des Russes. — Exploits héroïques d'un chef de clephtes.

L'occasion parut naître avec l'élévation de Catherine et les vastes desseins qu'amenait le nouveau règne. Ces jeunes et entreprenants favoris, qui avaient couronné Catherine par le meurtre de son époux, cherchaient partout d'un regard avide des conquêtes et des entreprises nouvelles; et leur souveraine elle-même était impatiente de couvrir de quelque gloire singulière le crime de son avénement.

Parmi les hommes qui se pressaient autour d'Orloff et flattaient son orgueil et son esprit aventureux, était un Grec de Thessalie, devenu capitaine de la garde russe. On le nommait Grégori Papapoulo. Cet homme, avec l'imagination vive et présomptueuse de son pays, fit briller aux yeux d'Orloff l'espoir de soulever la Grèce, de chasser les Turcs d'Europe, et d'agrandir l'empire russe ou la fortune du favori par une si belle conquête.

Orloff, sorti des derniers rangs de la milice, et qui, dans la civilisation comme dans les grandeurs, était un parvenu de la veille, embrassait avec enthousiasme l'idée de se voir bientôt le libérateur de la patrie des arts. Ce plan trouva beaucoup d'obstacles dans la circonspection des ministres du cabinet russe; mais Catherine, séduite par la gloire ou par son amant, fit elle-même les frais d'une première expédition, qui, sous des apparences de commerce, alla reconnaître les mers de l'Archipel.

Papapoulo, parti à la même époque, vint à Trieste et sur le territoire vénitien former des liaisons avec divers marchands grecs. Il envoya des émissaires dans les montagnes de la Morée, et s'y rendit bientôt lui-même avec des présents pour les églises grecques. Mille bruits précurseurs circulaient dans toute la Grèce, et se mêlaient aux croyances religieuses du pays. Un voyageur anglais [1], qui parcourait la Morée en 1767, par une curiosité d'antiquaire et sans prévoir les desseins de Catherine, entendait dire partout sur son passage que les Russes délivreraient bientôt les Grecs; que tout récemment une croix lumineuse était apparue pendant trois jours sur le dôme de Sainte-Sophie, que les Turcs avaient fait de vains efforts pour chasser ce signe miraculeux, et qu'ils étaient tombés dans la consternation.

La politique russe agissait en même temps sur une de ces peuplades barbares qui forment la ceinture de la Grèce devenue barbare elle-même. Les Monténégrins,

---

[1] *Chandler's Travels in Greece*, p. 137.

ou habitants de la montagne Noire, près du golfe Adriatique, ont avec les Russes une conformité d'origine autant que de religion, puisqu'ils descendent des tribus slaves du nord de l'Europe. Cette peuplade, voisine de l'Albanie, vivait indépendante des Turcs, protégée par ses montagnes et par son rude climat. Quelques-uns de ses villages répandus dans la plaine étaient soumis aux Vénitiens; le reste bravait à la fois les Turcs et Venise, pillait la petite république de Raguse, et vivait dans une sorte d'anarchie, où dominaient les chefs de bourgades et l'évêque de Monténégro.

A peu près à l'époque où Papapoulo partit pour la Grèce, l'évêque de Monténégro, qui avait été sacré en Russie, affectait de porter un portrait de la czarine, et prédisait que les chrétiens allaient être délivrés du joug des Turcs; en même temps un jeune moine grec parcourait les montagnes, guérissant les malades et prodiguant les secours, les consolations, les prophéties. De concert avec l'évêque, qui paraissait le respecter, il dominait les esprits de cette peuplade; et, quoiqu'il ne prît que le nom de Stéphano, il se faisait passer pour Pierre III, le dernier empereur de Russie.

On a peine à croire que cette bizarre supposition ait été calculée par Catherine, et que sa politique n'ait pas rougi d'employer un nom qui devait lui donner des remords. Mais quelle que fût la cause de cette illusion fortuite ou préparée, le jeune Grec en usa pour soulever le peuple de ces montagnes et quelques bourgades voisines du Cataro, dont les habitans se prétendent issus des Grecs du Péloponèse. Toutes les provinces voisines furent agitées, excepté l'Albanie, devenue mahométane. Le pacha d'Albanie marcha contre les Monténégrins, défit sans peine leurs rassemblements confus, et saccagea leurs pauvres villages.

Cependant le principal émissaire d'Orloff, le Thessalien Grégori, s'était rendu à l'extrémité du Péloponèse, chez les Maniotes dont l'origine grecque n'est pas douteuse, mais qui n'étaient guère moins barbares que les Monténégrins. Il est visible par cette double tentative que la Russie, méditant une guerre contre la Porte, avait voulu s'appuyer sur la partie la plus belliqueuse des peuples enclavés dans la conquête musulmane.

Descendu à Porto-Vitulo chez un chef maniote qui se nommait Mauro-Mikali, Papapoulo fit retentir les promesses et le nom de Catherine, rempart de la foi grecque. Enfin, il détermina Mikali et son frère, autre capitaine redouté chez les Maniotes, à réunir les chefs des bourgades et le conseil des vieillards; mais ces hommes accoutumés à défendre leur indépendance contre les Turcs parurent peu confiants aux secours des Russes, ne parlèrent qu'avec mépris des Grecs de la plaine soumis à la domination turque, et regardèrent sans doute avec défiance l'émissaire qui leur était envoyé.

L'adroit Thessalien, du milieu de cet asile, essaya de lier un parti dans la population subjuguée du Péloponèse. Le canton le plus voisin des montagnes, vers le golfe de Messénie, avait pour proëstos un Grec renommé parmi ses concitoyens par sa prudence et par ses richesses ; c'était un vieillard, qui depuis longues années, avait su gagner la confiance de tous les pachas turcs, et amasser impunément des trésors, dont il leur donnait une partie.

Benacki, c'était le nom de ce Grec, en protégeant par son crédit ses concitoyens soumis, avait eu l'art d'entretenir avec les rebelles Maniotes des liaisons secrètes. Il habitait la ville de Calamata, près de leurs montagnes. Il avait obtenu du pacha la permission d'y bâtir une demeure fortifiée. Papapoulo se fit connaître de ce Grec, l'excita par l'espoir d'affranchir son pays, et lui promit la puissante protection de la czarine. Le vieux proëstos, qui sans doute comprenait tout ce qu'il y avait de précaire et de dangereux dans son existence sous la domination des Turcs, saisit avec ardeur un projet de délivrance; il réunit dans sa maison quelques primats, quelques évêques et quelques chefs venus secrètement de la montagne ; et là, on promit de rassembler cent mille Grecs si les Russes paraissaient sur la côte avec des vaisseaux et des armes. On souscrivit un engagement; et l'émissaire thessalien repartit pour Trieste.

La cour de Saint-Pétersbourg reçut ces magnifiques promesses données par les Grecs en échange du secours qui leur était offert; et comme elle venait de déclarer la guerre à la Turquie, le soulèvement de la Grèce prit à ses yeux un plus grand caractère d'importance politique.

Le comte Orloff fit partir ses deux frères, Alexis et Féodor, pour surveiller cette révolution promise. Ils prirent le prétexte d'un voyage en Italie; mais une foule d'officiers russes arrivaient sur leurs pas. Venise, naturellement fréquentée par les Esclavons et par les Grecs, fut le poste avancé qu'ils choisirent, et où le Thessalien Grégori vint les retrouver. Cet homme avait composé en grec moderne un livre [1] sur la tactique des Russes, qu'il fit imprimer à Venise pour le répandre dans la Grèce. Ce présent d'une espèce nouvelle fut accompagné d'ornements ecclésiastiques pour les évêques, de lettres, et de médailles d'or empreintes de l'image de Catherine. Sur la foi de ces premiers gages, plusieurs Grecs vinrent secrètement à Venise pour voir et pour entendre le comte Orloff; et l'ardeur des Grecs de la Morée s'anima par toutes les illusions de l'espérance.

Cependant la guerre engagée par les Russes sur les frontières de Moldavie avait trompé les premières conjectures. L'ignorance barbare des Turcs semblait encore l'emporter sur la tactique savante que les Russes empruntaient à l'Europe; et l'armée de Catherine, enfermée près du Niester, était dans un péril presque semblable à celui qu'avait couru le czar Pierre sur les bords du Pruth. Catherine avait besoin d'exciter pour sa propre défense ce soulèvement de la Grèce qu'elle avait rêvé

---

[1] *Exposé de l'art militaire d'après la tactique des armées de la grande Russie.*

d'abord dans une fantaisie de gloire. Elle fait hâter l'armement d'une flotte, sur laquelle on jeta quelques matelots anglais, engagés par l'ambassadeur de la czarine à Londres, et des marins grecs de l'île de Mycône, qui étaient venus sur un vaisseau marchand commercer dans le petit port de Tangarock. Cette flotte, mal construite et mal équipée, assez semblable aux prodigieux mais grossiers essais de l'art maritime, sous Pierre le Grand, n'était montée que de douze cents hommes de troupes; mais elle portait beaucoup d'uniformes russes pour les Grecs du Péloponèse.

Cette première escadre commandée par l'amiral russe Spiritoff parvint, après une navigation pénible, dans les ports d'Angleterre, où elle trouva des secours et des recrues de matelots. En même temps à Pétersbourg se préparait une seconde expédition sous les ordres de l'Écossais Elphinston, qui faisait l'éducation maritime des Russes avec un dédain que supportait l'altière impératrice.

Cette flotte devait rejoindre et devancer la première, passer jusqu'aux Dardanelles, et menacer Constantinople, tandis que la Morée prendrait les armes.

Cependant les deux Orloff, en attendant la première escadre russe, avaient tout préparé. Établis à Venise, puis à Livourne, comme dans un poste avancé, ils envoyaient des émissaires en Grèce et dans les îles, répandaient l'or, et achetaient les bras de cette multitude de Grecs aventuriers qui abondent sur la côte. Le dessein principal était pourtant caché. Ils avouaient seulement le projet de faire la course dans l'Archipel, et de secourir les habitants de la montagne Noire ; un général russe parcourait ce canton récemment dévasté par les Turcs, et il y recrutait des soldats.

Enfin, l'escadre de Spiritoff parut dans les mers du Levant. Telle était l'ignorance du gouvernement turc, qu'il refusait de comprendre cette nouvelle, et que tout le zèle amical de l'ambassadeur français réussit à peine à persuader au divan, une carte sous les yeux, que des vaisseaux russes pouvaient arriver dans les mers de la Grèce.

L'amiral russe vint droit à Mahon, où la prévoyance des Orloff avait préparé des magasins, et où Féodor se rendit aussitôt. Trois vaisseaux se détachèrent pour aller sur les côtes de Sardaigne et de Toscane prendre les recrues qu'avait secrètement rassemblées Alexis, et le ramener lui-même. Dans cet intervalle, Féodor, avec le reste de la flotte, fit voile vers Malte, dont il espérait les secours ; mais l'ordre de Malte, subordonné à la politique de la France et de l'Autriche, ne remplit pas les promesses que quelques jeunes chevaliers avaient faites aux Russes : la ferveur de sa vocation belliqueuse contre les Turcs n'était plus la même ; et d'ailleurs l'intérêt de Catherine, bien plus que celui de la religion, semblait engagé dans cette entreprise.

Féodor s'étant présenté devant Malte ne fut pas même reçu dans le port ; ce contre-temps ne fit que précipiter son courage. Féodor avait l'audace et le génie aventureux de ses frères; il y mêlait la présomption de l'extrême jeunesse. Instruit soigneusement par des maîtres habiles, depuis la haute fortune des Orloff, il avait la passion des arts; son ambition, déjà sérieuse, était pourtant animée d'une sorte d'enthousiasme de collége, inspiré par des études récentes; et ce jeune Tartare, élevé dans une cour voluptueuse et despotique, en venant conquérir la Grèce au nom de sa czarine, avait l'imagination toute remplie des Miltiade et des Thrasybule.

Repoussé de Malte, il fait voile vers le Péloponèse, s'arrête à la petite île Strophade, pour prendre quelques renseignements dans un monastère de caloyers, et vient jeter l'ancre à Porto-Vitulo, sur le rivage des Maniotes.

La presqu'île de la Morée était dans l'attente et l'agitation. Depuis le commencement des hostilités entre la Porte et la Russie, tout usage des armes avait été interdit aux Grecs, suivant la précaution habituelle des Turcs lorsqu'ils entraient en guerre avec une puissance chrétienne. Les Turcs, peu vigilants, n'avaient pas saisi les diverses trames formées par le Thessalien Grégori et par ses émissaires; mais ils furent frappés d'une sourde rumeur de mécontentement et d'espérance qui semblait circuler parmi leurs esclaves; ils avaient alors défendu toute réunion entre les Grecs, toute prière publique, et fermé les églises; enfin, dans leur féroce inquiétude, ils avaient pris pour des rebelles une troupe de paysans laconiens qui revenaient tranquillement de la foire de Patras, et, se jetant sur eux, ils les avaient massacrés.

Les Russes furent accueillis comme des vengeurs, par des cris d'allégresse et de guerre; Mauro-Mikali vint conférer avec Orloff; les évêques de Lacédémone et de Chariopolis excitèrent le zèle du peuple. Féodor n'arrivait qu'avec trois vaisseaux de ligne et deux frégates montées de quelques centaines d'hommes; une frégate russe lui amenait en même temps quelques paysans monténégrins et leur évêque, qui avait voulu suivre et bénir cette faible expédition. Il rencontra dès l'abord un obstacle dans le bon sens sauvage des chefs maïnotes. Mauro-Mikali et son frère trouvèrent ses armements aussi faibles que ses paroles étaient hautaines et présomptueuses. Ils réunirent cependant quelques bandes de montagnards, tandis que Benacki, retiré dans Calamata, s'occupait furtivement à soulever les habitants de la plaine. On distribua les armes que les Russes avaient apportées; on construisit à la hâte quelques bateaux plats, pour aller chercher dans les îles voisines les Grecs qui voudraient prendre parti. Il en vint des îles de Zante et de Céphalonie; quelques centaines de Spacchiotes ou montagnards de l'île de Crète arrivèrent dans des barques, et se réunirent aux Maïnotes. Malheureusement le jeune Moscovite avait refroidi dès le commencement l'enthousiasme des Grecs, en exigeant d'eux un serment de fidélité à la czarine. Il n'en forma pas moins deux corps de Moraïtes et de Maïnotes mêlés de soldats russes, auxquels il donna les noms pompeux de légions occidentale et orientale de Sparte.

L'un devait pénétrer par les montagnes vers Misitra ; il était commandé par Psaros, jeune armateur de ce vaisseau grec, dont les Russes avaient engagé l'équipage. Le second, sous les ordres d'un capitaine russe, devait marcher sur la partie occidentale du Péloponèse.

Féodor, à la tête d'un troisième détachement, partit pour assiéger la ville de Coron. Cette place, dont le seul côté qui tenait à la terre est couvert par d'assez fortes murailles et par des rochers, se défendit. L'artillerie des Russes était faible et mal servie ; une galiote à bombes qui leur survint, et dont la vue seule avait épouvanté les Turcs, se trouva sans mortiers. Une mine conduite sous le bastion principal fut éventée par les Turcs ; ils reprirent courage, et cette expédition, qui ne pouvait réussir que par la promptitude, tomba en langueur.

Le jeune Psaros fit seul quelque chose d'important et de hardi ; à la tête de quelques centaines de Russes et de Grecs paysans ou maïnotes, il traversa les montagnes, et descendit du Taygète dans la vallée que baigne l'Eurotas. Un corps de Turcs, qui s'était placé à la sortie des défilés, s'enfuit en jetant ses armes, et porta l'épouvante jusqu'à Misitra, ville moderne, bâtie à une lieue des ruines de l'ancienne Lacédémone. Les Turcs de Misitra se réfugient dans le château ; et Psaros vient au pied de la forteresse occuper le palais épiscopal des Grecs. Le cri de liberté retentit dans Misitra. La population grecque est soulevée tout entière ; et les uniformes russes, l'étendard de la czarine, persuadent aux Turcs qu'ils sont assaillis par une nombreuse armée.

Ceux qui s'étaient réfugiés dans la forteresse offrent de rendre les armes, sous la condition d'emmener leurs familles. Ce traité s'exécutait de bonne foi, lorsqu'une bande de Maïnotes qui avaient suivi la petite armée de Psaros, pénètre dans la forteresse laissée sans défense, et pille, massacre les vaincus. Ceux qui peuvent échapper fuient dans l'église chrétienne.

L'archevêque et son clergé sortent la croix à la main pour les défendre et pour arrêter la fureur des montagnards ; ils parvinrent à les écarter. Enfin, rassasiée de sang et de pillage, cette bande féroce retourne aux montagnes, et Psaros reste dans Misitra avec sa légion, qui s'augmente de beaucoup de paysans grecs et d'habitants de la ville. L'archevêque, le primat et les vieillards s'occupent d'établir une forme de gouvernement régulier. On vit alors combien cette religion, qui avait maintenu le patriotisme, et pour ainsi dire l'existence du peuple opprimé, pouvait le modérer dans sa trop courte victoire.

L'indépendance avait gagné les provinces voisines; l'ancienne Arcadie commençait à se soulever; les caloyers du monastère de Méga Spiléon, sur le mont Chelmos, quittèrent leurs cellules, sans autre arme que cette croix si puissante aux yeux des Grecs; et ils réussirent à sauver les familles turques qui habitaient la vallée de Calavryta, non loin des bords du Mauro-Nero, le Styx des anciens.

Après avoir mis ces familles à l'abri dans les grottes de leur couvent, ils les conduisirent à travers l'Achaïe, réunirent des barques pour leur faire passer le golfe, et les déposèrent en sûreté dans le port de Crissa, où flottait l'étendard musulman.

Cependant les Turcs, qui voyaient croître le soulèvement des campagnes, s'étaient réfugiés dans les principales villes de la Morée, Tripolitza, Napoli di Romanie, Corinthe. Le siége de Coron n'avançait pas ; et Féodor, retenu par cette entreprise depuis deux mois, ne portait de secours nulle part, et manquait à toutes les espérances qu'il avait données.

La petite ville de Missolunghi, qui plus tard devait s'illustrer, fit seule sa révolution. Il n'y avait que quatre familles mahométanes, un cadi et quelques officiers turcs. Le primat grec les avertit de se retirer ; puis il arma les habitants, mit la ville en défense, et s'empara des îles voisines ; mais n'ayant pu obtenir d'Orloff un vaisseau qu'il lui fit demander pour défendre le port de Lépante, toute la population, avec un courage digne des temps antiques et de ces derniers temps, monta sur mer dans de faibles barques, emmenant les femmes et les enfants, et quelque peu de richesses acquises déjà par le commerce. Attaqués à leur sortie du golfe par des pirates mahométans, ils combattirent plusieurs jours de suite, et parvinrent à gagner les îles voisines, laissant un triste exemple de l'imprévoyance et de l'abandon de leurs nouveaux alliés.

Non loin de Missolunghi, la ville de Patras s'était soulevée avec le secours des Grecs venus de Zante et de Céphalonie. Mais la nuit du vendredi saint, tandis que les habitants étaient en prière dans leurs églises, les mêmes pirates, qui venaient d'attaquer les braves fugitifs de Missolunghi, pénètrent dans Patras laissée sans défense ; ils pillent, massacrent, et disparaissent chargés de butin.

Cependant Féodor, ne pouvant réussir à prendre Coron, détacha de sa flotte quelques vaisseaux pour s'emparer du port de Navarin, près de l'île de Sphactérie. C'était comme un refuge qu'il se ménageait dans l'attente des secours que son frère devait amener d'Italie. Alexis Orloff parut enfin avec une escadre de cinq vaisseaux, des munitions, des armes, et de nouveaux manifestes pour exciter le zèle des Grecs. Chef suprême de l'entreprise, il fait abandonner le siége de Coron, et se retire dans le port de Navarin ; puis il ordonne à ce jeune Grec, qui s'était établi dans Misitra, de marcher sur Tripolitza, véritable capitale du Péloponèse, dont la conquête pouvait seule étendre et ranimer l'insurrection des Grecs. Ce négociant grec, devenu général, s'avança sur cette ville avec quelques Russes et deux mille Maïnotes qu'il avait réunis.

Mais déjà les Albanais mahométans de l'Épire entraient de toutes parts dans la Morée, à la voix des pachas turcs. Patras, assiégée par quinze mille hommes, fut emportée d'assaut ; tout ce qui était en âge de porter les armes fut égorgé, et les maisons incendiées. Mille cavaliers albanais viennent se réunir à la garnison turque de Tripolitza. Ils font une sortie, mettent en fuite les assaillants qui commençaient à peine à établir quelques faibles batteries, et rentrent vainqueurs dans Tripolitza, où la population grecque fut en partie massacrée. L'archevêque et plusieurs ecclésiastiques subirent le même sort par une sentence du pacha, et comme coupables d'intelligence avec les Russes.

Dès lors les Turcs et les Albanais, maîtres de la plaine, se préparèrent à marcher sur Coron pour attendre la flotte qui devait arriver de Constantinople. Ils avaient à traverser le défilé de Nysie, gardé par le capitaine Mauro-Mikali et quatre cents Maïnotes; ce furent les Thermopyles de cette petite et fatale insurrection. Mauro-Mikali, retranché dans une bourgade qui occupe le milieu de ce défilé, combattit plusieurs jours, se défendit de maison en maison; couvert de blessures, et resté seul avec son fils enfant, il tomba dans les mains des Turcs. Ceux-ci, maîtres du passage, se réunissent aux troupes musulmanes de Coron, qui n'était plus assiégée; et tous ensemble marchent vers les Russes qui bloquaient alors la ville de Modon, les chassent après un rude combat, et s'emparent de leur artillerie.

Cependant une nouvelle escadre russe avait paru dans les mers de la Grèce. L'Écossais Elphinston, après avoir relâché en Angleterre, était parti avec trois vaisseaux de ligne et trois frégates pour aller à la rencontre de la flotte musulmane. Il arriva vers la fin du mois de mai dans le golfe de Misitra, où Psaros s'était retiré avec les débris de la malheureuse expédition qu'il avait tentée sur Tripolitza. Il apprend que la ville est encore au pouvoir des Russes; il fait aussitôt descendre à Misitra deux officiers, auxquels Psaros annonce le mauvais succès de la guerre, et l'approche de la flotte musulmane, que l'on avait aperçue déjà du haut des montagnes. Animé par cette nouvelle, Elphinston mit aussitôt à la voile pour chercher l'ennemi.

Alexis Orloff, renfermé dans la forteresse de Navarin, ne crut pas devoir attendre l'issue d'un combat naval. Il voyait les Grecs, refoulés par la victoire des Turcs et des Albanais, accourir la plupart sans armes vers les murs de Navarin, où le nom russe les protégeait encore. Toutes ses espérances de soulever dans la Grèce une population belliqueuse, étaient perdues; il ne songea plus qu'à lui-même; il ferma lâchement les portes sur les malheureux fuyards, qui, traînant leurs femmes, leurs enfants, se jetèrent dans des barques pour gagner quelques écueils voisins. Poursuivis par les Turcs, un grand nombre y périt; et l'on a raconté que les Russes, du haut des murailles de Navarin, riaient avec une joie féroce du massacre et des naufrages de leurs alliés.

Pendant que les Russes, si promptement lassés de leur entreprise, abandonnaient à la fureur des Turcs le pays qu'ils avaient imprudemment soulevé, de nouveaux alliés leur arrivaient des montagnes de Livadie. Un chef d'Armatoles, Androutzos, sur le bruit de l'invasion, partit avec quelques centaines de guerriers, traversa l'isthme de Corinthe, et vint jusqu'à la côte de la Morée, d'où la flotte russe s'éloignait. Ne trouvant pas le secours qu'il cherchait, et surpris au milieu des Turcs en armes, Androutzos voulut retourner dans ses montagnes. Assez fort pour croire qu'on renoncerait à l'attaquer s'il se retirait de bonne grâce, il fit demander un firman au pacha de Tripolitza, reçut la promesse de n'être pas inquiété, et continua sa marche.

Mais au moment de repasser l'isthme, il se vit assailli par plusieurs milliers de Turcs et d'Albanais ; il les repoussa, sans pouvoir s'ouvrir un passage, et se rejeta vers le golfe de Lépante, pour gagner la mer. Les Turcs s'acharnaient à le poursuivre ; et l'ardeur de l'attaque fut animée par l'obstination de la défense. Toujours marchant, ou ne s'arrêtant que pour combattre, sans repos, presque sans nourriture, Androutzos et ses palikares arrivèrent en quelques jours près de Vostitza, à cinq milles de Patras. Là, les Turcs firent un dernier effort pour saisir une proie qui touchait au terme de sa fuite, et que la faim, l'épuisement, les blessures semblaient leur livrer. Ils enfermèrent la petite armée grecque, et renouvelèrent leurs assauts pendant trois jours.

Enfin, le quatrième jour, Androutzos tente un dernier effort pour se faire passage ; et, soit prodige de courage ou puissance du désespoir et de la faim, il renverse, met en fuite les Turcs, et reste maître de leurs bagages, où ses soldats ne prennent que des vivres ; il entre alors dans Vostitza, trouve quelques vaisseaux de Zante et de Céphalonie, embarque ses braves compagnons réduits à un petit nombre, et quitte vainqueur sa malheureuse patrie, qu'il méritait de délivrer.

CHAPITRE XI.

Victoire navale des Russes à Tchesmé. — Siége de Lemnos. — Hivernement de la flotte russe dans l'île de Paros. — Pillages et cruautés des Albanais dans la Morée. — Dispersion des habitants. — Colonie d'Hydra. — Massacre des Albanais par les Turcs. — Situation déplorable de la Morée.

Orloff sauva les Grecs qui étaient près de lui, Benacki, Papapoulo, les évêques de Coron, de Calamata, de Modon; et, se pressant d'embarquer ce qui restait de Russes, il mit à la voile du port de Navarin, pour aller rejoindre Elphinston. Ainsi rassemblées, toutes les forces des Russes vinrent chercher la flotte musulmane dans l'étroit canal qui sépare Scio de la côte d'Asie. La flotte turque était nombreuse, et avait parmi ses capitaines un grand homme de guerre, le fameux Hassan.

Les escadres russes étaient mal équipées, troublées par la division des chefs jaloux de l'amiral anglais, et chargées d'une foule confuse d'Esclavons, de Monténégrins, de Grecs. Mais l'art européen devait l'emporter sur l'ignorance des Ottomans. Après un premier combat, les vaisseaux turcs, qui s'obstinaient à ne pas quitter la côte d'Asie, s'étant retirés dans le petit golfe de Tchesmé, la flotte russe, qui les avait suivis, lança contre eux, à la faveur de la nuit, des brûlots montés par des insulaires de l'Archipel, que dirigeaient quelques officiers anglais. Ce fut dans la main des Grecs le début de cet art terrible qui devait un jour les affranchir et les venger.

Un premier brûlot périt ; le second touche un vaisseau turc et l'embrase ; la flamme en jaillit sur ceux qui l'entourent, et, se communiquant d'abord aux trois navires qui occupaient l'entrée du golfe, elle ferme le passage par une chaîne de feux. Ainsi resserrée, amoncelée dans un étroit espace derrière ce vaste foyer d'incendie, au milieu des batteries chargées que la flamme allume, des mâts brûlants qui tombent, des amas de poudre qui éclatent, toute la flotte turque est dévorée.

Les timides habitants de l'île de Scio, à la lueur de cette fournaise ardente, qui couvrait le golfe de Tchesmé, contemplaient de leurs rivages la destruction de leurs oppresseurs. Le territoire de Smyrne, sur la côte d'Asie, trembla de cette explosion épouvantable, dont le bruit fut entendu jusque dans Athènes.

Surpris et presque épouvantés de la grandeur de leur victoire, les Russes hésitèrent sur l'usage qu'ils en devaient faire. Elphinston voulait se hâter, et jurait de brûler Constantinople. Mais Orloff, blessé de l'orgueil de cet étranger, arrêta son ardeur, et resta quelques jours à recueillir les débris de la flotte musulmane, dispersés sur la mer et sur les rivages d'Asie. Beaucoup de Turcs s'étaient sauvés dans des chaloupes, et avaient gagné la côte. Dans leur première fureur, réunis aux milices indisciplinées de Smyrne, ils massacrèrent une foule de Grecs.

Cette malheureuse ville nagea dans le sang. Quelques-uns des Grecs qui l'habitaient se jetèrent dans des barques, et vinrent demander secours au général russe, resté sur le théâtre de sa victoire, près de la baie de Tchesmé. Mais les consuls européens, effrayés peut-être également des Russes et des Turcs, envoyèrent une députation à Orloff, pour le supplier de ne pas exposer par son attaque les chrétiens et les Européens de Smyrne à la fureur des Barbares. Et en même temps, tous les étrangers s'employèrent à des travaux pour la défense des Turcs et de la ville.

Orloff, dont la flotte mal équipée avait besoin de victoires rapides, craignit de tenter un long siége, et ne voulut pas même faire d'entreprise sur l'île de Scio, où la population grecque était sans armes, et contenue par une nombreuse garnison. Alors seulement il laissa partir en avant l'audacieux Elphinston, qui, sous prétexte de prévenir une nouvelle escadre que l'on disait envoyée de Constantinople, passa les Dardanelles, et vint jusque sous les batteries des Turcs étaler la faiblesse de leur empire.

Cependant ces bravades se réduisirent au siége de Lemnos; Orloff vint y commander. Pendant cette longue et aventureuse expédition de la flotte russe, les armes de Catherine avaient triomphé sur le continent; ses troupes victorieuses ébranlaient l'empire turc, et en détachaient des provinces. L'Angleterre, commençant à craindre que la Turquie ne fût trop abattue, rappela ses officiers et ses matelots, qui faisaient la force de l'escadre de Spiritoff. Les Russes, laissés à eux-mêmes, et n'ayant plus pour auxiliaires que des hommes moins habiles qu'eux, furent battus dans une descente nocturne que firent les Turcs, et abandonnèrent le siége de Lemnos dans le plus grand effroi. Orloff prit alors le parti de retourner en Italie sur une frégate, laissant à l'amiral russe le soin d'y ramener la flotte.

C'était une grande douleur pour les Grecs restés fidèles à la fortune des Russes, et qui n'avaient plus d'autre asile que leur flotte. Ce jeune armateur de l'île de Mycone, qui, recruté par hasard dans le port de Taganrock, avait conquis Misitra, supplia l'amiral russe de ne pas abandonner les mers de l'Archipel.

Les Russes vinrent hiverner à Paros, et s'emparèrent des îles voisines, sans que la marine turque, presque entièrement détruite, essayât de les combattre. Ils fortifièrent le beau port de Naussa, par des batteries placées sur la partie gauche de ce port et sur un écueil qui lui fait face. Ils construisirent des magasins, des forges, une église. L'amiral Spiritoff se fit bâtir une maison au milieu des casernes de ses soldats; ce fut comme une colonie du Nord transplantée dans les mers du Levant. Un grand nombre de Grecs vint y chercher un asile, et grossir la petite armée moscovite.

Mais, après l'hivernage, les Russes, qui semblaient vouloir changer leur expédition aventureuse en un établissement durable, ne purent longtemps résister aux chaleurs du climat. Une épidémie se répandit parmi eux ; et Spiritoff fut obligé de ramener enfin les débris de sa flotte.

Un capitaine au service de la Russie rapporta de cette expédition un prétendu tombeau d'Homère, trouvé [1] dans l'île de Nios ou de Scyros, et qui, après avoir servi de texte aux dissertations des savants d'Allemagne, figure dans les jardins d'été d'un palais de Pétersbourg. Au reste, on accusa les Russes d'avoir brisé plus de marbres précieux qu'ils n'en conservèrent ; mais c'était là sans doute le moindre fléau de cette désastreuse campagne. Il faut un grand zèle d'antiquaire pour gémir sur ce malheur, au milieu des calamités effroyables qui accablèrent la population grecque.

Le séjour prolongé des Russes dans les Cyclades n'avait été qu'une faible protection pour les Grecs. La domination turque s'était en tout lieu raffermie par des massacres ; et cette fatale entreprise fit encore perdre à quelques peuplades grecques l'espèce d'indépendance qu'elles avaient conservée. Les Spacchiotes de Candie furent attaqués dans leurs retraites par le pacha de l'île, qui vint les assaillir avec tous ses Turcs, en avant desquels il faisait marcher les Grecs de la plaine, pour épuiser le feu des montagnards. Les Spacchiotes, après avoir vu brûler leurs villages et tomber leur plus brave jeunesse, furent obligés de se soumettre. Jusque-là on n'avait

---

[1] *Voyage de la Troade*, t. II.

exigé d'eux d'autre tribut que d'apporter de la glace pour l'usage des Turcs. Ils ne recevaient dans leurs montagnes ni agas ni cadis ; ils envoyaient quelques présents à la sultane Validé, dont ils formaient l'apanage [1] ; du reste, ils étaient libres, se gouvernant par leurs antiques usages, et protégés par leurs montagnes et par leur pauvreté. Mais cette fois l'asile fut forcé ; et les Spacchiotes se virent imposer le karatch, auquel ils avaient échappé jusqu'alors.

Tous les cantons qui avaient accueilli les Russes furent impitoyablement saccagés ; tous les Grecs pris les armes à la main furent mis à mort, et un grand nombre de familles réduites en esclavage. On raconte cependant que le pacha turc eut souvenir de l'humanité qu'avaient montrée les moines du couvent de Méga-Spileon, et qu'il leur envoya, pour les protéger, un sangiac et des firmans. Ces bons religieux usèrent de leurs sauf-conduits pour pénétrer dans le camp des Turcs, qui regorgeait de captifs enchaînés ; ils en rachetèrent un grand nombre. Ils demandèrent grâce pour les chrétiens de cette vallée de Calavryta, dans laquelle ils avaient empêché le massacre des Turcs ; et, quoique rançonnés souvent eux-mêmes, ils sauvèrent beaucoup de malheureux.

Mais bientôt les généraux turcs ne furent plus les maîtres de contenir la fureur et la cupidité de ces bandes albanaises qu'ils avaient appelées dans la Morée. Après

---

[1] Olivier.

avoir ravagé le pays comme rebelle, les Albanais refusèrent d'en sortir, sous prétexte qu'ils n'étaient pas payés de leur solde. Une armée que les Turcs envoyèrent contre eux fut battue sous les murs de Napoli; et ils continuèrent de piller les Grecs, et quelquefois les musulmans.

En proie à ces désordres, la Morée demeura sans culture; les oliviers, principale richesse du pays, furent presque partout arrachés. En quelques années, la population chrétienne, que l'on portait à plus de deux cent mille âmes, se trouva réduite au cinquième. Le reste périt, ou se retira dans les montagnes de la Romélie, ou s'embarqua pour les îles et pour le royaume de Naples. Les Hydriotes, adroits navigateurs, qui, depuis quelques années [1], commençaient à suppléer par le commerce à l'aridité du rocher qu'ils occupent, sauvèrent un grand nombre de Grecs, soit en les conduisant sur les côtes voisines, soit en les recevant dans leur île, dont la prospérité s'accrut rapidement.

Ces nouveaux colons, qui avaient langui sur le sol fertile de la Morée, transplantés au milieu des bruyères et des sables d'Hydra, firent d'étonnants efforts. Mêlés aux insulaires, dont l'origine est albanaise, ils formèrent une population nouvelle, la plus industrieuse peut-être de tous les chrétiens de la Grèce, et la plus remplie de patriotisme et de courage.

---

[1] *Chandler's Travels in Greece.* — *Mémoire sur l'état de la civilisation de la Grèce,* par Coray.

Tandis qu'à côté de la péninsule, si cruellement ruinée par les Barbares, il se préparait de nouveaux vengeurs de la nation grecque, les Russes paraissaient ajourner leurs projets contre l'empire ottoman. Pressée de donner tous ses soins au partage de la Pologne, Catherine avait accueilli la médiation de l'Autriche, constante alliée de la Porte. Satisfaite d'avoir conquis la Crimée, elle s'inquiétait assez peu d'abandonner la possession lointaine et douteuse de quelques îles dans les mers de la Grèce. Toutefois, dans le traité de Kaïnargi, souscrit le 21 juillet 1774, quatre ans après la désastreuse invasion du Péloponèse, les négociateurs de Catherine, en restituant à la Turquie toutes les îles de l'Archipel, occupées pendant la guerre, eurent soin de stipuler en faveur des habitants une amnistie, le libre exercice de leur religion, le droit de construire et de réparer les églises, enfin l'exemption de toute taxe pour l'époque où ils avaient été sous la domination russe, et pendant deux ans, depuis leur rentrée sous le pouvoir des Turcs.

Ces conditions étaient dictées par une sorte de pudeur, et par l'espérance de conserver un droit sur ceux mêmes qu'on abandonnait. Mais de pareilles clauses étaient dérisoires, tandis que la Morée palpitait sous ses oppresseurs; et les Turcs se hâtèrent partout de les violer avec une joie féroce et méprisante. Les îles remises en leur pouvoir subirent tous les maux d'une nouvelle conquête.

L'entière extermination des habitants de la Morée aurait été le couronnement du traité de Kaïnargi, si la Porte n'avait pas enfin été avertie par un intérêt matériel. Plusieurs membres du divan et le sultan lui-même inclinaient à laisser détruire toute la race grecque par les Albanais. Mais Hassan, devenu capitan-pacha, et l'un des plus grands généraux de l'empire ottoman, objecta que l'on perdrait ainsi le karatch, ou tribut par tête que payaient les Grecs. Ce motif prévalut ; et Hassan lui-même fut chargé d'aller enfin mettre l'ordre dans la Morée, et de conserver ce qui restait de la nation grecque, en lui faisant supporter la totalité du karatch, jadis réglé par Soliman sur une population dix fois plus nombreuse.

Cette pacification fut sanglante et terrible. Débarqué dans l'année 1779, Hassan appela de toutes parts les clephtes des montagnes, dont le nombre s'était augmenté par la fuite et le désespoir des habitants de la plaine ; il encouragea les Grecs à s'armer. Ayant marché sur le principal corps des Albanais campé près de Tripolitza, il les battit, et fit élever en pyramide aux portes de la ville les têtes des vaincus.

Acharné à poursuivre le reste de ces bandes, il acheva de les exterminer sur les frontières de la Morée, dans le lit d'un torrent desséché qu'on appelle encore aujourd'hui *le défilé du massacre.*

Ainsi la péninsule se trouva délivrée de ce fléau, mais sans pouvoir reprendre la vie, puisqu'elle restait sous le joug des Turcs. Les clephtes retournèrent dans leurs montagnes, à l'exception du plus fameux de leurs chefs, Colocotroni, que le pacha fit périr, comme trop brave pour un sujet de la Porte. Le peu de laboureurs grecs qui survivaient au milieu de leurs champs ravagés, de leurs plants d'oliviers et de mûriers coupés à la racine, sans troupeaux, sans commerce, restèrent chargés d'une taxe accablante; ils payaient pour tous les morts.

Ces couvents si nombreux dans la Grèce furent alors secourables. Ils donnèrent des bras pour cultiver la terre. Les moines de Saint-Luc en Béotie, de la Vierge sur le mont Chelmos, de Saint-Laurent dans l'île de Salamine, accoururent à l'aide des pauvres laboureurs. Ils bénirent de nouveau les sillons. Ils animèrent au travail par leurs exhortations et leur exemple. Mais une peste, s'élevant du milieu de ce pays où tant de sang coulait depuis dix années, vint combler tous les maux des habitants.

Cette épouvantable suite de désastres accumulés sur la Morée semblait reculer de plusieurs siècles l'affranchissement des Grecs, ou même le rendre à jamais impossible. La barbarie musulmane avait repris pied sur des cadavres; et sa domination s'était retrempée dans le sang. La Porte, avertie d'ailleurs par un premier exemple, veillait à ce que les Grecs fussent trop abattus pour se relever jamais ou s'unir à des libérateurs. On avait vu la puissance et le zèle des évêques dans l'insurrection de la Morée. Dans tout l'empire, les évêques furent dépouillés de leurs biens, qui passèrent aux mosquées et aux *imarets;* et l'esprit originaire de la conquête parut ainsi renouvelé.

CHAPITRE XII.

Nouvelle cause d'affranchissement pour la Grèce. — Puissance d'Ali-pacha. — Détails sur les villages de Souli. — Progrès de la marine grecque. — Protection donnée par la Russie aux armateurs grecs. — Tentatives pour soulever l'Épire. — Victoire des Souliotes sur Ali-pacha. — Ambassade grecque auprès de la czarine. — Nouvel abandon de la Grèce.

L'Europe chrétienne, si elle l'était alors, avait vu d'un œil de mépris la lutte infortunée des Grecs; et les Russes, par leur dangereux secours et leur impitoyable abandon, semblaient avoir rompu tout lien entre eux et les chrétiens d'Orient. Cependant cette même époque d'oppression et de misère devait être marquée par les plus grands efforts qu'eût jamais tentés la Grèce moderne pour sortir de l'ignorance, et s'avancer vers un ordre d'idées incompatible avec le joug abrutissant des Turcs.

Mille circonstances diverses, quelques-unes funestes, allaient se réunir pour soulever cette malheureuse nation au-dessus de l'abîme où elle était plongée; et tout, jusqu'aux excès de la barbarie, la poussait vers un grand changement, retardé depuis trois siècles.

Parmi les causes de cette révolution salutaire, il faut compter l'existence d'un homme qui fit aux Grecs des maux effroyables, et qui reproduisit et surpassa tout ce qu'on rapporte des plus atroces tyrans. Ali-pacha, en créant au milieu de l'Épire un pouvoir indépendant de l'empire turc, en réunissant sous son joug de fer une foule de peuplades chrétiennes, en irritant par ses cruautés le désespoir des clephtes, prépara les germes d'une résistance terrible, dont il finit par donner lui-même le signal. Cet homme, qui devait avoir une si grande influence sur le sort de la Grèce, commença de paraître à l'époque où la désastreuse invasion des Russes avait laissé la péninsule en proie à tant de calamités.

Ali-pacha, fils d'un bey de la ville de Tébélen, qui avait été longtemps chef de partisans, exerça d'abord le métier de brigand au milieu de cette féodalité anarchique de l'Épire, assez semblable aux guerres privées du moyen âge. S'étant rendu maître de la ville de Tébélen par le meurtre des principaux habitants, il devint un chef considérable. A l'excès de la cruauté il réunissait au plus haut degré cette perfidie de barbares qui est la politique de l'Orient. Il avait épousé la fille du pacha de Delvino, l'une des trois provinces de l'Épire. Il dénonça son beau-père, et le livra dans l'espoir de lui succéder. N'ayant pas obtenu cette faveur, il flatta le nouveau pacha de Delvino, lui donna sa sœur en mariage, et quelque temps après le fit assassiner. Malgré ce nouveau crime, il n'obtint pas encore le gouvernement de la province Un nouveau pacha fut nommé, Sélim, l'un des Turcs les plus humains qui aient gouverné dans la Grèce.

Cette fois Ali, ayant redoublé ses délations et ses intrigues, se fit charger par la Porte elle-même du meurtre de Sélim, qu'il avait accusé de favoriser les Vénitiens. Il l'assassina dans son palais, et reçut pour récompense sa place et le sangiac de Thessalie. De là il s'introduisit avec des troupes dans Janina, qui était gouverné par une réunion de beys, ou feudataires, sous le pouvoir de la Porte. Il assembla le peuple et lui proposa d'élire, au lieu de ces beys nombreux et toujours en guerre, un seul chef qui serait approuvé par le divan.

On raconte qu'au moment d'envoyer le scrutin à Constantinople, il fit disparaître le nom du bey que les habitants avaient élu, et mit le sien à la place ; mais tant d'adresse ne paraît pas nécessaire. L'or et les crimes d'Ali-pacha devaient suffire. Maître de la Thessalie et d'une portion de l'Épire[1], Ali commença l'envahissement des pays qui l'environnaient, et s'étendit de plus en plus dans la Grèce, mêlant à la férocité d'un Barbare toutes les ruses des tyrans italiens du xvie siècle. Tantôt à la faveur d'un titre obtenu de la Porte, tantôt par la guerre, tantôt par l'empoisonnement et le meurtre, il s'empara d'une moitié de la Macédoine, de la plus grande partie de la Livadie, du Xéromenos ou ancienne Acarnanie, et de la province d'Arta et de Prevesa. Visir de Janina et de Triccala, fermier du capitan-pacha dans l'Acarnanie et de la sultane Validé dans Arta, prévôt des routes dans la Livadie et dans la Macédoine, partout propriétaire

---

[1] On peut voir un curieux *Mémoire sur Ali-pacha*, par M. Bessières.

d'un grand nombre de fiefs ou de domaines, la longue durée de son pouvoir le rendit presque uniformément maître absolu des hommes et du sol; il avait une armée de dix ou douze mille Albanais, un trésor considérable, ses concussions et ses vols; cela lui suffisait pour tenir sous le joug une population de près de deux millions d'hommes, Grecs, Albanais et Turcs.

Ce fut cependant près d'Ali-pacha que se conserva longtemps la plus libre des peuplades chrétiennes de la Grèce. A quatorze lieues de Janina, dans les montagnes de Chamouri, s'élevaient sur d'âpres rochers les villages de Souli, la vraie Lacédémone de la Grèce barbare. Depuis plus d'un siècle, un amas de Grecs et d'Albanais, fuyant l'esclavage de la plaine, avaient fondé cette colonie. Formée d'abord de quatre villages, elle s'était accrue de sept autres, et avait fini par s'étendre dans les campagnes voisines, où elle dominait sur quelques milliers de paysans chrétiens. Toute grecque par le langage, elle s'appelait d'un nom qui, dans l'ancienne langue, exprime l'idée d'une alliance armée. Ses villages se divisaient en tribus ou parentés. La réunion de chefs de tribus gouvernait. Le soin des troupeaux, le pillage et la guerre faisaient toute l'occupation de la peuplade. Une valeur héroïque la distinguait même parmi les montagnards de la Grèce, et tandis que la Morée semblait anéantie, et que le pacha d'Épire tenait sous sa tyrannie la Grèce septentrionale, Souli demeurait libre et menaçante.

Cependant l'empire moscovite n'avait pas abandonné

ses anciennes prétentions sur la Grèce. L'ambition de Catherine s'était enflammée par l'âge et par la gloire. Assurée désormais de la Pologne, victorieuse des Turcs, admirée dans l'Europe, enivrée des flatteries de la France, elle méditait sérieusement la conquête de Constantinople. La paix de Kainargi n'avait été qu'une trêve pendant laquelle, tout en abandonnant les Grecs aux premières vengeances de la Porte, elle avait repris à leur égard un plan de protection intéressée. Elle avait reçu dans ses États, dans ses armées, un grand nombre de fugitifs des îles grecques et de la Morée. Dans un traité de commerce qu'elle fit avec la Porte en 1779, elle stipula pour les habitants de l'Archipel le droit d'arborer le pavillon russe; et cette singulière condescendance de la Porte, que l'on explique par la corruption du divan et l'adresse des Fanariotes, donna tout à coup de nouvelles forces au commerce des Grecs. On vit les petits bâtiments d'Hydra, de Spezzia, d'Ipsara, de Mycone, se porter dans toutes les mers du Levant, et naviguer depuis Kerson jusqu'à Gibraltar. Ils approvisionnaient le marché de Constantinople; ils négociaient en Égypte; ils pénétraient jusqu'en Amérique. Sous leur double pavillon, turc ou moscovite, ils n'étaient pas à l'abri de l'attaque des pirates algériens qu'attira bientôt une proie riche et nouvelle; mais ce danger ne fit que les aguerrir. Ils construisirent de plus grands vaisseaux; ils les armèrent de canons.

Rien n'était plus agile, plus hardi, plus infatigable

que cette marine grecque. Les pères menaient avec eux leurs enfans dès l'âge le plus tendre [1]; et, après les fatigues de la manœuvre, debout sur le tillac, les tenant dans leurs bras, ils les instruisaient à connaître la mer, les étoiles, les côtes et les moindres écueils. Le jeune Grec ainsi dressé se jouait de la tempête; et dans ses chants il se comparait au dauphin, qui bondit à la surface des flots. Un progrès de richesse et d'industrie vint animer les îles qu'habitaient les principaux armateurs; un peuple nouveau s'élevait.

Un autre mouvement plus lent et moins sensible gagnait toute la Grèce, à mesure que l'instruction y faisait naître des idées inconciliables avec la servitude. La fuite d'une foule de Grecs, pendant le dernier ravage de la Morée, servit à la civilisation de leurs compatriotes demeurés sous le joug. Les plus jeunes de ces Grecs expatriés étudièrent les langues et les sciences de l'Europe. Ils traduisirent en grec moderne quelques bons livres, et firent imprimer ces traductions à Vienne et dans les villes d'Italie.

La fin du xviiie siècle vit se multiplier ces travaux. L'*Histoire ancienne* de Rollin, la *Vie du czar Pierre*, les *Mondes* de Fontenelle, quelques traités de mathématiques et de médecine, furent ainsi traduits dans l'idiome romaïque, qui commençait à prendre plus de consistance et de régularité. En même temps de nouvelles écoles

---

[1] *Mémoire sur la civilisation de la Grèce*, par Coray.

s'étaient établies sur plusieurs points de la Grèce, à Constantinople, à Cydonie, à Janina, à Salonique, à Dimitzana dans la Morée, à Zagori sur le mont Pélion, au monastère de Vathopédi sur l'Athos, enfin dans l'île de Pathmos, où le savant Villoison[1] entendit avec une grande joie une jeunesse nombreuse lire Homère et les tragiques grecs.

Toutefois la Grèce, dans le travail de sa furtive renaissance, attirait encore bien peu les regards et l'intérêt de l'Europe. La philosophie du temps, si puissante sur les opinions, ne parlait point de ce malheureux pays; elle avait peu de sympathie pour les martyrs de la croix; et Voltaire, dans son insouciante légèreté, se moque des descendants de Léonidas, si facilement massacrés par les Turcs, quand les Russes les abandonnèrent.

Un voyageur illustre par son rang et par son esprit, M. de Choiseul-Gouffier, eut l'honneur de combattre le premier ce préjugé d'indifférence, et d'exprimer une indignation généreuse sur les malheurs d'une race d'hommes que l'on oubliait, pour regarder des pierres et des inscriptions. Son ouvrage, monument élevé à la gloire des arts, était une protestation en faveur de l'humanité; et, ce qui donnait une nouvelle autorité à ses paroles, ce qui semblait préparer un changement dans l'opinion de l'Europe, M. de Choiseul-Gouffier fut ambassadeur du roi de France à Constantinople.

---

[1] *Homeri Iliados prolegomena.*

Ayant deux fois parcouru la Grèce et les côtes de l'Asie, ayant vu de près et le peuple oppresseur et le peuple opprimé, il invoquait la justice, la pitié de l'Europe pour tant de milliers d'hommes abattus sous un joug de fer, et il faisait ressortir avec éloquence toutes les qualités fortes et brillantes qu'il avait entrevues dans cette nation dépouillée de tous ses droits, mais non déshéritée de son ciel et de son heureuse nature.

La puissance la plus empressée de répondre à de semblables appels était toujours la Russie; mais elle ne concevait pour la Grèce d'autre liberté qu'un changement de maîtres. On ne peut douter que l'exécution de ce projet n'ait occupé vivement Catherine dans ses dernières années. Le favori Potemkin excitait depuis longtemps cette ambition; et lorsque la czarine, avec la pompe de sa cour et le cortége de l'empereur d'Allemagne, parcourut les vastes déserts de ses États, elle avait rencontré sur son passage des arcs de triomphe, qui portaient pour inscription : *C'est ici le chemin de Byzance.*

Potemkin mourut, et Catherine, loin d'abandonner son dessein, fit répandre dans la Romélie, l'Épire et la Morée, de nouveaux manifestes pour exciter les Grecs à chasser les ennemis du nom chrétien, et à reconquérir leur indépendance. En même temps elle encouragea la tribu des Souliotes à prendre les armes contre Ali-pacha. Le Grec Psaros, qui avait servi dans la première guerre, fut employé avec d'autres émissaires pour préparer en

Sicile et en Italie des envois d'armes et de munitions. Une flotte équipée dans le port de Cronstadt, et commandée par l'amiral Greig, semblait tenue en réserve pour faire une diversion redoutable à la Turquie. Le clergé du Péloponèse et de l'Épire annonçait que l'œuvre de Dieu allait enfin s'accomplir par la main de la grande Catherine.

La Russie n'essaya pas cependant de recommencer l'expédition de 1770. Des Grecs seuls parurent dans les nouveaux mouvements qu'elle excita. Une petite flotte fut armée par eux dans le port de Trieste. Le commandant était un Grec de la Morée, Lambro Cansiani. Né de parents pauvres, longtemps matelot sur les vaisseaux turcs et sur quelques petits bâtiments de pirates maïnotes, cet homme, à l'époque de l'entreprise d'Orloff, avait pris parti dans les rangs des insurgés : s'étant distingué par son courage au combat de Tchesmé, il suivit la flotte en Russie, et parvint dans les troupes de la czarine au grade de colonel. Il avait l'esprit hardi, aventureux, une grande habitude de la mer ; et quoiqu'il ait fini comme un pirate, il faillit presque devenir un héros. En 1790, il quitta tout à coup la Russie, vint à Trieste armer une flottille de douze petits vaisseaux au pavillon russe, avec laquelle il courut les mers, enlevant les bâtiments de commerce, et même les vaisseaux de guerre des Turcs. Il était soutenu par les secours secrets de plusieurs négociants riches de Smyrne et de Constantinople : et telle était la faiblesse de l'empire turc, qu'avec quelques chaloupes il en fut vraiment la terreur pendant deux années.

D'une autre part, les Grecs de Souli, animés par leur courage bien plus que par l'espoir d'une protection étrangère, descendirent dans la plaine, et vinrent attaquer les troupes d'Ali. Quelques chefs de bande de l'Épire et de la Thessalie s'étaient réunis aux Souliotes. Au premier rang paraissait Androutzos, dont le courage héroïque avait mérité tant de gloire dans le soulèvement de 1770, et qui, depuis, errant et proscrit, survivait à tous les périls de la vie aventureuse d'un clephte. Ils vainquirent les Albanais; et, à la suite du combat, une brillante armure, que l'on disait enlevée sur le fils du pacha, fut remise à trois députés grecs qui vinrent l'apporter aux pieds de l'impératrice, avec les hommages et les vœux de la nation.

Catherine accueillit avec plaisir cette démarche solennelle préparée par ses émissaires; mais les trois députés se plaignirent violemment de Psaros, qu'ils accusèrent de rapine et d'infidélité, et, se bornant à demander de la poudre et des balles, ils offrirent à Catherine leurs biens et leurs vies. « Grande impératrice, lui disaient-ils dans un discours fidèlement conservé, gloire de la foi grecque, c'est sous vos auspices que nous espérons affranchir du joug des barbares mahométans notre empire usurpé, notre patriarcat et notre sainte religion indignement outragée. Donnez-nous pour chef votre petit-fils Constantin; c'est le vœu de notre nation. La famille de nos empereurs est éteinte. » Les députés furent ensuite introduits près du jeune grand-duc auquel ils adressèrent un discours en grec, et qui leur fit en peu de mots un remercîment gracieux dans la même langue, comme par un essai de sa souveraineté future.

Mais la révolution française et l'ébranlement de l'Europe donnèrent d'autres soins à la czarine vieillissante. La paix fut signée à Jassi ; et la ruine de l'empire turc fut encore une fois ajournée. Heureusement le peuple grec n'avait pas pris les armes ; et les Turcs n'eurent pas de prétexte pour massacrer les malheureux raïas de la Morée. Les Souliotes rentrèrent dans leurs montagnes, pour y attendre la vengeance d'Ali. Les clephtes se dispersèrent et reprirent la vie errante. Le plus célèbre, Androutzos, trop menacé dans la Grèce, où il ne pouvait plus rien tenter de grand, résolut de passer en Russie. Mais comme il traversait les terres de Venise, il fut arrêté et livré par le misérable gouvernement vénitien à la vengeance des Turcs, qui firent périr dans le bagne de Constantinople ce héros, que la Russie négligea de réclamer. Lambro, qui continuait à courir la mer pour son compte et sous son propre pavillon, fut désavoué par ses compatriotes, et mérita cet abandon par des rapines et des violences. Cet homme n'était pas digne d'être le précurseur des Canaris, des Miaulis et des autres vaillants hommes qui sauvent leurs concitoyens de la fureur des Turcs et des trahisons de l'Europe. En 1790, Lambro, ayant attaqué deux navires de commerce français, fut poursuivi par une frégate française, et enfermé dans une anse voisine des Maniotes. Après un combat soutenu tout le jour, il échappa dans la nuit, laissant ses vaisseaux vides au pouvoir des Turcs, qu'avait attirés le feu de l'artillerie française. Il se perdit parmi les Maïnotes; et son nom n'est plus prononcé.

Ainsi disparaissaient les traces de la dernière entreprise qui avait encore agité la Grèce au profit de l'ambition moscovite.

CHAPITRE XIII.

Nouvelle guerre des Souliotes contre Ali. — Défaite du pacha. — Intervalle de paix. — École florissante de Janina. — Influence de la révolution française sur la Grèce. — Idées nouvelles. — Entreprise et mort de Rhigas. — Précautions du gouvernement turc. — Circulaire du patriarche de Jérusalem imprimée à Constantinople.

La Grèce continuait à suivre un progrès d'amélioration, en même temps qu'elle était le théâtre de quelques événements plus importants que ne semblait le permettre sa servitude. A cette époque, des hommes commencent à paraître au milieu de la nation; des efforts plus réguliers sont tentés; une lutte héroïque immortalise les Souliotes, et annonce déjà ce que fait aujourd'hui la Grèce.

Vaincu par eux en 1790, Ali était demeuré deux années sans leur faire la guerre; feignant même d'être occupé à combattre d'autres ennemis, il leur demanda des secours, et promit à leurs guerriers le double de la solde des Albanais, parce qu'ils étaient, dit-il, deux fois plus braves.

Les Souliotes ne lui envoyèrent que soixante et dix hommes commandés par Lampros Tsavellas, l'un de leurs plus vaillants chefs; et ils lui écrivirent : « Ce renfort te suffira pour être partout vainqueur. »

Ali avec ses troupes et ses alliés s'avance sur Argyrocastron, ville d'Épire, qu'il voulait soumettre. Mais tout à coup il fait halte ; et les compagnons de Tsavellas, ayant posé leurs armes, sont saisis et garrottés. Le pacha les envoie prisonniers dans Janina, garde auprès de lui leur chef, et, rebroussant sa marche, veut surprendre Souli ; mais il est prévenu par un des soixante et dix Souliotes. Échappé aux mains des Albanais, cet homme traverse à la nage la rivière de Thyamis, sous le feu des balles, et court avertir ses frères.

Le pacha arrive quelques heures après, et trouve les défilés partout défendus. Alors il menace Tsavellas des plus affreux supplices, s'il ne trouve moyen de lui livrer son pays. Le Souliote répond qu'il ne peut rien, étant prisonnier. Qu'on lui permette, dit-il, de faire venir de la montagne son fils ; il le donnera pour otage, et il ira voir ce qu'il peut faire pour le pacha.

L'échange est accepté. Tsavellas écrit qu'on lui envoie son fils Phothos, jeune homme âgé de dix-huit ans ; il le reçoit, l'embrasse, et part : mais bientôt il écrit au pacha, campé au pied de la montagne de Souli :

« Ali-pacha, je me réjouis d'avoir trompé un fourbe. C'est pour défendre ma patrie contre un brigand que je suis venu ici. Mon fils mourra ; mais j'espère le venger avant de mourir aussi. Quelques Turcs comme toi diront que je suis un mauvais père de donner mon fils pour ma délivrance ; mais je dis que si tu avais pris notre montagne, tu aurais tué mon fils, toute ma famille, tous mes compatriotes, sans que j'eusse pu venger leur mort.

« Si, au contraire, nous sommes vainqueurs, j'aurai d'autres enfants; car ma femme est jeune.

« Quant à mon fils, tout jeune qu'il est, il aura de la joie de mourir pour son pays; autrement, il ne mériterait pas de vivre ; il ne serait pas mon fils. Il souffrira la mort avec courage; sinon, il ne serait pas un véritable enfant de la Grèce, notre patrie. Avance donc, traître ; je brûle de me venger.

« Moi, ton ennemi juré,

« Tsavellas. »

Malgré sa fureur, en recevant cette lettre outrageuse, Ali ne fit point périr le jeune Photos; il le réserva par l'inquiétude que lui donnait le courage des Souliotes. En butte d'ailleurs lui-même aux soupçons de la Porte, occupé d'éluder par des ruses barbares un firman du Grand Seigneur, il différa quelque temps toutes ses vengeances. Bientôt cependant Ali rassemble des soldats albanais et turcs pour marcher vers Souli. Il s'empare aisément des villages de la plaine; mais les défilés et les âpres sommets de la montagne étaient défendus par treize cents hommes, que commandaient Tsavellas et Botzaris. De plus, les femmes de Souli, robustes et maniant les armes, étaient guerrières comme leurs maris.

Le vizir, ayant animé ses soldats par des promesses d'argent et des menaces, les fait avancer dans le défilé le 20 juillet 1792 : ils parviennent sans obstacle jusqu'au village de Kiapha, où s'étaient repliés les premiers rangs des Souliotes. Le combat y commence avec une rage nouvelle; sous un soleil brûlant.

Les Souliotes, après avoir tué beaucoup d'ennemis, cédant au nombre, se retirent de Kiapha et montent vers Souli. Des rochers et des bois les protégent. Les Turcs enhardis gravissent à leur suite, passent une tour qui n'est point défendue, et s'approchent de Souli. Mais là, du milieu des bois et des rochers, les Souliotes font un feu terrible. Les femmes de Souli accourent avec fureur. Moscho [1], l'épouse de Tsavellas, s'élance à leur tête, le fusil d'une main, le sabre de l'autre, et le tablier plein de cartouches.

Botzaris, Tsavellas, Zervas animent leurs guerriers; et, quand il est temps, leur crient de laisser le fusil et de tomber avec le sabre sur les Turcs en désordre; ceux-ci reculent ou sont renversés. Véli, le fils du pacha, est entraîné dans la déroute. Les femmes les poursuivent et les précipitent.

Emportée dans sa poursuite jusqu'au village de Kiapha, l'héroïne Moscho reconnaît, parmi dix jeunes Souliotes étendus morts, son neveu Kitsos : elle se jette sur lui, lui donne un baiser sur les lèvres, et prononce, en lui enveloppant la tête, cette plainte poétique, comme une sorte d'adieu funèbre : « Cher neveu, je suis venue

[1] *Chants populaires de la Grèce*, recueillis par M. Fauriel.

trop tard pour te sauver la vie; mais je puis du moins venger ta mort en tuant tes meurtriers. »

Cependant les Turcs et les Albanais ont fui jusque dans la plaine, laissant leurs armes et leur bagage. Le pacha, qui n'a vu le combat que de loin, épouvanté du désastre, crève deux chevaux pour arriver à Janina. Il s'enferme dans son palais, et défend, sous peine de mort, que personne de la ville ne mette la tête à la fenêtre, de peur qu'on ne voie revenir ses soldats vaincus.

Les Souliotes vainqueurs rendent grâce à Dieu. Ces hommes simples avaient l'amour de la gloire. Ils célèbrent dans leurs chants le fameux Souli, Souli renommé dans le monde, disent-ils. Les clephtes, les pâtres de l'Épire répètent ces paroles et chantent dans des hymnes[1] sauvages le sabre de Tsavellas, *ce sabre ensanglanté du sang turc, qui fait porter des habits de deuil à toute l'Albanie, qui fait pleurer les mères sur leurs enfants, les femmes sur leurs maris.*

Ali défait et humilié envoie un évêque grec aux Souliotes pour négocier la paix; il convient de leur céder une portion de territoire dans la plaine, de leur payer cent mille piastres pour la rançon des prisonniers turcs, et de leur rendre le jeune Photos et les autres Souliotes qu'il peut avoir en sa puissance. Non-seulement Ali exécuta ce traité; mais pendant sept ans, il n'essaya point de s'en venger, et laissa reposer la belliqueuse peuplade.

---

[1] *Chants populaires*, recueillis par M. Fauriel.

Il y avait même un commerce pacifique entre les Souliotes et les habitants de Janina. Le libre montagnard venait, dès le point du jour, au marché de la ville. De jeunes enfants de Souli étaient reçus dans une école que le tyran avait permis d'établir, et où l'on étudiait avec ardeur la langue et l'histoire de l'ancienne Grèce.

Un Grec du pays, Zoï Caplani, ayant amassé beaucoup de richesses dans le négoce, avait généreusement doté cette école, à laquelle il légua, dans la suite, la plus grande partie de son héritage. On y lisait Homère et Plutarque. Le fils même de Tsavellas, le jeune Photos, reçut cette leçon; et il mêlait au rude patriotisme, à la valeur sauvage de ses compatriotes, une générosité d'homme civilisé, et l'enthousiasme des plus beaux souvenirs de la Grèce antique.

A cette époque, et dans les années qui suivirent, quelques étincelles d'un feu nouveau étaient jetées parmi les Grecs du continent et des îles. L'embrasement de la révolution française pénétrait partout; et de loin, sans bien comprendre cette grande tragédie, beaucoup de Grecs, voyant que tout remuait autour d'eux, attendaient un changement pour eux-mêmes. L'envahissement de l'Italie, la soudaine extinction de Venise leur était une espérance.

En même temps, la ruine ou l'interruption d'une partie de l'ancien commerce favorisa l'industrie des Grecs. Le Péloponèse mieux cultivé se couvrit de moissons. Les famines réelles ou factices dont la France avait été affligée pendant ses troubles appelèrent dans nos ports les blés de la Grèce et de l'Archipel, et firent affluer l'or dans les mains des négociants et des armateurs grecs. Des idées nouvelles de liberté se répandirent avec l'instruction, qui devint moins rare, et que la jeunesse grecque saisissait avidement.

Mais cet esprit, pour ainsi dire étranger, ces théories républicaines exportées de la France, ne pouvaient opérer le prodige qui n'était réservé qu'à l'enthousiasme religieux et à l'indépendance native du pâtre ou du matelot. Il est curieux cependant d'observer, dans quelques livres publiés à cette époque par des Grecs lettrés et paisibles, l'esprit d'affranchissement et de réforme qui commence à s'y faire sentir. Un traité de géographie, composé par deux prêtres de Milié sur le mont Pélion, et destiné à l'instruction de la jeunesse, renferme des plaintes fort libres sur le despotisme du divan et des pachas. Après avoir exposé l'état malheureux de la Grèce, le désordre des routes infestées de brigands, les rapines des pachas, la fuite volontaire des négociants les plus riches, les avanies que le dernier des Turcs peut faire impunément à tout chrétien, ils ajoutent d'une manière assez naïve[1] : « Si le sultan communiquait avec ses sujets, il pourrait connaître le préjudice qu'il se fait à lui-même, et établir quelque réforme. Mais pour lui, sa capitale est tout le monde ; et son palais est tout l'empire. »

---

[1] *Leake's Researches into Greece.*

Sans doute le divan ne lisait guère les réflexions de ces pauvres Grecs. Mais d'autres écrits, d'une forme et d'un esprit plus populaires, étaient destinés à exciter le courage de la nation asservie. Tels étaient surtout les hymnes guerriers de l'infortuné Rhigas. Cet homme est le plus vivant témoignage de l'enthousiasme qui commençait à naître dans la partie la plus éclairée de la nation grecque, et qui devait s'allier à la sauvage liberté des montagnards. Il était né en 1755, à Velestina en Thessalie, avait étudié les lettres anciennes, et s'était occupé de commerce, seule voie de fortune et d'indépendance pour un Grec. Il fut aussi professeur dans l'école de Bucharest; et ce fut dans cette ville, qu'au milieu de quelques négociants grecs, il forma le projet de délivrer son pays. La passion des lettres antiques l'animait bien plus que le zèle religieux. Il n'en réussit pas moins à faire entrer dans ses vues un grand nombre de ses concitoyens, et plusieurs évêques.

Assuré de quelques négociants riches, et de ces Grecs européens qui vivaient loin de leur patrie, il voulut se donner le secours des chefs de bande qui combattaient sur le sol depuis tant d'années. Il parcourut leurs postes et leurs montagnes, et se fit entendre de la plupart d'entre eux. C'est pour eux, on le voit, que sont faits ces beaux chants de guerre : « Jusques à quand, ô braves ! vivrons-nous dans les défilés, dans les bois, sur les montagnes, seuls comme des lions, et habiterons-nous dans les cavernes? »

Rhigas, pour mûrir et préparer son entreprise, vint s'établir à Vienne en Autriche, où il publia divers ouvrages qui lui paraissaient propres à exciter le zèle de ses compatriotes. On assure qu'il avait formé un vaste complot, où même des Turcs avaient pris part. Le feu de la révolution française vint encore l'animer d'une nouvelle espérance. Il imita dans un hymne grec à ses concitoyens la terrible chanson des armées françaises, et s'efforça de répandre dans la Grèce un recueil imprimé de ses chants. Une carte très-étendue de la Grèce, qu'il fit graver en Autriche, devait sans doute servir au projet qui occupait toutes ses pensées.

Mais l'ardeur même de Rhigas trompa ses efforts. Sa présence inquiétait un gouvernement absolu. En mai 1798, il fut arrêté avec d'autres Grecs associés à son entreprise, conduit sur le territoire des Turcs, et lâchement remis dans leurs mains à Belgrade. Ainsi périt cet homme courageux, sans avoir entrevu le commencement de la délivrance qu'il espérait pour son pays. Ce qui montre qu'un tel mouvement d'esprit n'était pas seulement la chimère de quelques enthousiastes et de quelques lettrés, c'est qu'il inquiéta l'ignorante apathie du divan, qui s'avisa de le combattre par des moyens semblables. Rien de plus singulier sans doute que de voir le gouvernement turc mettant lui-même en usage l'imprimerie pour se défendre. Ce phénomène arriva cependant. Le sultan Sélim ayant fait établir une presse à Constantinople, le patriarche Anthime, titulaire du siége de Jérusalem, fit imprimer, sous la sanction de la Porte, un livre qui s'adressait aux chrétiens du rite grec, et avait pour objet de les maintenir tout à la fois dans leur culte et dans leur servitude. Ce singulier ouvrage est écrit avec une sorte de candeur, dans le but manifeste de réconcilier les Grecs avec l'usurpation et le despotisme de leurs maîtres. Il a pour titre : *Instruction paternelle* [1].

Le bon patriarche, après avoir rappelé les anciennes hérésies qui ont affligé l'Église, raisonne ainsi : « Le démon a suscité pour la perte des saints une nouvelle hérésie ; j'entends l'hérésie latine, d'où sont sortis, comme autant de rameaux, les luthériens, les calvinistes, les évangélistes, et d'autres sectes sans nombre. Aussi, convient-il que nous, chrétiens de prédilection, nous admirions la souveraine bonté de Dieu pour nous. Voyez quelles choses merveilleuses a préparées le Seigneur, infini dans sa miséricorde comme dans sa sagesse, afin de conserver sans tache notre foi sainte et orthodoxe. Il a suscité la puissante domination des Ottomans, à la place de l'empire romain, pour nous protéger contre l'hérésie, pour tenir en bride les nations de l'Occident, et défendre son Église d'Orient. »

Ensuite le patriarche repousse, comme une invention de l'ange apostat, ce nouveau système de liberté que l'on vante, dit-il ; il le croit imaginé par la jalousie du

---

[1] *Leake's Researches into Greece.*

démon, en haine des prospérités de l'Église orientale ; et, pour prouver les dangers de cette liberté nouvelle, il cite les malheurs récents et les ravages de l'Italie. Enfin, il se résume en quelques vers, pour mieux graver dans les esprits le précepte de soumission. Le sang du patriarche Grégoire et de tant d'autres martyrs a bien expié ces leçons d'esclavage, que la crainte avait arrachées de la bouche d'un faible vieillard.

CHAPITRE XIV.

Nouvelle guerre d'Ali-pacha contre Souli en 1800. — Héroïsme de Photos, fils de Tsavellas. — Victoire des Souliotes. — Leurs souffrances. — Trêve avec Ali. — Bannissement de Photos. — Son généreux stratagème. — Sa captivité. — Nouvelles tentatives contre les villages de Souli. — Trahison de deux chefs. — Défaite des Souliotes. — Dévouement du moine Samuel. — Capitulation des Souliotes. — Ils sont attaqués, et en partie massacrés dans leur retraite.

L'inquiétude du divan était d'autant plus vive, que les victoires de l'armée d'Italie et le traité de Campo-Formio donnèrent à la France les îles de Corfou, de Zante, de Céphalonie, de Cérigo, d'Ithaque, de Paxos, de Leucade, et le territoire de Parga, jusque-là possédé par Venise. La vieille domination de l'aristocratie vénitienne était remplacée dans les mers de la Grèce par une puissance vigoureuse et rajeunie. Le drapeau de la liberté française flottait sur le rempart de Corfou : il semblait que la flamme électrique de la révolution, l'esprit d'aventure et d'audace allait se répandre sur tous les rivages de l'Adriatique, et soulever partout les opprimés et les esclaves. En même temps le génie du jeune conquérant portait à la barbarie turque des coups plus sûrs, et l'attaquait jusque dans l'Égypte. Jamais l'empire du sultan n'avait paru plus menacé.

Cependant, soit influence de leurs prêtres, dominés par les menaces de la Porte et les conseils jaloux de la Russie, soit haine contre les Francs, soit ressouvenir des désastres de la Morée et des vengeances implacables de la Porte, soit tout autre motif encore mal expliqué, les Grecs des îles et du continent ne furent pas excités à l'indépendance par cette grande occasion.

Bonaparte avait envoyé chez les Maïnotes quelques émissaires choisis parmi ces Grecs dès longtemps émigrés dans l'île de Corse. Il les avait chargés d'une lettre adressée *au chef du peuple libre de Maïna*, et dans laquelle il ne manquait pas de prodiguer le nom de Spartiate, dont s'honoraient toujours ces Grecs demi-barbares; mais personne ne remua. En Égypte, le général français enrôla quelques centaines de Grecs; mais la nation grecque, dans les îles et sur le continent, resta sous le joug, ne fit aucun effort, ou n'en fit que pour ses maîtres. Les petits vaisseaux des Grecs et leur marine déjà pleine d'audace servirent même beaucoup la Turquie, en coupant les communications et les convois de l'armée française en Égypte. Hormis ces expéditions de corsaires, dont profitait la Turquie, rien ne fut essayé par les Grecs.

Les villages de Souli continuaient seuls à donner l'exemple d'une héroïque liberté. Reléguée dans un coin de l'Épire, cette peuplade consumait, à défendre quelques cimes de rochers, des vertus dignes d'affranchir la Grèce.

Ce ne fut qu'en 1800 que le pacha de l'Épire, s'étant de tous côtés agrandi par le meurtre et le pillage, revint sur les Souliotes. Il avait ramassé plus de troupes que jamais, c'est-à-dire près de vingt mille hommes. A prix d'or, il avait acheté la défection de l'un des capitaines de Souli, de Georges Botzaris, qui s'était retiré de la montagne avec sa tribu, où l'on comptait près de deux cents hommes de guerre. Un autre héros de Souli, Tsavellas, était mort depuis quelques années.

Mais il laissait un fils, ce même Photos donné par son père en otage au pacha. A l'approche d'Ali, les Souliotes choisirent Photos pour leur général. L'intrépide jeune homme étonna bientôt les Turcs par son audace. Dans une première embuscade, à la tête de deux cents hommes, il défait un corps de douze cents ennemis, coupe la tête à leur chef, et se retire sur ses rochers. Bientôt il revient dans la nuit attaquer le camp du pacha; et, protégé par un violent orage, dont se jouent ses montagnards, et qui frappe les Turcs de terreur, il les chasse et les massacre.

Ce nouveau Léonidas, obscurément héroïque dans un coin de l'Épire, faisait ces grandes actions au mois de juin 1800, peu de jours avant cette bataille de Marengo, où tant de sang était versé, sans profit pour la liberté d'aucun peuple.

Ali-pacha, désespérant de forcer les Souliotes par les armes, entreprit de les affamer. Il ferma d'un camp retranché la montagne; et bientôt après, ayant, à force de corvées et de menaces, rassemblé plusieurs milliers de paysans et d'ouvriers, il fit construire aux principales issues douze tours fortifiées.

Emprisonnés sur leurs âpres et stériles montagnes, les Souliotes n'eurent bientôt pour se nourrir que les vivres qu'ils arrachaient aux assiégeants. Chaque jour les plus alertes et les plus hardis Souliotes descendaient de rochers en rochers, pour enlever quelques bestiaux à la pointe du sabre.

Ali cependant leur faisait parvenir des offres de paix. Par ce moyen il tira d'eux vingt-quatre otages, ensuite ne voulut plus traiter, et les somma de se rendre. Les Souliotes lui écrivirent alors cette lettre : « Ali-pacha, il nous est mort dix-sept hommes en nous défendant contre toi ; si tu fais mourir nos vingt-quatre otages, ce ne seront encore que quarante et un Souliotes qui auront péri pour la patrie : elle vaut davantage, et ne sera point livrée à ce prix. »

Ali renouvelait chaque jour ses subterfuges, ses mensonges, ses promesses ; et tout était repoussé avec une fermeté digne de Sparte, et quelque chose de cette moqueuse et laconique énergie qu'ont admirée les anciens.

Ali, pour animer le courage des siens, avait promis cinq cents piastres pour chaque tête de Souliote. Les généraux de Souli firent à leur tour l'offre que voici :

« Le pacha a donc oublié combien les têtes des Souliotes sont difficiles à conquérir, puisqu'il les met à si bas prix. Pour nous, afin de payer à leur valeur les têtes des Turcs, nous promettons à chaque Souliote dix cartouches pour une tête. »

Ce siége singulier durait depuis neuf mois, et les Souliotes commençaient à souffrir de la disette. Ils essayèrent d'abord de diminuer leur nombre, en faisant sortir une troupe de vieillards et d'enfants qui furent heureusement conduits à Corfou ; ensuite ils se réduisirent aux plus misérables aliments, des herbes sauvages, des écorces qu'ils faisaient bouillir avec un peu de farine.

Pressés enfin par l'extrême détresse, ils résolurent de tenter un dernier effort pour avoir des vivres. Quatre cents hommes et cent soixante et dix femmes formèrent un détachement qui franchit par une nuit sombre les postes musulmans, et parvint, épuisé de fatigue, à Parga, ville grecque, près de la mer, à huit lieues des montagnes de Souli.

Le peuple de cette ville, qui, dépendant de Corfou, ne craignait plus le pacha, les reçut comme des frères, les nourrit, et les renvoya le cinquième jour, chargés de vivres. Ils passèrent encore cette fois sans combat à travers les détours des rochers, et revirent leurs malheureux compatriotes presque expirant de faim.

Ce secours inespéré ranima les forces et le courage des assiégés. Il paraît d'ailleurs que les chefs souliotes, initiés aux mœurs et aux ruses des Barbares, s'étaient ménagé de secrètes alliances parmi les pachas auxiliaires d'Ali, et jusque dans les agas de son armée. Ali le soupçonna d'abord, et fit tuer quelques-uns de ses officiers, pour les punir de l'heureuse sortie des Souliotes. Ces rigueurs accrurent le mécontentement; et quatre chefs turcs, le pacha de Berat, le pacha de Delvino, l'aga de Paramythia, et l'aga de Conispolis, traitèrent secrètement avec les Souliotes. Ils retirent leurs troupes, et commencent la guerre contre Ali.

Mais Ali, par ruse et par corruption, reprit bientôt l'avantage. Les Souliotes, pour sceller leur alliance, avaient envoyé au pacha de Delvino six otages de leurs premières familles, qui furent déposés dans une forteresse.

Ali s'en rendit maître, en fit pendre quatre, et réserva les deux derniers, l'un frère de Photos, et l'autre fils de Dimos, vaillant capitaine souliote. Il espérait s'en servir pour gagner leurs parents; mais quand la nouvelle en vint à Souli, Photos et Dimos appellent le peuple à l'église; et là, s'adressant à celui de leurs prêtres qui avait le titre de protopapas :

« [1] Maître, lui dirent-ils, chante l'office des morts, pour eux tous, pour ces six braves. Les deux comme les quatre, nous les comptons pour tués : ni le tyran n'accorde la vie aux Souliotes, ni un Souliote dans les mains du pacha, n'est réputé vivant. »

---

[1] « Δέσποτα, τὸν πρωτόπαπαν ἐφώναξαν κ'οἱ δύο,
Ψάλλ' ὅλων τὰ μνημοσύνα τῶν ἐξ παλληκαριῶν μᾶς,
Τὰ δύο καθὼς τὰ τέσσερα, σφαμμένα τὰ μετροῦμε,
Οὔτε ὁ τύραννος ζωήν τῶν Σουλιωτῶν χαρίζει,
Οὔτε Σουλιώτης ζωντανός 'ς τὰ χέρια τοῦ λογᾶται. »

Chants populaires, recueillis par M. Fauriel.

Tout le peuple entendit avec recueillement le service funèbre; et ensuite ils allèrent combattre.

On sentira combien il était difficile de vaincre de tels hommes, robustes, infatigables, animés par le désespoir et la religion.

Un de ces incidents communs sous la domination tumultueuse du sultan vint leur porter secours. Ali fut obligé de marcher avec la plus grande partie de ses forces contre le pacha d'Andrinople, qui s'était révolté. Dans l'intervalle les Souliotes sortirent de leurs montagnes, ramassèrent des vivres, et se préparèrent pour une nouvelle résistance.

Ali reparut bientôt, et essaya de négocier encore. Les Souliotes, depuis qu'ils n'étaient plus pressés par les derniers maux de la guerre, s'étaient divisés. Le pouvoir était disputé entre les vieillards, chefs de tribu, les capitaines, et un caloyer appelé Samuël, qui se surnommait lui-même *le Jugement dernier*. Cet homme, sans autre lecture que *l'Apocalypse*, où il trouvait des prédictions contre Ali, enflammait les Souliotes de son ardente foi. Souvent il marchait à leur tête avec le crucifix et le sabre nu. On lui avait confié, sous le titre de polémarque, la garde des vivres; et il avait fait bâtir, pour cet usage, un fort entre Kiapha et Souli.

Tout à coup le fils de ce Botzaris qui avait, quelques années auparavant, abandonné son pays, se présente aux postes avancés des Souliotes; il n'avait jamais porté les armes contre sa patrie, et l'on estimait sa valeur. Il vient offrir à ses concitoyens la paix, sous la condition que la garde d'une tour lui sera confiée, et que Photos s'éloignera de Souli. Selon toute apparence, des ennemis, des envieux de Photos secondaient ce message. Les pauvres villages de Souli n'étaient pas moins remplis de rivalités et d'intrigues qu'une brillante république de l'ancienne Grèce. L'église, où l'on délibérait sur les affaires du pays, était agitée comme autrefois la place publique d'Athènes.

Le plus grand nombre des chefs de famille, séduits par l'espérance de la paix, se résout au bannissement de Photos; celui-ci paraît alors dans l'assemblée, avertit ses compatriotes de leur imprudence, leur dit adieu, rentre dans sa maison, y met le feu, et part en versant des larmes.

Le pacha lui fait promettre secours et amitié, l'appelle à Janina, et le presse de mettre leur vengeance en commun, en allant comme son envoyé tromper les Souliotes. Photos n'accepte que pour avoir l'occasion de retourner à Souli. Une fois au milieu de ses concitoyens, il les avertit du rôle dont il est chargé, leur prouve la haine implacable d'Ali, et les conjure de prendre les armes : puis, fidèle à sa parole, il revient se mettre au pouvoir du pacha qui, bien averti, le fait charger de fers.

La guerre recommença plus opiniâtre. Ali reprit le siége de la montagne avec le secours de ses deux fils Mouktar et Véli. Les Souliotes, repoussés sur leurs derniers sommets, conservant quelques vivres, manquaient d'eau. L'Aspro-Potamo, l'Achéron des anciens, roulait ses eaux noirâtres au pied de la montagne; et l'on dit que, du haut de leur brûlante retraite, les Souliotes exténués de soif y laissaient tomber, avec une longue corde, des éponges qu'ils retiraient imprégnées d'eau.

Malgré ces dures privations, il semble que les Souliotes auraient résisté longtemps, sans la corruption qui n'est guère moins puissante chez les hommes à demi sauvages, que parmi les nations éclairées et polies. Deux capitaines de Souli qui s'étaient battus avec courage, vendirent leur pays pour quelques centaines de piastres. L'un d'eux, pendant la nuit, reçut à Souli même et cacha dans sa maison deux cents Turcs, qui, le lendemain, surprirent les Souliotes par derrière, au moment où l'armée musulmane gravissait la montagne.

Ce récit semble à peine croyable; mais quelles que soient les circonstances, le 25 septembre 1803, les Turcs se rendirent maîtres de Souli. Deux autres villages de la montagne furent pris; et il ne resta plus aux Souliotes que le village de Kiapha, moins élevé que Souli, et le petit fort où s'était cantonné le moine Samuël. Les Turcs, désormais établis sur la montagne, attaquèrent ces deux derniers postes avec l'artillerie et les bombes.

Dans cette extrémité des guerriers souliotes, Photos, toujours retenu dans les cachots de Janina, conçoit un dernier stratagème pour sauver ses concitoyens. Il demande la grâce d'être amené devant Ali, et lui offre d'aller à Kiapha, d'en retirer les guerriers de sa tribu, et par là de faire tomber la place au pouvoir des Turcs.

On peut s'étonner que le cruel et rusé vizir prêtât l'oreille encore au discours du Souliote, et consentît à le laisser sortir de ses mains. Mais Ali gardait en otage la femme et les enfants de Photos; et il semble qu'ayant, par ses armes et ses ruses, tendu un inextricable filet autour des malheureux Souliotes, il risquait volontiers quelque chose pour hâter leur perte, assuré d'ailleurs que ni Photos ni les siens ne pouvaient lui échapper longtemps.

Le Souliote délivré arrive au camp du fils d'Ali, et en obtient la permission d'entrer dans Kiapha, pour accomplir son message. Là il expose à ses concitoyens son véritable projet; il veut emmener, non pas les guerriers de sa tribu, mais les vieillards, les enfants, les femmes trop jeunes ou trop faibles. Il espère les conduire à Parga; et il reviendra mourir avec les siens dans ces murs qui ne seront plus habités que par des hommes capables de les défendre.

Applaudi de ses compatriotes, Photos les quitte pour aller tout disposer à Parga; mais dans l'intervalle les Turcs faisaient jouer d'autres intrigues parmi les Souliotes. Une de leurs tribus, celle de Zervas, exécute réellement ce que Photos avait feint de vouloir; elle sort de Kiapha, et se sépare de ses concitoyens.

Photos averti revient à la hâte, trouve ses compatriotes découragés par la défection, et désormais trop faibles de nombre pour défendre Kiapha. Il l'abandonne avec eux, et court s'enfermer dans le petit fort bâti par le moine Samuël, dernier coin de rochers qui fût encore aux Souliotes. Là, suspendus pour ainsi dire sur une cime de toutes parts à pic, Photos et les siens se défendirent encore.

Ali furieux, et accusant la maladresse de son fils, accourt de Janina pour commander l'assaut. Les Souliotes le préviennent ; et s'avançant sur les derniers bords de leur rocher, ils accablent les Turcs d'un feu terrible, roulent sur eux des blocs de pierres énormes, et les forcent de reculer, en laissant la montagne jonchée de morts.

Cette victoire ne put différer la perte des malheureux Souliotes entassés, avec leurs femmes et leurs enfants, dans un aride et étroit asile. L'eau vint à leur manquer; ils supportèrent, dit-on, cette horrible privation pendant sept jours entiers ; mais vaincus par les souffrances de leurs femmes et de leurs petits enfants, ils offrent enfin, non de se rendre, mais de quitter leur poste, et de se retirer avec leurs armes.

Véli, le fils du pacha, impatient et comme étonné de sa victoire, leur accorde ce qu'ils veulent ; et la capitulation fut signée le 12 décembre 1803. Elle assurait aux Souliotes la liberté de se retirer où il leur plairait avec leurs armes et leurs biens, et leur promettait des terres dans l'Albanie s'ils voulaient y rester. Le pacha confirmait ce traité par un serment terrible, se soumettant, s'il y manquait jamais, à *passer pour musulman apostat, à être trahi de ses femmes et écrasé par la foudre de Dieu*. Sur la foi de cette convention les Souliotes sortirent du fort; et l'armée turque leur fournit quelques bêtes de somme pour leurs bagages et leurs blessés.

Le moine Samuël et quatre Souliotes refusèrent seuls de profiter de la paix. Quand les officiers du pacha entrèrent dans le fort, Samuël, assis sur un caisson de poudre, y mit le feu, et tout ce qui était présent périt avec lui.

Couverts de leurs armes, menant au milieu d'eux leurs femmes et leurs enfants, les Souliotes s'étaient lentement éloignés de leur patrie. En sortant des défilés, ils se divisèrent en deux troupes; la plus nombreuse, sous la conduite de Photos et de Dimos, prit le chemin de Parga. Le reste, cédant aux conseils de Botzaris, qui, par son courage et ses anciennes liaisons avec le pacha, semblait leur assurer un appui, le suivit à Zalongos, montagne escarpée à quelques lieues de Souli.

Plusieurs autres familles de Souliotes étaient déjà dispersées, ou se réunirent en petites troupes dans les montagnes et sur les côtes de l'Épire; mais Ali, ayant une fois expulsé de son asile la vaillante peuplade, n'avait d'autre pensée que d'en exterminer tous les débris.

Photos réussit cependant à conduire les siens sur le territoire de Parga; et quoique poursuivi dans sa retraite, il ne fut point attaqué; mais la perfide vengeance des Turcs se tourna sur la troupe moins nombreuse de

Souliotes qui s'étaient réfugiés à Zalongos. Botzaris, devenu leur chef, ne voulait plus séparer son sort du leur; et, comme si l'instinct de la patrie se fût ranimé en lui par les malheurs de ses concitoyens, il voulait mourir pour ceux qu'il avait autrefois trahis. Un autre chef, Coutzonicas, accusé d'avoir servi les intrigues du pacha, refusait également de lui livrer les derniers restes de ses compatriotes, et les animait à se défendre.

A peine cantonnés sur les hauteurs de Zalongos, avec beaucoup d'enfants, de femmes, de vieillards, de malades, les Souliotes virent paraître quatre mille Turcs et une nombreuse artillerie. L'attaque commence avec fureur; les Souliotes n'avaient que peu de munitions, et ils les épuisèrent dans un premier combat. Le lendemain, les Turcs reviennent à la charge. Alors, sur une cime taillée à pic, au pied de laquelle s'entr'ouvre, entre des pointes de rochers, le gouffre d'un torrent, soixante femmes se sont rassemblées avec leurs petits enfants dans leurs bras; elles regardent l'affreuse mêlée, et bientôt, saisies de désespoir, chacune d'elles précipite son enfant dans l'abîme; ensuite, se prenant par la main, et formant un cercle, elles se mettent à danser sur le bord du précipice. On a décrit plus d'une fois cette ronde funéraire, d'où se détachait, à chaque tour, une femme qui s'élançait dans l'abîme, tandis que la chaîne, reprenant, faisait un nouveau tour et se brisait encore, pour laisser tomber une nouvelle victime, jusqu'à la dernière.

Cependant d'autres femmes souliotes combattaient à

côté de leurs pères et de leurs maris. La nuit fit cesser le carnage. Les Souliotes avaient perdu la moitié des leurs, et restaient sans vivres et sans cartouches. Ils entreprirent de s'échapper à travers le camp des Turcs. Divisés en deux troupes, ils s'avancent sans bruit. Les mères, et à défaut des mères, les hommes portaient leurs enfants. Mais ils trouvèrent les Turcs debout et en armes. Dans cette attaque nocturne, quelques Souliotes sont tués, un plus grand nombre faits prisonniers; d'autres échappent, soit en se dispersant, soit en formant un petit bataillon qui frappe, renverse, et poursuit sa course. On dit qu'à peine cent cinquante de ces Souliotes se dérobèrent aux Turcs, et parvinrent, conduits par Botzaris, sur le territoire sauveur de Parga.

Les Turcs, après cette victoire, vont dans un petit village où ils croient n'avoir qu'à massacrer : c'était à Regniassa, refuge des veuves et des enfants de quelques Souliotes.

Mais lorsque après avoir pris ou tué ce qu'ils rencontrent, ils vinrent à une maison plus fortifiée qu'on appelait la tour de Dimoulas, ils furent assaillis de coups de feu. Une femme, nommée Despote, y était enfermée avec sept de ses filles et de ses brus. Elle avait un caisson de poudre, et, s'armant d'un tison : « Nous ne vivrons pas esclaves des Turcs, dit-elle; mes enfants, suivez-moi! » Elle met le feu au caisson; et tout disparaît dans la flamme.

Les Souliotes faits prisonniers à Zalongos furent conduits à Janina ; et le vizir en fit torturer plusieurs sous ses yeux. On raconta le martyre d'une jeune fille et de ses deux frères qui, livrés aux bêtes féroces, comme les premiers chrétiens, moururent en invoquant le nom du Christ.

Il restait encore quelques centaines de Souliotes, la plupart de la tribu de Zervas, déserteurs de leur patrie, auxquels le pacha devait pardonner. Ils étaient établis au village de Vourgarelli, à quelques lieues de Zalongos. Botzaris était venu les rejoindre; et ce petit reste d'une peuplade guerrière excita bientôt la haine implacable du pacha. Prévoyant leur sort, ils quittèrent Vourgarelli, et se retirèrent au monastère fortifié de Seltro, non loin des monts d'Agrapha, si fréquentés par les clephtes, et des rives de l'Achéloüs, célèbres dans l'ancienne poésie. Ils y furent aussitôt assiégés par un détachement de l'armée d'Ali. Épuisés de fatigue et de faim, ils succombèrent, après quelques semaines de résistance.

Beaucoup de femmes et d'enfants, s'étant défendus avec une espèce de rage, se noyèrent dans l'Achéloüs. Une cinquantaine de guerriers seulement, avec Botzaris à leur tête, se firent passage, et arrivèrent par les montagnes jusqu'à Parga. La fureur d'Ali s'arrêta devant cet asile que protégeait le drapeau moscovite, qui venait de succéder à celui de la France.

CHAPITRE XV.

Les Russes s'emparent des îles Ioniennes, et leur donnent une constitution. — Nouvelle entreprise des Souliotes réfugiés à Corfou. — Mutations fréquentes de la république sept-insulaire sous le pouvoir des Russes. — Elle est cédée à la France. — Progrès du commerce des Grecs. — Prospérité d'Hydra. — Nouvelle disposition d'esprit parmi les Grecs.

Les Français, pendant l'occupation de Corfou, avaient fait tenir aux Souliotes de la poudre et des armes. La seule présence des garnisons de la France républicaine dans les îles adriatiques était un encouragement à tous les Grecs opprimés. Aussi la Porte, sans espoir de prendre pour elle-même cette ancienne possession de Venise, fit-elle tous ses efforts pour y appeler au moins d'autres maîtres que les Français. Dans ce dessein elle fit alliance avec la Russie. La France avait à peine eu le temps de faire briller les idées de liberté, cortége et talisman de ses victoires, lorsque les escadres confédérées de la Russie et de la Porte vinrent bloquer Corfou, qu'une faible garnison ne put défendre. Telle fut cependant l'heureuse influence de ce passage des drapeaux français dans la Grèce que les deux puissances victorieuses se crurent obligées de reconnaître l'indépendance de Corfou, Céphalonie, Zante, Cérigo, Ithaque, Paxos et Leucade, sous le nom de république des Sept-Iles. L'amiral russe

Ouzakoff leur offrit lui-même une constitution qui devait être ratifiée par le sultan. Quelques nobles de Corfou, chargés de la porter à Constantinople, en substituèrent une autre que le divan prit pour bonne, et qui fut exécutée au retour des envoyés.

Malgré le droit d'investiture si singulièrement attribué à la Turquie sur la république des Sept-Iles, Corfou, protégé par la Russie, était un asile pour les ennemis de la Porte, et particulièrement pour les intrépides Souliotes.

Photos et les siens s'y réfugièrent d'abord : Botzaris les y rejoignit avec les restes de sa troupe. De là ils ne tardèrent pas à former de nouvelles entreprises pour rentrer dans leur patrie. Ils se liguèrent avec les agas turcs du canton de Chamouri; et secondés par le gouvernement russe, qui leur donna des vivres, des munitions et de l'argent, ils descendirent sur la côte d'Albanie, battirent les troupes d'Ali, et reprirent Zalongos, ancien théâtre de leur courage et de leurs souffrances. Après de nouveaux exploits, ils furent cependant forcés de revenir à Parga. Ils entrèrent alors dans un régiment au service de la Russie. La femme de Photos y fut admise dans le grade de major; et elle combattit près de son mari, dans la campagne de Naples en 1805.

Cependant l'oppression légale des nobles du pays sembla bientôt au peuple de Corfou plus importune que le joug étranger. Une escadre moscovite reparut devant la république, avec un ministre plénipotentiaire qui venait surveiller sa liberté. Ce ministre apportait une nouvelle constitution qui faisait un partage plus équitable entre les nobles et le peuple. Elle créait un pouvoir exécutif, un sénat, un corps législatif, un tribunal de censure et des assemblées électorales, belles expressions qui se réduisaient toutes à l'autorité souveraine du commissaire moscovite. Il avait pour associé un plénipotentiaire turc, singulier inspecteur de cette comédie républicaine, dont la politique russe avait seule le mot. L'action compliquée de tous les ressorts par lesquels passait la volonté du gouvernement russe, fatigua l'impatience naturelle au pouvoir absolu. Les Grecs de Corfou, malgré la souplesse contractée dans une longue servitude, avaient trop d'esprit pour ne faire absolument aucun usage de la liberté qu'on leur donnait. Quelques voix se firent entendre parmi eux. La petite constitution fut aussitôt supprimée, et remplacée par une autre plus simple, à laquelle le ministre moscovite faisait de fréquentes réparations, d'après les notes de sa cour. Tandis que la Russie s'arrêtait à ce jeu assez extraordinaire de la part d'une telle puissance, les vaines formes qu'elle avait créées attiraient l'attention des Grecs du continent et des îles; et le mensonge dont s'amusait le pouvoir absolu servait à la liberté. Ainsi, par une fatalité remarquable, la puissance qui a si sévèrement condamné l'héroïque résistance des Grecs avait semé parmi eux tous les sentiments, et même toutes les idées, toutes les théories qui l'ont fait naître.

Le cabinet de Saint-Pétersbourg songeait à donner aux Sept-Iles une quatrième constitution. Mais les événements mémorables qui agitaient l'Europe firent passer la république sept-insulaire de la tutelle des Russes sous celle de la France. A la suite de la grande guerre de 1806, le traité de Tilsitt, dans le vaste partage qui fut attribué à l'empire français, comprit cette conquête de nos armées d'Italie. La despotique unité que le chef de l'empire étendait alors partout ne s'accordait pas avec les simulacres républicains dont le plénipotentiaire russe avait amusé les Grecs de Corfou.

On ne laissa dans les Sept-Iles qu'un petit sénat de douze personnes sans aucun pouvoir. Du reste, l'administration française se montra douce et tutélaire. Elle plut à l'esprit grec par ce prosélytisme des arts, et ces institutions scientifiques qu'elle portait au moins avec elle, depuis qu'elle ne propageait plus l'esprit de liberté.

Le souvenir du sage et habile général Donzelot est encore honoré dans ce pays, passé sous le pouvoir britannique. L'Académie ionienne, dont il fut le protecteur, en même temps qu'elle répandait l'instruction, servit à nourrir de généreux sentiments.

On entreprit d'utiles travaux pour embellir la ville de Corfou. Des routes furent commencées, d'importantes fortifications furent achevées. Les tribunaux, que l'ancienne autorité de Venise avait laissés dans le plus honteux désordre, subirent de sages réformes. Quelques usages barbares disparurent; les meurtres, jadis très-fréquents, rachetés à prix d'argent et quelquefois d'avance, sous le gouvernement corrompu de Venise, furent prévenus avec une fermeté si salutaire[1], que l'île de Zante, où l'on comptait par an plus de deux cents homicides, en vit à peine cinq à six pendant deux années de domination française.

La république ionienne, ou plutôt la province française des Sept-Iles, aurait prospéré sans l'interruption et les pertes qu'éprouva son commerce par la longue hostilité de l'Angleterre et de la France. Et même, dans cette situation malheureuse, toujours bloquée et plusieurs fois assiégée par les Anglais, elle fit d'incontestables progrès utiles à toute la nation grecque. Un bataillon de ces héroïques Souliotes, poursuivis avec tant de fureur par Ali-pacha, servait dans la garnison de Corfou, et y faisait admirer même à des soldats français sa discipline et son courage.

Une heureuse alliance se formait entre les Français et les Grecs; et cette communication doit être comptée parmi les causes qui élevaient insensiblement l'esprit de la nation grecque, et la préparaient pour de nouvelles destinées.

Les événements de l'Europe, depuis la paix de Tilsitt jusqu'à l'année 1814, n'avaient sur les autres parties de

---

[1] Mémoire communiqué par M. Bessières, commissaire impérial à Corfou.

la Grèce qu'une influence indirecte. Mais cette influence leur fut singulièrement propice. Le commerce anglais expulsé d'une partie du continent, et les vaisseaux français expulsés de la mer, favorisaient doublement l'activité et les entreprises des armateurs grecs. Ils héritèrent de presque tout le commerce du Levant que faisait autrefois Marseille ; et, prenant tour à tour le pavillon russe ou turc, ils vinrent négocier dans tous les ports de l'Europe.

De là, de grandes et rapides fortunes, et avec elles un nouveau besoin d'indépendance. Le rocher d'Hydra se couvrit de maisons régulièrement bâties, dont l'intérieur était orné avec l'élégance de nos arts. En même temps, les marins grecs demeuraient sobres, actifs, industrieux. Leur navigation était rapide et peu coûteuse. Ils étaient les facteurs de toute la Méditerranée ; et ils allaient jusqu'à New-York et Washington.

Les négociants grecs qui présidaient à ces entreprises élevèrent de riches maisons de commerce à Malte et à Londres. Toute cette marine marchande de la Grèce, formée de grandes barques et de petits vaisseaux, semblait peu redoutable. Mais elle était montée par une race d'hommes chaque jour plus confiante et plus intrépide ; et cependant les forces navales des Turcs s'affaiblissaient, parce que les insulaires grecs, qui en formaient la meilleure partie, s'échappaient pour aller servir sur les vaisseaux de leurs compatriotes.

Cet état de choses annonçait une crise inévitable, qui n'aurait pas trompé la prévoyance d'un gouvernement plus actif et mieux averti que celui de la Porte. On ne peut douter qu'il n'ait eu lui-même à ce sujet quelques inquiétudes; et l'on doit croire que les Grecs riches et éclairés qui vivaient à Constantinople ne voyaient pas non plus sans alarmes l'approche d'un événement qui pouvait tout perdre ou tout sauver. Quelques-uns de ces Fanariotes craignaient pour leur luxe et pour leurs richesses. Le haut clergé grec éprouvait le même sentiment de défiance sur l'avenir. Il comprenait le danger d'avertir trop tôt les Turcs par des démonstrations imprudentes ou de précipiter le mouvement déjà si rapide de la nation. C'est par là que l'on doit expliquer quelques tentatives du patriarche Grégoire pour restreindre l'enseignement des nouvelles écoles de la Grèce, et modérer le patriotisme dont elles s'animaient à la lecture des grands génies de l'antiquité grecque. Quelques négociants, tout occupés de leurs entreprises lucratives, redoutaient aussi les chances aventureuses d'une insurrection. Enfin, ceux qui, sous la domination des Turcs, exerçaient quelque part d'autorité sur leurs concitoyens, étaient moins pressés de rompre un joug dont ils ne sentaient pas tout le poids.

Ce sont là les sentiments divers que l'on peut voir exprimés, avec une amertume un peu satirique, dans un poëme composé par un Grec, il y a près de vingt ans [1]. Cet ouvrage, intitulé d'une manière assez bizarre,

---

[1] *William Leake's Researches into Greece.*

le *Russe-Anglo-Français*, met en scène trois voyageurs appartenant aux trois grandes nations de l'Europe, et qui s'entretiennent successivement avec des Grecs de différentes conditions.

Le premier qu'ils rencontrent est un archevêque qui répond avec assez de sang-froid à leurs exclamations sur les malheurs et l'abaissement de la Grèce. « Depuis que je porte cette robe noire, dit-il, je ne me suis pas aperçu des maux dont vous parlez. D'ailleurs, si la Grèce souffre sans se plaindre, c'est une mortification méritoire qui rachètera ses péchés. » L'archevêque ajoute en même temps que le peuple grec commence à rêver la liberté, et à dire que le Christ la veut; mais il se retranche dans une sorte de quiétude, satisfait et consolé, pourvu que les dîmes soient abondantes.

A cette première peinture que, d'après le dévouement sublime de tant de prêtres grecs, on doit accuser d'injustice, l'auteur fait succéder une satire plus vive et plus vraie de l'égoïsme et de l'orgueil des Grecs devenus seigneurs en Valachie. « Que voulez-vous? répond un de ces princes aux trois voyageurs : je tyrannise et je dépouille les Grecs pour plaire au divan et pour garder ma tête. » Puis il rompt brusquement l'entretien, étant pressé, dit-il, de se rendre à son harem, où l'une de ses femmes doit recevoir la visite et les présents d'un boyard de la province.

Un peu découragés par ces réponses, les trois voyageurs abordent dans la suite un nouveau personnage, qu'à son air grave et soucieux ils croient plus occupé des intérêts de son pays; c'était un marchand. Il leur avoue tout naïvement qu'il ne songe nullement à la Grèce. « Le sujet de mon inquiétude, c'est, dit-il, le retard de mes vaisseaux et les cargaisons que j'attends de Barbarie et de France. Voilà ce qui m'empêche de dormir. Je prête de l'argent pour qu'il me rentre à gros intérêts, ou je l'enfouis quand je ne puis faire mieux. Il y a des gens qui jettent le leur sur la nation et sur les écoles pour les réveiller, mais c'est le petit nombre, et ils n'ont pas assez de fonds pour réussir. »

« Enfin, nous ne trouvons aucun homme qui aime son pays! s'écrient les voyageurs. Approchons, et voyons ce que dira ce personnage qui fronce le sourcil et agite sa main avec colère. Il est de ceux que les Turcs appellent *Codgia Baschi*.

« Salut, président. Pourquoi paraissez-vous si troublé? Qui vous a fait injure?

— Hélas! répond le primat, les gens de ma nation me persécutent. Ils disent que je les ai dépouillés. La vérité, c'est que j'ai été à Naxos pendant trois ans. J'ai gouverné la province comme il me plaisait. Si j'en ai tiré par force beaucoup d'argent, je le rendais aux Turcs en contributions. Et maintenant, parmi les Grecs, les uns veulent me brûler, et les autres me pendre; mais je leur ferai connaître qui je suis; et petits et grands se soumettront à moi. C'est pour cela que je cours vers les Turcs. »

Les voyageurs s'éloignent alors, blessés d'un tel égoïsme. Ils rencontrent sur leur passage une femme d'une taille majestueuse, mais couverte de vêtements en lambeaux, faible, baignée de larmes, et les mains chargées de fers; interrogée par eux sur son malheur, elle leur répond qu'elle est la Grèce elle-même. Elle accueille avec un sourire d'indignation la stérile pitié des voyageurs, et leur empressement à blâmer l'indifférence du peuple grec. « Les blessures que me font mes enfants, dit-elle, sont cruelles, mais involontaires; elles viennent de l'excès de leurs maux. Mais comment oublierai-je, étrangers, que c'est vous qui, sans nécessité, avez causé mes plus grands malheurs? La Russie a déclaré trois guerres, et de toutes parts appelé mes enfants. En écrit elle promettait de les délivrer; elle en a fait périr beaucoup dans sa cause, et a laissé les autres plus malheureux qu'ils n'étaient auparavant. La France vint aussi proclamer ma liberté, et approcha de mes frontières; mais la Russie et l'Angleterre accoururent pour l'en arracher, l'une parce qu'elle est payée, l'autre par la vaine gloire de sauver les Turcs et de m'immoler.

« N'êtes-vous pas les hommes qui avez reçu de si sages leçons par la voix des grands génies, mes premiers enfants? Sans eux vous seriez encore aujourd'hui les esclaves de l'ignorance; et maintenant si vous me délivrez d'une tyrannie sacrilége, vous entendrez une voix nouvelle sortir de mon sein; vous verrez briller une nouvelle lumière dans cette patrie des arts, que vous méconnaissez, parce qu'elle est défigurée par l'esclavage. »

Cette satire, fort piquante dans l'original, est sans doute l'ouvrage de quelque jeune lettré qui voyait avec impatience la lenteur et la circonspection des classes les plus élevées parmi les Grecs. Au fond, sous des formes diverses, le mouvement des esprits vers la liberté était général dans toute la Grèce. On en retrouve la trace dans les récits des voyageurs les plus modernes. Si quelques primats grecs, par habitude ou par timidité, se montraient, devant les étrangers, favorables au pouvoir des Turcs, leurs fils[1] éclataient en menaces contre ce joug détesté. L'idée la plus commune parmi les Grecs était que les peuples de l'Europe s'occupaient de les affranchir. Tout voyageur anglais leur semblait un envoyé qui venait observer le pays dans cette intention.

Parmi les hommes qui visitèrent la Grèce à cette époque, il faut compter un illustre Français, qui, dans une course rapide, jetant le coup d'œil du génie sur cette poétique et malheureuse contrée, peignit, avec l'immortel éclat de ses couleurs, le contraste de ce beau ciel, de ces grands souvenirs, et de cette dure oppression. Tandis que des voyageurs anglais venaient détacher pierre à pierre les ruines du Parthénon, et pillaient, pour ainsi dire, le tombeau de la Grèce, l'éloquent auteur de l'*Itinéraire* semblait la ressusciter pour nous par

---

[1] *A classical and topographical tour through Greece,* by Dodwell.

sa vive imagination et ses regrets sublimes. Dans la désolation de cette terre à demi dépeuplée, au milieu de ces décombres modernes que l'indolente tyrannie des Turcs laissait partout s'amonceler sur les débris antiques, il apercevait le principe destructeur qui dévorait leur funeste empire. Tout à ses yeux était mort dans la Grèce, excepté la religion qui devait la ranimer et l'affranchir; et, quand il invoquait la foi des martyrs dans la patrie des héros, les vœux échappés de son âme généreuse devenaient la prophétie de la politique et de la raison.

Il est à remarquer, cependant, que plusieurs des causes qui préparaient l'affranchissement de la Grèce étaient encore obscures ou mal connues. Les clephtes, qui devaient être les premiers libérateurs de leur patrie, n'étaient désignés par tous les voyageurs que comme de malheureux brigands.

Ali-pacha parut même les avoir exterminés, en même temps qu'il détruisait presque partout la milice grecque des armatoles. Le fils de ce vizir, le féroce Véli, nommé pacha de la Morée, appesantit plus que jamais l'esclavage des habitants. Les actes de rapine, de concussion, de violence, se multiplièrent jusqu'à la chute de ce tyran; et l'on vit, ce qui avait eu rarement lieu depuis la conquête, quelques villages grecs adopter l'islamisme, pour se dérober à l'excès des maux qui les accablaient.

CHAPITRE XVI.

Année 1814. — Influence des grands événements de l'Europe sur la Grèce. — Les Sept-Iles cédées aux Anglais. — Vente de Parga. — *Étairie*. — Dispositions à un prochain soulèvement. — Révolte d'Ali-pacha. — Commencement de la guerre.

L'année 1814 et la grande révolution de l'Europe, trouvèrent les Grecs dans un état de force croissante et d'oppression insupportable. Ils virent dans ce changement un espoir nouveau. L'étendard de la sainte alliance leur parut le signe précurseur de leur affranchissement. Les récits que l'on faisait alors de la puissance moscovite, et de la magnanimité d'Alexandre, circulaient dans toutes les provinces comme autant de présages heureux qui répondaient aux anciennes espérances entretenues par les prêtres. On célébra des messes en l'honneur du triomphe de la religion grecque. Les paysans de la Morée savaient qu'un Grec des îles, leur compatriote, était le confident du grand empereur de Russie, rempart de la foi grecque. Ce fut alors que, sous une haute influence, se forma dans toutes les provinces de l'empire turc cette association grecque désignée par le nom d'*Étairie*[1], qui comptait dans ses rangs des princes du Fanar, de ri-

---

[1] *Waddington's visit to Greece.*

ches négociants, des lettrés, des archevêques, et quelques diplomates étrangers. Le but de cette institution secrète était surtout d'accroître et de répandre l'instruction parmi les Grecs. Le zèle de la religion s'animait en même temps que celui des lettres; et les livres saints étaient le code d'un patriotisme que l'on prêchait impunément sous les yeux des Turcs.

La prospérité maritime des Grecs, principe de leur vie nouvelle, ne se soutenait pas avec moins d'avantage, depuis que la paix avait rendu à toutes les nations la liberté des mers. Les voies prises par le commerce ne s'abandonnent pas aisément; la navigation économique des Grecs, le bon marché de leurs transports, leur assuraient l'avantage sur d'autres peuples, qui s'en sont bien vengés depuis. Quelques circonstances favorisèrent encore leurs entreprises. La disette qui affligea la France en 1818 fut pour les Grecs insulaires une source de richesses. Les vaisseaux de Spezzia, d'Ipsara, de Mycone, apportèrent à Marseille les blés de la Morée, qui furent vendus à haut prix.

Hydra surtout, Hydra, la forteresse navale de la Grèce, prenait chaque jour un nouvel accroissement. Cette ville de granit et de marbre, bâtie sur un aride rocher, où la terre même des jardins est apportée du continent, cette population de trente mille habitants dans un lieu qui pouvait à peine nourrir quelques misérables pêcheurs, ce port incessamment rempli de vaisseaux qui partent ou qui arrivent, tout dans Hydra formait un spectacle plein de grandeur et d'espérance. Les hardis marins qui s'élançaient de cet asile et des écueils voisins, ne cachaient plus leur mépris pour l'ignorance brutale des Turcs; ils semblaient les défier par la vitesse de leurs voiles et la dextérité de leurs manœuvres. Sur mer, ils disaient : Nous sommes libres ! Et dans tous les lieux de la Grèce où touchaient leurs légers navires, ils semaient par leur présence les mêmes sentiments, la même haine du joug, et l'émulation de leur vie fière et libre.

Ainsi se préparait l'affranchissement, ou du moins la lutte immortelle de la Grèce. A côté de ces forces actives et menaçantes, les instigateurs secrets de l'*Étairie* employaient pour gagner des partisans ou pour écarter des obstacles, l'adresse et l'insinuation naturelles à l'esprit grec. On obtenait à prix d'argent de nouvelles concessions du divan. Les *barats,* ou exemptions par lesquelles un raïa se rachète du karatch, et se place sous la protection d'une ambassade étrangère, étaient vendus facilement par la Porte. On dit qu'elle paraissait même disposée à permettre aux Grecs en masse de quitter l'habillement qui leur était imposé, depuis la victoire de Mahomet II. Mais ces condescendances nouvelles ne compensaient pas tant d'années d'oppression. Elles étaient précaires, incertaines et mêlées sans cesse à des retours odieux de violence et de cruauté. Dans cette anarchie du despotisme turc, lorsque le gouvernement semblait vouloir s'adoucir, la nation conquérante n'en restait pas moins oppressive et tyrannique. Les insolences des janissaires, les avanies des pachas et des chefs subalternes n'étaient pas moins fréquentes : seulement elles s'exerçaient sur des hommes qui devenaient chaque jour moins faits pour les souffrir.

Les exemples de ce genre se retrouvent dans les récits les plus authentiques des dernières années. Un négociant grec revenait-il d'un long voyage? il était rançonné par un aga turc. On le forçait de se rembarquer au milieu de la tempête. Il échappait, la rage dans le cœur, pour être, quelques années après, un des plus hardis capitaines qui brûlent les vaisseaux turcs [1].

Cependant les Sept-Iles, passées depuis 1814 sous la domination anglaise, conservaient au milieu des mers de la Grèce un exemple de civilisation qui n'était pas sans influence sur les peuplades voisines. Corfou demeurait, pour beaucoup de Grecs de la Morée, un asile et un rendez-vous, dans lequel ils pouvaient se concerter sans péril; les habitants de cette île et des îles voisines, malgré la dure autorité du gouverneur, continuaient, à la faveur de la protection britannique, de riches entreprises de commerce et d'industrie; ils gardaient ce patriotisme grec qui survit au milieu des morcellements de l'esclavage, et même de ces dissensions, de ces guerres civiles, auxquelles le peuple grec se laisse si facilement emporter.

Les insulaires de Corfou n'étaient pas hardis et entre-

---

[1] *Essai sur les Fanariotes*, par Zallony.

prenants comme les Hydriotes ; mais ils ne portaient du moins qu'un joug européen ; et leur soumission n'était pas un abrutissement. Quatre villes du continent grec, Prévésa, Vonizza, Parga et Butrinto, étaient depuis longtemps une dépendance des Sept-Iles, et auraient dû échapper ainsi au pouvoir des Turcs. Parga surtout prospérait par son commerce et l'active industrie de ses habitants ; plus d'une fois elle avait donné retraite aux braves montagnards de Souli. Elle était une des forteresses sur lesquelles pouvaient s'appuyer un jour les chrétiens de l'Épire et de la Morée [1].

C'est ici que l'on doit rappeler un des actes les plus déplorables de la politique moderne ; espèce d'avant-scène qui semblait présager l'odieux abandon de la Grèce. Ali-pacha, qui, depuis tant d'années, suivait obstinément le projet d'anéantir tous ceux qui lui avaient résisté, vit avec douleur Parga protégée par le pavillon britannique ; il n'essaya pas de contester la justice de cette réunion ; il aima mieux marchander une proie que de réclamer une possession fort incertaine. L'arrangement fut conclu : le ministère anglais vendait Parga, ses murs, ses églises, ses maisons, pour cinq cent mille livres sterling. L'inventaire de la malheureuse ville fut dressé ; l'habileté des commissaires anglais consistait surtout à évaluer bien haut le prix de tout ce qu'on cé-

---

[1] Voyez l'intéressant ouvrage de M. Pouqueville sur la régénération des Grecs.

dait, depuis la demeure du pauvre jusqu'au ciboire des saints autels. Tout fut compté, tout fut payé, excepté les personnes des malheureux habitants, auxquels on avait réservé le droit de se retirer nus et dépouillés, et de chercher un asile à Corfou, dans la conquête du peuple qui venait de vendre ainsi leur patrie.

Telle était l'horreur qu'inspirait le joug de la Porte et du pacha, que les Parganiotes, ne sachant où fuir, acceptèrent une semblable retraite. Mais, tandis que les Anglais, fidèles à leur marché, abattaient sur les tours de Parga le pavillon britannique pour faire place au croissant, les malheureux fugitifs, voulant au moins dérober les ossements de leurs pères à la présence sacrilége des Turcs, ouvrirent les tombeaux, réunirent ces tristes dépouilles, les brûlèrent sur la place publique, et emportèrent avec eux ces cendres sacrées comme le plus précieux reste de leur patrie[1]. Je ne sais quelle grandeur antique semblait se réveiller dans chaque tribu grecque, toutes les fois qu'elle était frappée de quelque nouveau malheur.

Réfugiés dans Corfou, parmi les Anglais qui réduisirent, avec une avidité de marchands, l'espèce d'indemnité promise à la peuplade expropriée, les enfants de Parga trouvèrent au moins dans les Grecs de l'île une pitié secourable; un ministre de l'empereur de Rus-

---

[1] *Parga and the Ionian islands*, by lieutenant Col C. P. de Bosset.

sie [1] vint les visiter dans le campement qu'ils occupaient; l'indignation fut unanime dans l'Europe. Les autres tribus grecques rougirent d'être encore soumises aux Turcs, en voyant l'exil volontaire des habitants de Parga.

Ainsi chaque nouveau coup d'oppression, qu'il vînt de l'Europe ou de l'Asie, semblait rapprocher les malheureux débris de la nation grecque, ranimer son courage, et préparer sa renaissance.

Quelques années après la vente de Parga, ce fut de Corfou que partirent les derniers conseils adressés à tous les partisans de l'*Étairie*, espèce de document officiel qui circula dans toute la Grèce [2], et qui dirigeait les esprits vers l'établissement d'un État libre et fédératif.

Mais c'était surtout par l'influence de l'éducation, par le progrès des lumières, que les moteurs invisibles de l'*Étairie* voulaient amener cette révolution; et cependant il y avait, dans la simplicité à demi sauvage de quelques cantons de la Grèce chrétienne, dans la vie rude des clephtes, un germe de liberté plus puissant que tous les secours de la civilisation étrangère; et la souffrance du peuple ne lui permettait guère d'attendre qu'il fût éclairé, pour commencer à s'affranchir. De là ces éléments si divers qui concoururent au soulèvement de la Grèce; de là cette prodigieuse inégalité de civilisation, qui rend si

---

[1] M. Capo d'Istria.
[2] *Waddington's visit to Greece.*

difficile l'œuvre de sa renaissance; mais de là cette force irrésistible et spontanée, qui déterminait dans la Grèce un événement où les Grecs étaient poussés tout à la fois par la civilisation et par la barbarie, par l'enthousiasme religieux et par les idées modernes, par les richesses et par la pauvreté; un événement que voulaient le pâtre, le matelot, le marchand, le prêtre, le pontife, et même le prince du Fanar, exposé dans son palais à la bastonnade et au cordon.

A Constantinople même, sous les yeux du divan, et parmi les derniers des Grecs, on voyait se produire chaque jour une hardiesse nouvelle. Les anciens vaincus, les raïas, si longtemps insultés, devenaient insolents à leur tour. Les étrangers remarquaient souvent avec surprise dans les rues de Byzance de petites querelles populaires, où des Turcs étaient impunément battus par des Grecs. Les papas animaient sourdement cette disposition patriotique, en y mêlant l'idée de la protection moscovite.

Leurs églises ne renfermaient plus seulement des représentations de saints, mais d'autres tableaux plus expressifs qu'ils faisaient voir avec mystère. En 1819, dans une église grecque, librement fréquentée à deux cents pas de la grande mosquée, les prêtres grecs montraient à tout chrétien, même catholique, un vaste tableau habituellement caché par une toile, et qui représentait la victoire de Constantin sur Magnence. Les soldats du victorieux Constantin y portaient l'étendard de Russie, et ceux de Magnence avaient le drapeau rouge, le drapeau musulman; et, pour plus d'exactitude, ils étaient coiffés de turbans.

Le divan finit par apercevoir quelques-unes des causes qui hâtaient le mouvement de la Grèce; mais il ne pouvait les atteindre toutes. Il ferma quelques écoles chrétiennes; il chassa de Smyrne un homme éloquent, qui excitait au plus haut degré, dans le cœur de la jeunesse, la religion du Christ et de la patrie. Mais ce n'était pas de Smyrne, ville de plaisir et d'opulence, asiatique par les mœurs, et marchande à la façon de l'Europe, que devait partir le premier cri de liberté; et ce n'était pas dans un seul lieu qu'on pouvait étouffer la voix de la Grèce.

La traînée de feu était partout, dans la Morée, dans l'Épire, parmi les Grecs de Moldavie et de Valachie, dans les îles, depuis la riche et voluptueuse Scio jusqu'aux rochers de Spezzia et d'Hydra, où brillait à tous les yeux l'exemple du succès et de l'audace.

Que l'on ne cherche donc pas un rapport, une alliance entre les révolutions passagères de Naples et du Piémont, et la profonde, la persévérante révolution de la Grèce. La date peut tromper quelques esprits; mais les causes sont aussi différentes que la durée. Le mouvement de la Grèce, si juste, si nécessaire, toujours prêt, et suspendu comme par hasard, fut enfin déterminé, comme toutes les choses inévitables, par le premier incident qui s'offrit; et cet incident venait des Turcs et de la Russie. La révolte d'Ali-pacha dans l'Épire, la présence d'Ipsilanti dans la Moldavie dirent enfin aux Grecs : Il est temps de commencer.

Le désordre était redoublé dans l'anarchique domination de la Porte. Ali, le meurtrier, le spoliateur des tribus chrétiennes de la Thessalie et de l'Épire; Ali, qui depuis tant d'années avait mis à mort les plus braves des clephtes et des armatoles, mais qui avait augmenté, par la foule des malheureux qu'il avait faits, le nombre des hommes errants et désespérés; Ali, voulant dans sa vieillesse secouer le joug de la Porte, et ne plus opprimer que pour son compte, est attaqué par les Turcs, chassé de ses provinces, et bloqué dans sa dernière forteresse, avec ses femmes, ses trésors, son cortége d'empoisonneurs et d'assassins. Alors il imagine d'appeler à lui cette race grecque qu'il a décimée, ces restes des armatoles qu'il a détruits, ces clephtes qu'il a chassés même de leurs montagnes; il parle d'affranchir la religion grecque; il répand l'or parmi les chrétiens; il leur fait donner des armes; il soulève ses victimes contre l'empire turc, content de laisser au moins une révolte après lui.

D'une autre part, tandis que le pacha de la Morée poursuivant Ali au nom de la Porte est retenu au pied d'une forteresse de l'Épire, le lieutenant qui commande à sa place permet aux chrétiens de l'Arcadie de prendre les armes pour se défendre par la force contre les incursions d'une tribu musulmane qui habitait près d'eux.

Ainsi ces armes si longtemps attendues par les Grecs leur sont jetées par leurs tyrans.

En Moldavie, l'entreprise tentée par Ipsilanti, fils d'un ancien hospodar et général russe, languit d'abord et fut bientôt désastreuse. De jeunes étudiants grecs, venus d'Allemagne et d'Italie, avec des vêtements de deuil, une croix sur la poitrine, et l'enthousiasme des lettres et de la patrie, tombèrent comme des victimes sous le sabre des janissaires, touchantes et glorieuses prémices du sang qui devait couler dans cette guerre sacrée.

Le mouvement des deux provinces fut apaisé par des massacres; mais tout ce qui était chrétien et grec se soulevait de toutes parts; l'archevêque Gernanos excite et réunit les habitants de la Morée; le bey des Maniotes, Mauro-Mikali, descend dans la plaine avec sa tribu ardente au pillage; le vieux Colocotroni, ancien chef de clephtes, depuis longtemps réfugié dans l'île de Zante, reparaît avec des bandes de montagnards; les pâtres d'Arcadie accourent; la guerre commence par instinct, par religion, par nécessité, sans règle ni prévoyance; c'est l'antipathie des races, c'est la vieille haine du vaincu contre le vainqueur, du chrétien contre le Turc, qui reparaît dans toute sa force primitive; la séparation est faite, le joug brisé; tout ce qui est né musulman se réunit et s'enferme dans quelques villes mal fortifiées; tout ce qui est chrétien s'enhardit, s'amasse, et vient confusément assiéger ces villes. De grossiers instruments de labour, quelques vieilles armes européennes, laissées autrefois par les Russes, quelques sabres turcs, les fusils et les poignards des clephtes sont aux mains de cette multitude sans discipline et sans artillerie ; c'est la voix d'un prêtre qui les harangue, les anime, et leur permet de rompre l'abstinence du saint temps du carême, à cause de la guerre sacrée.

En même temps Hydra, Spezzia, Ipsara, mettent en mer leurs hardis vaisseaux. La domination des Turcs sur les Grecs semble tomber et s'écrouler de toutes parts ; de hideuses cruautés ne la raffermissent pas. Les nobles du Fanar et plusieurs prêtres du synode égorgés, des massacres tumultueux à Constantinople et à Smyrne, le meurtre du patriarche Grégoire, l'extermination du peuple de Scio, toutes ces barbaries enfoncent plus avant au cœur des Grecs qui survivent la haine de l'esclavage et de l'Alcoran. Ils sont dévoués dès lors à la destruction ou à la victoire ; et parmi les vicissitudes qui se mêlent à cette entreprise, parmi les fautes, les intrigues, les défaites, les traits d'héroïsme, on voit que la guerre ne peut se terminer que par la délivrance, et qu'une nation nouvelle est entrée dans le monde. Elle a marqué pour jamais son existence, quelque borné qu'en puisse être le cours. On peut massacrer tous les Grecs ; on ne peut plus les rendre aux Turcs.

Ici doit s'arrêter cette faible esquisse ; les actions contemporaines veulent être racontées par des témoins. Les événements nouveaux de la Grèce sont partout ; les noms de ses nouveaux héros sont dans toutes les bouches ; cette guerre est l'entretien de l'Europe ; fasse le ciel qu'elle n'en soit pas la honte, et que par cette fatalité qui fait souvent sortir de l'injustice les fautes et les malheurs, on ne soit pas un jour plus divisé par la ruine de la Grèce, qu'on ne l'eût été pour sa délivrance !

Si l'on regarde en effet la religion et la morale comme la vie des empires, si le christianisme et l'humanité ne sont pas de vains mots, si la pitié est la vertu de l'homme, et l'Évangile sa vérité, comment croire qu'un profond oubli de ces lois divines soit sans crime et sans péril ? Comment croire qu'en politique une grande contradiction soit une chose indifférente, et qui ne laisse point de traces ? On fait en Europe, dans l'intérêt des trônes et de la paix, de grands efforts pour affermir les croyances religieuses, pour inspirer le respect des autels ; on inscrit en tête d'un traité fondamental LA SAINTE ET INDIVISIBLE TRINITÉ ; et on laisserait périr, à cause de sa religion même, le peuple chez lequel ces saintes croyances conservent le plus de force, et font encore des martyrs ! Un tel contraste n'encourage-t-il pas le scepticisme et l'indifférence ? et des autels rétablis parlent-ils plus haut que ne le ferait un peuple chrétien sauvé de la mort ou de l'apostasie ?

Il y a douze ans, quand l'Europe se poussa tout entière contre le dominateur de ses trônes et de sa liberté, on vit la Prusse luthérienne, l'Angleterre dissidente, la Russie schismatique s'unir pour honorer le vénérable pontife de Rome et relever son pouvoir; et Rome, avertie par cet exemple que l'animosité des sectes religieuses a disparu devant la charité chrétienne, ne couvrirait-elle pas de son intercession les églises affligées d'Orient? N'autoriserait-elle pas en leur faveur la sollicitude et les prières de tout le sacerdoce chrétien?

Pontifes du Très-Haut, successeurs des Bossuet et des Fénélon, comment n'a-t-on pas entendu votre voix dans cette cause sacrée! Oh! combien elle serait précieuse pour les guerriers de la croix, l'aumône recueillie dans les temples du Seigneur! L'Église de la France n'a-t-elle pas, hélas! à l'époque la plus affreuse de nos troubles civils, connu toutes les tortures de la persécution, et ne trouve-t-elle pas de la pitié dans ses souvenirs? Vers la fin du moyen âge, dans la chaleur des dissensions réveillées par le concile de Florence, le pape Calixte fit publier des indulgences, et ordonna des prières dans tous les temples de l'Europe, pour les chrétiens de la Grèce qui combattaient les infidèles; il oubliait leur schisme, et ne voyait que leur malheur. Paul II, au nom du ciel, demande des secours pour les familles grecques chassées de leur pays et réfugiées sur nos rivages; la fausse piété de nos jours serait-elle plus intolérante que la foi du xve siècle?

Ne craint-on pas, si la Grèce achève de périr, si plusieurs millions d'hommes sont massacrés par le musulman, car telle est la condition de sa victoire, ne craint-on pas de préparer à l'avenir un terrible sujet de blâme et d'étonnement? Ne craint-on pas de fournir à l'esprit novateur un argument contre les plus justes pouvoirs? Comment l'avenir, qui nous touche et qui nous presse, expliquera-t-il cette épouvantable calamité? Les peuples chrétiens de l'Europe, dira-t-on, étaient-ils dénués de force et d'expérience pour lutter contre les Barbares? Non. Jamais tous les arts de la guerre n'avaient été portés si loin. Quelques officiers chrétiens auraient suffi pour donner la victoire à la croix : ils allèrent discipliner les hordes féroces des pachas musulmans. Cette catastrophe fut-elle trop rapide et trop soudaine, pour que la politique ait eu le temps de calculer et de prévenir? Non. Le sacrifice dura cinq ans; plus de cinq ans s'écoulèrent avant que tous les prêtres fussent égorgés, tous les temples brûlés, toutes les croix abattues dans la Grèce. L'Europe en eut le spectacle.

Espérons que ce crime ne se consommera pas tout entier. Le pacha d'Égypte, malgré les pavillons chrétiens qui ont remorqué sa flotte et transporté ses trésors, n'a pas conquis la Morée. Il possède une partie du sol; il n'aura pas les habitants. Réfugiés dans les montagnes, ou cantonnés dans quelques villes, ils combattent encore. Beaucoup d'hommes périssent; mais la nation s'opiniâtre à vivre par l'excès de son héroïsme et de son malheur. La guerre d'extermination, la destruction entière et absolue dont la Porte a besoin, ne peut avoir le temps de s'achever, avant que quelque grande puissance de l'Europe ne perde patience, ne soit touchée de honte, ou tentée par l'occasion d'un bon calcul. On a vu l'Amérique méridionale, quelque temps reniée par tous les États de l'Europe, y trouver tout à coup une grande alliance. La pauvre, la valeureuse Grèce n'offre pas sans doute des chances de commerce aussi favorables que les provinces du Mexique affranchi; on peut même redouter son génie maritime, son activité, qui renaîtrait si vite. On lui fera des conditions asservissantes et dures. Mais il faudra bien enfin sortir de cette neutralité meurtrière; on trouvera moyen de secourir la Grèce, en refusant un protectorat qu'on ne pourrait garder; quelques îles de son domaine peuvent se détacher encore, et augmenter cette échelle de garnisons maritimes que l'Angleterre étend partout depuis Malte jusqu'à Ceylan.

Quoi qu'il en soit, les amis de la religion et de l'humanité salueront avec joie tout événement politique qui arrêtera cette horrible effusion du sang humain, qui sauvera la vie d'une race chrétienne, qui donnera une nation de plus au monde civilisé. Ainsi, et c'est là sans doute le triomphe de l'habileté, une puissance de l'Europe sera quelque jour remerciée de l'adroite spéculation qu'elle aura faite. Elle aura du gain et de la gloire, et fera, pour son propre avantage, une chose populaire dans toute l'Europe.

Il y a dans le monde des mutations inévitables, dont profite celui qui sait les pressentir, et que la sage politique doit reconnaître à temps, pour les diriger. L'invasion qui avait abattu devant les Turcs, il y a près de trois siècles, une race chrétienne, née sous le ciel le plus heureux pour le génie, cette invasion toute militaire et toute asiatique, qui n'avait pu triompher de l'antipathie des races et de celle des religions, qui n'avait pu arracher à la nation grecque ni ses mœurs, ni son idiome, ni son culte, cette invasion maudite par l'ancien droit public de l'Europe, et toujours illégitime, devait cesser tôt ou tard.

L'époque de l'événement était incertaine, mais l'événement infaillible. Bacon, Leibnitz, Montesquieu, et d'autres publicistes, l'avaient annoncé. La politique d'une grande puissance l'avait longtemps préparé; lorsqu'il éclate enfin, quelles que soient les répugnances nées de combinaisons nouvelles, on ne peut empêcher qu'il ne soit juste, nécessaire, approuvé par les lois de Dieu et la conscience du genre humain ; on ne peut empêcher que la civilisation croissante de l'Europe, la douceur de ses mœurs, la perfection de ses arts n'ayent fait de la présence des Turcs au milieu de la Grèce une espèce d'anomalie barbare qui doit disparaître. Et lorsqu'ils ont une fois reculé, lorsqu'il s'agit non pas de maintenir, mais de recommencer l'ancienne invasion, les anciens massacres; lorsque les Turcs ne sont plus ce qu'ils étaient jadis, puissants, victorieux, redoutables à l'Europe encore ignorante et grossière; lorsqu'au contraire ils auraient besoin maintenant d'une garde européenne pour se rétablir dans la possession de la plus belle partie de l'Europe, ne faut-il pas avouer l'invincible décret de la Providence qui affranchit la Grèce?

Ces raisons morales entrent aussi dans la politique [1]. Les pensées généreuses ne sont pas toujours écartées du cabinet des rois. On s'en défie d'abord, comme si elles devaient être moins utiles, parce qu'elles s'adressent surtout à la conscience et à l'honneur ; mais l'honneur des nations est une partie de leur force. Voyez le règne de Louis XIV : l'expédition de Candie, la délivrance des

---

[1] Enfin le cri de la conscience publique, l'indignation de tous les hommes qui ne sont ni valets ni ministres, est montée jusqu'aux trônes. Le traité signé à Londres le 6 juillet 1827 promet aux Grecs une médiation protectrice. On fait, après six ans, pour les débris dispersés de ce malheureux peuple, ce qu'il était juste, ce qu'il était aisé de faire pour le peuple même, dans les premiers jours de sa glorieuse renaissance ; on condamne par cet acte de tardive pitié six ans d'une barbare apathie. Quoi qu'il en soit, que la politique soit au moins sincère dans son retour aux sentiments humains, qu'elle se *rapproche* des Grecs, suivant l'expression du traité; qu'elle n'affecte pas dans son intervention même une espèce de neutralité absurde entre le gouvernement atroce et fanatique de la Porte, et les victimes échappées à sa tyrannie, ou survivant à ses massacres; qu'elle ne ménage pas les oppresseurs si entêtés dans leurs prétentions sanguinaires; qu'elle ne s'irrite pas contre les opprimés, qui ont doublement le droit d'être défiants; surtout qu'elle se hâte, qu'elle ne vienne pas seulement pour enterrer les morts. Alors l'estime publique saluera les réparateurs de cette longue inhumanité, ceux qui auront sérieusement sauvé les faibles restes d'un peuple chrétien, que l'on a laissé tuer si longtemps, sans pouvoir le détruire!

esclaves chrétiens par le bombardement d'Alger, la guerre soutenue pour la succession d'Espagne étaient des entreprises généreuses ; elles n'en furent pas moins des entreprises hautement politiques, favorables au commerce, à la marine, à l'ascendant de la France. Et, dans une guerre toute récente, la magnanimité personnelle du prince qui commandait l'armée française n'était-elle pas un instrument de victoire? Ne prenons pas une chose glorieuse pour une imprudence. Toute intervention de la France en faveur de la Grèce serait un calcul de sagesse, autant qu'un acte d'humanité. Ce n'est pas en vain que Charles X a du sang de saint Louis dans le cœur. Cette inspiration de religion et de loyauté, ce point d'honneur de Français et de roi qui anime ses paroles, et qui est comme le mouvement naturel de son âme, semble nous promettre que son règne ne verra pas sacrifier une nation malheureuse, dont l'anéantissement ne peut s'accomplir, si la volonté d'une seule puissance persiste à la sauver.

VIE
DE L'HOPITAL

VIE
DE L'HOPITAL.

On a fait souvent le panégyrique du chancelier de L'Hôpital, en lui prêtant des idées qu'il n'avait pas; et l'on a caché sa véritable gloire sous les éloges qu'on lui donnait. Une meilleure étude serait de rechercher à la fois dans ses actions et dans ses écrits les vrais sentiments de son âme : car le succès ayant manqué au dessein de ce grand homme, l'histoire générale, qui ne tient guère compte que des entreprises heureuses, est loin de le présenter tel qu'il fut en effet. La France n'a rien produit dont elle doive plus s'honorer que cette antique magistrature qui, même sous le pouvoir absolu, conservait l'image de la liberté dans l'indépendance de la justice; et L'Hôpital, par son génie et par le temps où il a vécu, est en quelque sorte le chef et le modèle de cette génération de grands magistrats, que l'on vit se perpétuer pendant plus d'un siècle, comme une sauvegarde publique, au milieu des factions, des coups d'État et de la guerre civile.

Michel de L'Hôpital naquit vers l'année 1505, en Auvergne, près de la ville d'Aigueperse. On montre encore aujourd'hui le lieu de sa naissance : c'est un petit manoir, dont les bâtiments conservent dans l'intérieur les escaliers étroits et tortueux de l'ancien temps. Son père, Jean de L'Hôpital, homme savant et attaché à l'étude de la médecine, tenait ce domaine de la générosité du connétable de Bourbon, auquel il servait plutôt de conseiller que de médecin. Jean de L'Hôpital eut trois fils, et une fille qui dans la suite devint religieuse. Il les éleva d'abord avec beaucoup de soin; et dès que Michel, son fils aîné, fut en âge, il l'envoya pour étudier en droit à Toulouse. Cette ville renfermait une école très-fréquentée[1], où la jeunesse s'appliquait sous une sévère discipline à ces études classiques, qui n'étant alors aidées ni par l'exactitude ni par la facilité des méthodes, avaient toute la lenteur laborieuse de l'érudition. Dès quatre heures du matin, en hiver, on se levait pour la prière; puis on allait aux écoles jusqu'à onze heures; on en revenait ensuite pour discuter les textes, vérifier les passages, et pour toute récréation lire Aristophane, les tragiques grecs, Plaute et Cicéron. Tandis que le jeune L'Hôpital, avec l'ardeur de son âge et l'austérité naturelle de son caractère, était livré tout entier à ces graves études, sa famille fut frappée d'une cruelle disgrâce.

On sait qu'à cette époque les serviteurs d'un grand, à

---

[1] *Recherches sur la France*, par Estienne Pasquier.

quelque titre que ce fût, croyaient dépendre de lui bien plus que de la couronne. Admis dans la confidence du connétable de Bourbon, le père de L'Hôpital dut suivre la fortune de ce puissant seigneur. Lorsque le caprice amoureux de la mère de François Ier, se changeant en haine, poussa par des persécutions le connétable hors du royaume, et dans le camp de Charles-Quint, Jean de L'Hôpital, officier du prince et son feudataire, se trouva parmi les vassaux fidèles qui se bannirent avec lui. Il avait la douleur de laisser en France trois de ses enfants encore dans un âge fort tendre, et son fils aîné, qui n'avait que dix-huit ans, et devenait ainsi le chef de cette famille délaissée. Des commissions avaient été nommées pour instruire contre le connétable et ses partisans. Jean de L'Hôpital se trouva compris dans ce nombre; il fut condamné par contumace à l'exil et à la perte de ses biens. On procéda même contre le jeune L'Hôpital, suspect par le malheur de son père. Il subit quelques mois de prison, commençant la vie par cette dure expérience, qui ne devait pas peu contribuer à jeter dans son âme l'amour de la justice et la haine des partialités politiques et judiciaires. Mais enfin, après divers interrogatoires, il fut mis en liberté. Deux ans après, il obtint même la permission de quitter la France, et d'aller rejoindre son père en Italie. Il avait alors vingt ans; mais il était loin d'avoir achevé le long cours d'étude auquel la jeunesse qui se préparait aux professions savantes était assujettie dans le XVIe siècle. Il retrouva son père à Milan; et il était près de lui dans cette ville, lorsque François 1er vint en former le siége.

Jean de L'Hôpital, dans sa fidélité au connétable de Bourbon, s'était abstenu cependant de porter les armes contre la France[1]; il eût craint sans doute encore plus de compromettre la jeunesse de son fils au service d'une cause étrangère. Il le fit donc sortir de Milan. L'Hôpital a conté lui-même ce fait dans son testament; et il en donne une raison naïve qui peint les mœurs du siècle. « Comme le siége traînait en longueur, dit-il, mon père, craignant que je ne perdisse mon temps, donna charge à quelques voituriers de m'emmener, avec lesquels étant sorti de Milan en habit de muletier, je passai, non sans grand danger, la rivière d'Adda, au-dessous de la ville de Casan, où il y avait garnison de gens de guerre. » Cette périlleuse sortie avait pour objet de le conduire à Padoue, ville célèbre par ses savants et son université.

Rien n'égalait alors en Europe la gloire des écoles d'Italie : c'était dans ce pays que l'étude du droit romain avait repris naissance dès le XIe siècle. La multiplicité des petits États, les intérêts divers des souverains, les constitutions libres et agitées de quelques villes avaient donné beaucoup d'importance à la science et aux principes généraux du droit civil. Il y tenait la place des usages féodaux qui pesaient sur presque toute l'Europe. Il avait de bonne heure éveillé les esprits par la subtilité

---

[1] *Michaelis Hospitalii, Galliarum cancellarii, Carmina.*

de ses controverses, et favorisé l'indépendance dans cette terre, qui devait rester plus tard asservie par les préjugés et la conquête.

L'élégance des beaux-arts se mêlait en Italie à l'érudition, à la jurisprudence et même à la théologie. Politien, le plus ingénieux des poëtes latins modernes et grand poëte italien, avait écrit sur les Pandectes un docte et profond commentaire ; et l'on sait que, trente ans plus tard, le Tasse, avant de produire son poëme inspiré, soutenait avec éclat des thèses de jurisprudence.

Les universités de Bologne, de Modène, de Pise, de Padoue, étaient également renommées par la politesse et le savoir. Il y paraissait même quelques lueurs d'un esprit philosophique alors inconnu dans l'Europe. L'Hôpital resta six ans à Padoue ; et l'on doit sans doute attribuer à ce studieux séjour le goût de littérature antique, l'urbanité savante qui se mêla toujours à l'austérité de ses mœurs et de ses travaux, et qui forme un trait si marqué de son caractère.

Il se lia d'amitié, dans cette ville, avec plusieurs savants italiens, et avec Arnaud du Ferrier, jeune Français zélé comme lui pour l'étude des lois, et qui, dans la suite, fut ambassadeur de France, au concile de Trente et à Venise.

Lorsque le connétable périt en 1527 sur les murs de Rome escaladés par ses soldats, trois ans après sa désertion si fatale à la France, le petit nombre de Français qui avaient suivi sa fortune, se trouvant privé d'un tel appui, ne fit plus que languir sous la protection dédaigneuse de Charles-Quint. Le père de L'Hôpital attira cependant par son mérite l'attention de ce prince; et il paraît qu'il entra dans quelques négociations pour ménager la paix, servir les intérêts de la France, et se préparer à lui-même un retour dans sa patrie.

L'Hôpital a mis dans la suite un soin religieux à défendre la conduite de son père; il le montre entraîné dans la chute d'une grande maison, victime volontaire de son attachement pour un prince malheureux; et il célèbre son mépris des richesses, son ardent amour pour la justice, et sa fermeté d'âme.

Ces éloges et la persévérance même de François Ier à refuser la grâce de Jean de L'Hôpital font croire qu'il n'était pas un homme ordinaire, et qu'il avait quelques-unes des qualités fortes admirées dans son fils.

Michel de L'Hôpital avait passé six ans à Padoue et approfondi la science du droit. Son père l'appela près de lui pour le conduire à Rome, où Charles-Quint allait être couronné roi des Romains. Le jeune L'Hôpital, déjà célèbre par son érudition, obtint une charge d'auditeur de rote. Mais une protection puissante le rappelait dans sa patrie. Le cardinal de Grammont, négociateur de François Ier, pendant la captivité de ce prince, était alors ambassadeur à Rome. Il avait ce goût vif pour les affaires et pour les lettres qui distinguait dans ce siècle plusieurs évèques de France. Il fut frappé du rare mérite de L'Hôpital; et, ne voulant pas le laisser languir à Rome, il lui promit, s'il revenait en France, de l'avancer à de plus grands emplois. La première ambition du jeune homme était d'obtenir le rappel de son père et d'effacer une condamnation injurieuse pour sa famille. Il partit dans cette espérance; mais la mort du cardinal de Grammont le laissa presque aussitôt sans protecteur, et sous la disgrâce d'un nom suspect à la cour. Réduit à lui-même et retrouvant la jeune famille de son père, sur laquelle des amis fidèles avaient veillé pendant son absence, il se mit avec une grande ardeur à suivre le barreau du parlement de Paris.

Le barreau de ce temps, malgré son élocution rude et pédantesque, comptait des hommes d'un grand savoir et d'une vertu rare. Leur profession était fort honorée; et souvent c'était parmi les avocats blanchis dans le travail et dans la bonne renommée, que l'on avait choisi les juges qui siégeaient au parlement de Paris. Mais la vénalité des charges, introduite depuis quelques années, avait rendu moins fréquente cette élévation du mérite laborieux et pauvre. On se plaignait de ce que des jeunes gens riches et sans étude achetaient à prix d'argent le droit de juger; et l'on regardait cette innovation du chancelier Duprat comme une funeste décadence. Toutefois le jeune L'Hôpital se fit tellement admirer par son érudition et son intégrité, qu'une alliance honorable lui ouvrit bientôt cette carrière de la magistrature qui semblait envahie par la richesse. Le lieutenant criminel Morin lui offrit en mariage sa fille, à laquelle, dit L'Hôpital, on donna pour douaire une charge de conseiller. Le lieutenant criminel Morin, homme d'ailleurs estimé pour son savoir et sa probité sévère, passait pour un des plus inflexibles exécuteurs de la législation barbare établie contre les protestants. Il était du nombre de ces esprits opiniâtres et durs qui, pleins de ce qu'ils appelaient dès lors les bonnes et vieilles coutumes du royaume, se croyaient tenus de faire subir aux nouveaux réformateurs les supplices cruels ordonnés autrefois contre les manichéens, et auraient craint de dégénérer de l'ancienne discipline, en ne brûlant pas les hérétiques.

On ne peut douter que L'Hôpital n'ait dans la suite modéré le zèle persécuteur de son beau-père; mais ce qui n'est pas indigne de remarque, c'est que la femme qu'il avait prise dans une maison si ennemie du protestantisme avait embrassé et professa toute sa vie la nouvelle réforme, soit qu'un motif inconnu ait déterminé sa croyance, soit plutôt que cette âme douce et généreuse ait été repoussée du catholicisme par le spectacle même des rigueurs dont elle avait été entretenue dès l'enfance.

Ce mariage fut heureux par l'accord et l'égalité des vertus; il en naquit une fille qui suivit la religion de sa mère. Admis dans le parlement de Paris, L'Hôpital y fut admiré pour la science, l'intégrité de ses avis, et sa religieuse exactitude. Il a pris plaisir à conter, dans une épître latine, qu'il arrivait, avant le point du jour, au palais avec un serviteur qui portait un flambeau devant lui. Il se retirait le dernier, quand l'huissier annonçait la dixième heure; il ne s'irritait pas contre les plaideurs; il ne regardait pas avec impatience le sable trop lent à s'écouler. Ailleurs, il retrace comment par son zèle à protéger l'innocence, par le respect des lois, par le mépris de la faveur, il travaillait à rétablir l'ancienne splendeur de la magistrature. Il en avait sous les yeux un illustre exemple; c'était le président Olivier, l'un de ces caractères formés dans nos parlements du XVIe siècle, par la tradition naïve des mœurs gauloises, et l'étude profonde de l'antiquité grecque et romaine, unissant à la loyauté des sujets les plus fidèles une sorte de fierté rigide, qui semblait échappée des républiques anciennes, et consacrant toutes leurs vertus par une piété simple qui leur prescrivait la plus impartiale justice comme un devoir de religion.

Lorsque François Ier, las de ses guerres ruineuses, voulut rétablir, par le bon ordre et la justice, son royaume affaibli, il choisit Olivier pour chancelier de France. C'était un ami puissant que la fortune donnait à L'Hôpital; mais celui-ci, renfermé dans les modestes fonctions de sa charge, vivait obscur et loin de la cour. Ami du cardinal de Tournon, il le voyait peu; et il passait les heures que lui laissaient les fonctions judiciaires, à méditer un ouvrage sur les lois romaines. Cette vie sérieuse et occupée n'était interrompue que par les vacances du palais; retiré à la campagne de son beau-père, il reprenait alors ses études chéries, les lettres et la poésie.

Il a décrit l'emploi de ses loisirs dans des vers latins, selon l'usage du temps. « Là, mes amusements, dit-il avec grâce, ont quelque chose de sérieux, soit que je tienne à la main les ouvrages de Xénophon, soit que le divin Platon remplisse mon oreille des paroles de Socrate. Souvent je me plais à relire les grands poëtes, Virgile, Homère. J'aime à faire succéder la lecture d'une comédie à celle d'un poëme tragique, mêlant la tristesse et la gaieté, l'enjouement et la douleur. Je me plais surtout à quelque harangue d'un citoyen vertueux aimant la liberté de sa patrie, et dont la voix excita jadis les applaudissements du sénat. Quelquefois aussi, lisant les grandes actions des rois français, retracées sans artifice et sans fard, je n'y trouve pas moins de charme qu'à ces magnifiques récits des Grecs, où l'histoire conserve à peine l'apparence de la vérité. Mais il n'est pas pour moi d'ouvrage comparable aux livres saints. Il n'en est pas où l'âme se repose avec plus de douceur et trouve un refuge plus assuré contre tous les maux. Voilà dans quelles études je voudrais passer tous les moments de ma vie, aux champs ou dans les villes, afin que jamais l'amour du gain, la passion des richesses ne tourmente mon cœur, et que je tienne toujours éloignée de moi cette ambition qui s'empare des malheureux humains et dépouille leur âme de sa liberté, pour les enlacer dans mille piéges funestes, et les livrer enfin à la mort. »

Malgré ces douces études, et cet éloignement sincère de toute ambition, L'Hôpital n'était pas indifférent à la disgrâce du roi; il s'en affligeait surtout, à cause de l'exil prolongé de son père, qui s'était retiré en Lorraine, où il mourut quelques années après. Dans une de ses épîtres latines, libre peinture de son âme, il exprimait ingénument ses regrets au célèbre Duchâtel, évêque de Tulle, et bibliothécaire de François Ier, ce qui était une grande charge à la cour d'un tel roi. « Je me livre tout entier, dit-il, aux intérêts publics. Depuis près de neuf ans, je remplis assidûment les devoirs de juge. Pourquoi donc ne suis-je pas plus heureux? Pourquoi ma barque s'est-elle arrêtée sans naufrage sur l'écueil où s'est brisée celle de mon père? Pourquoi suis-je puni de sa faute? Je le serais avec joie, si par là je devais alléger sa peine, et si nous n'étions pas tous deux victimes à la fois. »

Une noble communauté de sentiments rapprochait L'Hôpital et Duchâtel; tous deux étaient également religieux et tolérants, également zélés pour les droits du prince et pour les franchises du peuple; tous deux puisaient dans l'amour des lettres cette douceur de mœurs et cette humanité si rare de leur temps. Lorsque la réforme s'était répandue dans le royaume, Duchâtel, malgré son zèle pour la foi catholique, s'était élevé avec beaucoup de force contre les supplices barbares infligés aux premiers sectaires; il avait réclamé pour eux la douceur des lois évangéliques, et n'avait usé de sa faveur auprès du roi que pour diminuer le nombre des victimes. Duchâtel, si cher à François Ier, parvint, sous le règne suivant, à la dignité de grand aumônier; et vers la même époque, une nouvelle carrière s'ouvrit pour L'Hôpital, si longtemps retenu dans des fonctions inférieures à son génie.

Le chancelier Olivier le fit nommer ambassadeur du roi au concile de Trente, ou plutôt de Bologne : car le pape venait de transférer dans cette ville une assemblée qu'il voulait soustraire à l'influence de Charles-Quint. Ce concile avait à juger la plus grande question qui se fût élevée dans l'Europe depuis la chute de l'empire romain : il allait décider si l'unité chrétienne attaquée par Luther avec tant d'audace était rompue sans retour, et si les dissidents demeureraient entre la persécution et la guerre civile.

La mission de L'Hôpital fut inutile : beaucoup d'évêques persistaient à maintenir le concile dans la ville de Trente; et l'Europe chrétienne se trouva menacée d'avoir en même temps deux conciles, comme elle avait eu plusieurs fois deux papes. L'Hôpital demeura quelque temps à Bologne, malade et découragé, s'affligeant de ne pas voir commencer l'ouvrage de la paix religieuse. Dans une épître latine qu'il adressait à Olivier, après quatre mois d'attente, il paraît désirer revenir en France, mais en craignant de reprendre les devoirs pénibles et minutieux de la magistrature. Il voudrait, dit-il, suivre toute autre carrière, plutôt que de se débattre encore contre les procès, en roulant, depuis le lever du jour jusqu'au coucher du soleil, cette pierre qui retombe incessamment.

Il souhaiterait non pas l'oisiveté, mais une fonction publique qui pût s'accorder avec le goût et la culture des lettres.

L'assemblée de Bologne demeurant infructueuse par la scission opiniâtre des pères du concile de Trente, Henri II rappela son ambassadeur; et L'Hôpital revint en France, pour y voir bientôt après le vertueux Olivier tomber de sa haute faveur dans la disgrâce et l'exil. Le vénérable chancelier fut renvoyé par la maîtresse de Henri II. L'éloignement de ce ministre semblait un fâcheux augure pour la fortune de L'Hôpital; il avait besoin d'un tel médiateur entre la cour et lui; il nous apprend lui-même qu'une sorte de pudeur invincible ne lui permettait ni de se produire auprès des grands, ni de vanter ses services, ni de montrer le but de son ambition. L'Hôpital avait quarante-deux ans, et n'était toujours que conseiller du parlement de Paris, lorsque enfin il fut appelé à la cour par l'estime d'une jeune princesse qu'avaient charmée ce mérite si grave et cette renommée si pure.

La duchesse de Berry, fille de François Ier, nièce de la célèbre reine de Navarre, élevée comme elle dans l'amour des lettres, choisit L'Hôpital pour son chancelier. Admis au premier rang, dans la cour de cette princesse, L'Hôpital y trouvait réunis, par la même protection, les écrivains les plus doctes de France. Des savants qui ne sont plus à nos yeux que des commentateurs étaient alors les hommes les plus éclairés et les plus utiles aux progrès naissants de la raison : car, il ne faut pas s'y tromper, l'érudition était la philosophie du temps. C'était un idiome commun à quelques esprits, et qui semblait les soustraire aux préjugés et aux passions dont la foule était enivrée. Des femmes d'une illustre naissance, et parées de toutes les grâces de la jeunesse et de la beauté, parlaient cette espèce de langue sacrée avec de graves magistrats, des maîtres célèbres et quelques évêques tolérants que l'on soupçonnait d'hérésie. Ainsi, dans un intervalle de trente années, on vit la reine de Navarre, sœur de François Ier, la duchesse de Berry, la princesse de Ferrare, toutes deux filles de ce roi, Anne, duchesse de Guise, et Marguerite de Valois, première femme de Henri IV, servir de leur crédit, animer de leurs conseils et de leur amitié Érasme, Budée, Marot persécuté comme un savant, Paul de Foix, homme de lettres et grand homme d'État, Amyot, le généreux de Thou, père de l'historien, le docte et infortuné Ramus, l'une des victimes de la Saint-Barthélemy, et beaucoup d'autres hommes célèbres alors, oubliés aujourd'hui.

La cour de la duchesse de Berry, qui protégeait L'Hôpital, était plus sévère que ne l'avait été celle de la reine de Navarre; on y faisait moins de contes badins et de récits amoureux, mais beaucoup de lectures et de doctes entretiens.

L'Hôpital nous a décrit lui-même les soirées de cette petite cour dans une épître à la princesse. « Une liberté décente, lui dit-il, vous plaît mieux que toutes les flatteries; vous êtes toujours affable pour ceux que vous admettez près de vous, gracieuse sans tromperie, noble sans hauteur. Secourable aux malheureux, votre maison est le refuge des hommes de bien; elle est sainte et respectée. A votre table vient s'asseoir une réunion vantée d'hommes savants qui charment la longueur du repas par la variété de leurs discours; vous paraissez au milieu d'eux comme une reine, arbitre éclairé des paroles et juge du théâtre. Vous écoutez leurs entretiens; vous écoutez les bons et quelquefois les mauvais vers que viennent lire les poëtes ; vous accordez à tous de justes récompenses; ou, tandis que votre frère poursuit des guerres glorieuses, vous appelez sa faveur sur les muses adonnées aux loisirs plus heureux de la paix. »

L'Hôpital conduisait quelquefois chez la duchesse de Berry sa femme et sa fille; et la princesse les embrassait, en se plaignant que son chancelier fuyait trop le monde et les honneurs, et ne recherchait pas les grands emplois que méritaient son rare savoir et son intégrité. La duchesse de Berry, non contente d'avoir attiré près d'elle Michel de L'Hôpital, le recommanda vivement à son frère Henri II, qui lui donna d'abord un office de maître des requêtes, et l'admit à sa cour. Ensuite, il fut nommé surintendant des finances en la chambre des comptes, charge importante et nouvelle dont les fonctions étaient réunies auparavant à celle du garde des sceaux.

Le cardinal de Lorraine dominait dès lors les conseils de Henri II, et s'appuyait à la fois sur la gloire de son frère, le duc de Guise, et sur la faveur de Diane de Poitiers. Politique peu scrupuleux, il estimait pourtant L'Hôpital; et il sentait en lui cette puissance de l'homme de bien, que l'on ne peut intimider ni corrompre. Il aida son élévation, et parut presque son protecteur. L'Hôpital avait besoin de cet appui, pour résister à toutes les haines que suscita dès l'abord son inflexible exactitude. Depuis longtemps, les finances du royaume étaient une proie disputée à l'envi par les traitants et par la cour. Les revenus publics se montaient à trente-huit millions; mais à peine une moitié de cette somme entrait dans les caisses de l'État, et mille prodigalités l'en faisaient sortir. L'Hôpital veilla sévèrement à la perception et à l'emploi des deniers; souvent il ajourna, il refusa le payement des ordonnances de faveur.

Cette conduite, qui n'était avantageuse qu'à l'État, souleva contre L'Hôpital beaucoup d'ennemis personnels; et odieux à la cour, il s'attirait en même temps la haine du parlement par une démarche peut-être imprudente, où l'engagea son ardeur pour réformer les abus de la justice. Il s'agissait de supprimer le droit d'épices, impôt établi sur les procès, au profit des juges, sorte de salaire que les magistrats se disputaient souvent avec une honteuse avidité.

L'Hôpital, pendant qu'il siégeait au parlement, avait gémi sur ce scandale. Il saisit avec empressement l'occasion de le faire disparaître ; mais les conseillers de Henri II mêlèrent à cette utile réforme un calcul pour asservir la magistrature. Ils divisèrent le parlement de Paris en deux sections qui devaient se succéder l'une à l'autre, pendant six mois chacune. Ils se flattaient de trouver toujours dans l'une de ces assemblées la docilité qui manquerait à l'autre, et d'anéantir ainsi le droit de remontrances, faible débris, ou plutôt imparfait supplément des antiques libertés du royaume. L'Hôpital put juger dès lors combien il est difficile d'obtenir que le bien soit fait sans un mélange de mal. Cette réforme, qu'il avait tant désirée, cette abolition d'une taxe honteuse pour la justice, fut enveloppée dans un édit qui mutilait la puissance même du parlement. En même temps, sous prétexte de cette division qui diminuait le nombre des juges durant chaque semestre, on créa, on vendit des charges nouvelles ; et la corruption ne fit que s'accroître. L'âme vertueuse de L'Hôpital souffrit de voir ainsi le bien perverti, et ses intentions calomniées par l'abus qu'on en avait fait. Il confia cette douleur à son ancien ami le chancelier Olivier, qui vivait dans la retraite, conservant les honneurs d'un vain titre, mais oublié par la cour.

Ce vertueux magistrat s'occupait, tranquille dans sa terre, du ménage des champs, comme on disait alors, et lisait à ses heures de loisir Tacite et Philon le Juif. Sa réponse à L'Hôpital respire tout le calme de cette vie studieuse et solitaire. Il encourage son ami à se montrer inflexible dans le bien, à défendre toujours les trésors de l'État contre l'intrigue et la cupidité, et à mépriser la calomnie. « En lisant votre lettre, dit-il, je ne puis dire quelle joie douce j'ai ressentie ; vous me mettiez sous les yeux mon bonheur d'avoir échappé à cette mer orageuse de la cour, et d'être abordé dans ce port, dans ce tranquille séjour. Ce petit champ, je ne le changerais pas pour tous les trônes d'Orient. Ici, j'apprends à négliger tous les engagements de la terre pour le service du ciel. Ici, je vis tout entier pour le Christ et pour moi. Ici, je méprise de haut le poison de la calomnie et de l'envie. Je ne m'étonne pas que vous-même en soyez menacé. Ce monstre s'attaque surtout aux hommes éminents, et il entretient une guerre perpétuelle avec ceux qui servent fidèlement l'intérêt public. Vous vaincrez toutefois, et sans trop de peine, grâce à votre invariable constance et à votre amour de la justice : c'est l'antidote tout-puissant qui vous préserve ; car il n'y a pas de meilleure sauvegarde que l'innocence et la vertu. »

Ces paroles sont belles dans la bouche d'un homme que sa vertu même n'avait pu défendre : et il n'est pas sans intérêt de voir L'Hôpital cherchant à se rassurer contre de puissants ennemis, par le suffrage d'un homme de bien dans l'exil. Austère, économe, gardien minutieux de la règle, il usa plus d'une fois du contrôle qu'exerçait la chambre des comptes, pour diminuer ou refuser les gages modiques des conseillers au parlement qui manquaient d'assiduité ; et il porta dès lors dans le gouvernement ce soin et quelquefois cette tyrannie des détails, que l'on retrouve plus tard dans les ordonnances et les édits dont il était l'auteur.

L'Hôpital était désintéressé pour lui-même, comme il était sévère pour les autres. Voulant marier sa fille, il n'eut d'autre dot à lui donner que sa charge de conseiller au parlement, qui valait huit mille francs, et qu'il fit passer à son gendre.

Les registres du parlement conservent les plaintes qui furent faites à ce sujet par les ennemis de L'Hôpital. On contesta cette transmission déguisée sous la forme d'une vente, suivant l'usage ; et L'Hôpital fut accusé d'une prétendue fraude, qui n'attestait que son désintéressement et sa noble pauvreté. Le roi Henri II méprisa de telles calomnies ; et ses bienfaits donnèrent enfin à L'Hôpital ce qu'il avait longtemps souhaité, une maison des champs, petite comme celle d'Horace, mais dans un pays moins riant que Tibur :

« Hoc erat in votis, modus agri non ita magnus. »

C'était dans les plaines fertiles et monotones de la Bauce. Le lieu s'appelait Vignay, près d'Étampes. Il n'y avait ni ruisseau ni fontaine. Mais dans cette retraite, L'Hôpital allait chercher le repos, les doux loisirs de l'étude, et se plaisait à rassembler quelques-uns de ses illustres ou savants amis. Il a fait lui-même une description de ce séjour, dans une épître qu'il adressait à ses hôtes : « Chers amis[1], leur dit-il dans l'idiome, et quelquefois avec le tour gracieux d'Horace : quels présents puis-je vous offrir? vous ne cherchez ni les délices ni la pompe de la ville, vous en êtes las et rassasiés; et mon humble domaine n'est pas assez fertile pour nourrir des hôtes délicats. Mais ce petit champ d'un maître qui n'est pas riche peut offrir des choses simples à des convives sobres, un agneau, un porc de deux mois, des fruits, des noix, du vin d'un coteau que ma femme a planté, etc. Le riche fermier de la vallée voisine, et le marché célèbre de la montueuse ville de Meysse nous fournira le reste. La maison est assez grande pour contenir le maître et trois amis, ou même quatre à la fois. Les bâtiments conviennent à la terre, et la terre aux bâtiments. Le service de la table ne sera pas trop rustique. Ma femme, en venant, a apporté de la ville une salière d'argent qu'elle n'ou-

---

[1] « Sed vos, o dulces socii, quo munere donem?
Nam neque delicias, neque luxum quæritis urbis,
Expleti et saturi his mento tenus; et mea non sunt
Tam bona prædiola, ut bene lautos pascere possint.
Angusti et tenues, domini non divitis agri
Sufficere hospitibus poterunt vulgaria parcis,
Lactentes vitulos, agnum porcumve bimestrem,
Poma, nuces, manibusque uxoris consita nostræ
Vina, fabas, et pisa, napos; at cætera nobis
Suppeditat nitidus vicinæ vallis arator
Saxosæque forum mercatu nobile Messæ.
Est domus ampla satis dominum quæ possit, et illi
Tres capere adjunctos comites, vel quattuor una.
Nec fundus villam, nec fundum villa requirit.

bliera pas au retour. Il y a des serviettes d'une toile fine ; et les lits sont couverts de tissus de lin. Le lieu prochain, où s'élèvent de longues allées d'ormes qui défendent du soleil, était, sous l'ancien maître, un champ de blé. Ma femme changea tout en arrivant; et elle augmenta le bois voisin qui me donne une ombre épaisse. C'est là que je porte mes pas au point du jour. J'y fais des vers, ou je relis quelque chose d'Horace ou de Virgile, ou je m'occupe à quelques rêveries, et me promène seul jusqu'au moment où ma femme me rappelle pour le souper. »

Les amis de L'Hôpital sont faciles à nommer, faciles à reconnaître. C'étaient les hommes les plus savants et surtout les plus vertueux d'un siècle où la licence et la férocité commune des mœurs faisaient briller d'un plus vif éclat quelques âmes choisies ; c'étaient quelques magistrats du parlement, fidèles soutiens des libertés du

> Cultus erit mensæ non rusticus ; urbe salinum
> Argento factum veniens huc extulit uxor,
> Et secum referet ; sunt et mantilia filo
> Pertenui, mundis sunt lintea stragula lectis.
> Proxima quæ mox ordinibus distincta videtis
> Nunc loca, directisque, et solem arcentibus ulmis,
> Sub domino vetere, et segetes et culta fuere.
> Mutavit veniens ea conjux et nemus auxit
> Conjunctum, multam domino quod porrigit umbram.
> Huc prima fero luce pedes, hic carmina condo,
> Aut aliquid Flacci relego, doctive Maronis,
> Nugarumve aliquid commentor, et ambulo solus,
> Instructis epulis, cœnatum dum vocet uxor. »

royaume ; quelques hommes d'État qui n'avaient pas la corruption de la cour, et la servaient sans l'aimer ; quelques savants d'un esprit libre et généreux.

Dans ce nombre, il faut placer au premier rang Paul de Foix, sorti de l'illustre maison des comtes de Foix, mais n'aspirant qu'à la gloire des lettres et de la vertu, possédant au même degré l'art des négociations, la science des lois et la philosophie d'Aristote, membre ecclésiastique du parlement, et protecteur des accusés pour cause d'hérésie. Paul de Foix dans la suite devint archevêque de Toulouse et ambassadeur de France à la cour de Rome. Ami du jeune de Thou, comme il l'avait été de L'Hôpital, il garda toujours les principes de tolérance religieuse dont ces deux grands hommes furent les soutiens et les modèles.

Près de L'Hôpital se réunissaient encore Arnaud du Ferrier, défenseur constant des libres coutumes de l'Église gallicane, contre les prétentions de la cour romaine, homme d'un savoir presque universel et d'une sagacité qui s'appliquait aux affaires comme à l'érudition ; du Mesnil, sorti du barreau pour entrer dans la charge encore nouvelle d'avocat du roi, mais y portant la liberté de ses maximes et de son langage ; Jacques du Faur, ami de L'Hôpital dès l'enfance, esprit ferme et doux, qui dans le parlement défendit toujours les droits de la justice et de la liberté religieuse ; Christophe de Thou, père de l'historien, homme intègre, qui fut cependant coupable d'une grande faiblesse, et dont la faute ne fait qu'attester l'horreur des temps où même de semblables caractères ne pouvaient rester purs; du Fai, Scévole, qui joignaient à la science du droit tous les trésors de l'érudition et l'élégance du goût, si rare de leur temps; Claude d'Espence, théologien célèbre, qui, dans sa jeunesse, avait été précepteur de Charles de Lorraine, et qui, plus tard, refusa d'être cardinal, ne voulant partager ni les passions ni la haute fortune de son ancien disciple; Joachim du Bellay, homme savant et poëte ingénieux qu'on peut lire encore; enfin, Adrien Turnèbe, qui montra du génie dans l'érudition, et fut vanté par Montaigne comme l'homme qui savait le plus et qui savait le mieux.

Le sage qui n'enviait pas d'autre bonheur que la société de quelques amis semblables et le loisir des champs et de l'étude, n'était pas fait pour vivre au milieu des intrigues et des passions de la cour, dans le temps où elles furent le plus compliquées et le plus violentes; mais L'Hôpital, par sa grande réputation de vertu et par la prudence de ses avis, présentait un secours que les ambitieux mêmes désiraient se ménager. Henri II avait également partagé sa faveur entre la maison de Montmorency et la maison de Lorraine; et dès lors il les avait maintenues toutes deux dans une égale dépendance; et, sans être un grand ni sage prince, il avait du moins régné par lui-même. Sa mort fit monter sur le trône un jeune prince de seize ans, soumis tout entier à la domination du cardinal de Lorraine et du duc de Guise, dont il avait épousé la nièce, l'infortunée Marie Stuart.

L'Hôpital avait célébré les noces de François II dans des vers latins, fort goûtés de Marie Stuart, aussi savante que belle. L'avénement de François II au trône, la solennité de son sacre inspirèrent de nouveau la muse du grave magistrat. Il retraça les devoirs du trône dans un poëme que l'on fit apprendre par cœur au jeune roi. Cet ouvrage n'est pas remarquable par le talent; la diction en est souvent diffuse et négligée, mais on y sent cette chaleur, cet enthousiasme d'un cœur droit qui s'anime par la pensée du devoir et du bien public. « Pourquoi, dit le poëte, nous appelons-nous disciples du Christ, si rien dans nos mœurs ne retrace son image? Que le roi soit pieux envers la patrie, qu'il veille au salut des citoyens, et leur porte un amour de père; qu'il soit lent à punir, et cependant ferme vengeur des crimes manifestes; qu'il n'abolisse pas les sentences des tribunaux; qu'il ne brise pas les liens sacrés de la loi. Soit qu'il ait à choisir un magistrat ou un pontife, qu'il cherche longtemps en lui-même quel citoyen est digne d'un tel honneur; qu'il ne cède pas à la prière, à la séduction, aux courses empressées, mais que, suivant l'usage antique, il affiche publiquement le nom du pontife et du juge, et qu'il écoute l'opinion et les discours de tout le monde. » Le sévère moraliste signalait ensuite les divers écueils de la cour, le luxe, les vaines prodigalités, les hypocrites, les délateurs.

A la vérité, ce poëme renferme plusieurs vers en l'honneur des Guises; Médicis y reçoit cet éloge singulier d'être la plus douce des femmes; mais son âme n'avait pas encore été dévoilée par l'exercice du pouvoir. Les guerres étrangères étaient terminées. La duchesse de Berry était donnée en mariage au prince Emmanuel, duc de Savoie, et l'un des plus grands généraux de Charles-Quint. Élisabeth, fille de Médicis, épousait Philippe II; et ce double mariage semblait promettre à la France une longue paix. L'âme d'un citoyen vertueux pouvait se livrer à l'espérance du bonheur public; et le duc de Guise paraissait assez grand par sa gloire pour ne pas être tenté d'une ambition coupable.

Le cardinal de Lorraine a été l'objet d'invectives si violentes et de louanges si outrées, que l'on a quelque peine à découvrir la vérité sur son compte. Les protestants en ont fait un monstre; les catholiques zélés lui ont attribué toutes les vertus d'un défenseur de la foi : mais, comme l'a dit un vieux auteur, il y avait déjà longtemps qu'on ne voyait plus de saints de si bonne maison. Les deux oncles du roi, comme ils s'appelèrent alors, voulant s'étayer du secours de quelques gens de bien, rappelèrent Olivier de l'exil, lui rendirent les sceaux, et firent entrer L'Hôpital au conseil privé. L'Hôpital estimait le savoir et l'éloquence du cardinal de Lorraine; et il avait vu dans le duc de Guise l'un des plus illustres défenseurs de l'État dans les guerres de Henri II contre Charles-Quint. Sa vertu ne se défiait pas de leur ambition. Une circonstance particulière l'éloigna d'ailleurs dès le commencement du nouveau règne. Chancelier de Marguerite de Valois, il fut obligé de conduire cette princesse en Savoie, dont elle devenait souveraine. Il partit avec elle pour Nice, laissant derrière lui des orages qu'il prévoyait.

C'était la suite inévitable de ce grand procès de la réforme, soulevé dans le royaume depuis plus de trente ans, et qui menaçait d'aboutir bientôt à une guerre civile. L'Hôpital avait vu le progrès de la secte nouvelle et l'impuissance des supplices contre la conviction. Les commencements de la réforme en France avaient été faibles et violemment réprimés. Un cardeur de laine et un ouvrier en drap, qui les premiers avaient répété quelques paroles de Luther, étaient morts par le supplice du feu. La même barbarie s'était souvent renouvelée ; et François Ier, auxiliaire constant des princes luthériens d'Allemagne, avait impitoyablement poursuivi dans un grand nombre de ses sujets cette même réforme qu'il ménageait au dehors, et qu'il honorait de sa faveur dans quelques savants de sa cour. Voulant se concilier l'appui de Rome contre Charles-Quint, il avait donné le sang de ses sujets dissidents pour expiation de ses alliances hérétiques.

Cependant, comme il arrive toujours, la secte nouvelle fut propagée par les supplices. Un homme fait pour affermir et pour régler les innovations de Luther, parce qu'avec un génie moins impétueux il avait autant de fermeté, plus d'art et de méthode, Calvin s'éleva dans une ville de France; forcé de s'expatrier, il n'en fut pas moins puissant sur son pays. Invisible apôtre de la réforme dans la France, ses écrits nombreux s'y répandaient chaque jour, et son audace était accrue par l'éloignement. Devenu le dictateur religieux et politique d'une ville libre, mais française par la langue et les mœurs, il dogmatisa du milieu de Genève pour tous ses partisans disséminés dans le royaume. Il eut, comme le pontife même de Rome, son territoire neutre et son asile inviolable, car la France avait intérêt à ne pas laisser envahir Genève par la Savoie; et François Ier protégea de ses armes le foyer de la réforme qu'il voulait étouffer dans ses propres États.

Le règne de Henri II ne changea rien à cette politique contradictoire et barbare. Ce prince rendit de nouveaux édits de mort contre les hérétiques; et les exécutions par la potence et par le feu se multiplièrent sur tous les points du royaume.

Aussi la réforme, attisée par le fer des bourreaux, gagna-t-elle chaque jour davantage dans le peuple, la noblesse, et jusque dans la magistrature chargée d'appliquer les cruels édits. Parmi les hommes les plus attachés à la foi catholique, on sentit enfin le scrupule de tant de sang inutilement versé. A l'une de ces réunions nommées *mercuriales,* où les magistrats exerçaient une sorte de contrôle sur eux-mêmes, un ami de L'Hôpital, Arnaud du Ferrier, président des enquêtes, avait demandé s'il ne faudrait pas supplier le roi de suspendre l'exécution des édits jusqu'à la décision du prochain concile, et arrêter en attendant l'effusion du sang. Paul de Foix, et quelques autres conseillers, avaient soutenu la même opinion ; mais le premier président, homme servile et violent, élevé par la protection de la duchesse de Valentinois, dénonça promptement à Henri II ce qu'il appelait l'hérésie du parlement. Malgré les généreuses remontrances du président Christophe de Thou, qui, mandé dans le cabinet du roi, avait justifié la liberté de ses collègues, Henri II était venu en grande pompe assister à une nouvelle séance des *mercuriales*, afin de surprendre ou d'intimider les opinions.

Plusieurs membres du parlement, soutenus par cette austérité de principes, et cette ferme conscience qui faisait la gloire de leur ordre, prirent la parole pour défendre les avis exprimés dans la dernière assemblée. Quelques-uns laissèrent trop paraître cette âpreté de zèle qu'inspire l'esprit de secte. Louis du Faur, par une de ces allusions bibliques communes aux prédicateurs de la réforme, ne craignit pas de rappeler les mots du prophète Élie au roi Achab : « Qui êtes-vous, vous qui troublez Israël ? »

Anne du Bourg, homme estimé pour sa grande intégrité, ne parla pas avec moins de force, disant que les adultères, les parjures, les passions criminelles étaient impunis, tandis qu'on épuisait la cruauté des supplices contre des hommes qui ne s'étaient rendus coupables d'aucun crime, n'étaient entrés dans aucune sédition, et n'avaient nommé le prince que dans leurs prières. Le président de Harlay et le président Séguier se bornèrent à justifier le parlement, et à déclarer qu'il continuerait de remplir ses devoirs.

Christophe de Thou se plaignit qu'on eût violé le secret des délibérations précédentes, et mis en cause les avis du parlement. Mais le premier président s'éleva violemment contre les sectaires, et cita, comme des exemples à suivre, la punition des Albigeois par Philippe Auguste, et le massacre des Vaudois.

Alors le roi s'étant fait remettre le registre où l'on inscrivait les avis de la cour, dit que maintenant il savait par lui-même qu'il y avait dans le parlement des hommes rebelles à l'autorité du pape et à la sienne; que cette faute était celle du petit nombre, mais que, déshonorante pour l'ordre entier, elle serait punie dans ses auteurs. En même temps il fit saisir par Mongommery, capitaine des gardes, Louis du Faur et Anne du Bourg. Paul de Foix et deux autres membres du parlement furent arrêtés dans leur maison; Arnaud du Ferrier fut caché par ses amis.

Cette odieuse violation des priviléges du parlement consterna les plus sages esprits, et fit craindre à tous les partisans de la réforme un surcroît de violence et de rigueur. Peu de jours après, lorsque le roi, courant une lance dans un tournois, fut par hasard mortellement blessé de la main de Mongommery, beaucou de sectaires ardents virent dans cette rencontre un coup du ciel. Le supplice de l'infortuné du Bourg, qui, jugé par une commission, périt par la corde et le feu, acheva d'irriter les âmes ; et bientôt les ambitions des grands de la cour vinrent se mêler à ces ferments de discorde et de haine que nourrissait la faiblesse d'un nouveau règne et d'une minorité.

Deux princes de la branche des Bourbons, toujours suspecte à la cour depuis la rébellion du fameux connétable, le roi de Navarre et le prince de Condé, se montrèrent ouvertement favorables aux réformés. Jaloux de la puissance des Guises, qui leur enlevaient le gouvernement de l'État, ils cherchèrent des appuis parmi les mécontents et les persécutés. Ainsi les fêtes de la cour pour le mariage d'Élisabeth, les funérailles de Henri II, et le sacre de son jeune successeur étaient à peine achevés, qu'une conspiration vint éclater aux portes du palais, et remplir la France de troubles et de supplices.

On sait quelle fut la conspiration d'Amboise. Le motif était surtout la haine du prince de Condé contre les Guises ; le prétexte, l'intérêt public ; le moyen, les misères et l'oppression d'une foule de protestants. Un gentilhomme aventurier, La Renaudie, s'offrit pour chef visible du complot, qui fut préparé presque ouvertement. Quelques docteurs de la réforme donnèrent par écrit leur consultation, sur la légitimité d'une entreprise qui se bornerait à l'enlèvement des princes lorrains. Beaucoup de protestants, exposés chaque jour à des insultes publiques, poursuivis, menacés, s'engagèrent dans la conspiration par vengeance et par désespoir ; beaucoup de catholiques s'y jetèrent par ambition, par amour de la nouveauté, et par la turbulence naturelle aux mœurs du temps.

Cependant le cardinal de Lorraine, après avoir sacré dans la cathédrale de Reims le nouveau roi, s'était occupé de le rendre inaccessible à ses sujets. Dans la première joie d'un nouveau règne, au moment où un grand nombre de braves gentilshommes accouraient à Fontainebleau, pour se faire connaître du jeune roi, ou pour solliciter quelques faveurs, ce ministre avait fait dresser une potence aux portes du château, et l'on avait, par son ordre, publié dans la ville un édit qui enjoignait à tous les solliciteurs de se retirer dans la journée, sous peine d'être pendus.

A ces actes injurieux pour toute la France se mêlaient des rigueurs plus cruelles contre les réformés. On établit dans chaque parlement une chambre chargée particulièrement de les punir, et qui prit le nom de *chambre ardente*. Personne dans le conseil du roi n'arrêtait ces cruautés, atroces et inutiles en tout temps, mais que le grand nombre des protestants rendait alors insensées. Le chancelier Olivier, affaibli par l'âge, désaccoutumé des affaires et de la cour, ne voyant près de lui personne pour le soutenir et pour l'entendre, ne pouvait résister à la hauteur du duc de Guise, et à la vivacité plus impétueuse du cardinal de Lorraine. Ce fut alors qu'on apprit les desseins et la marche des conjurés. Le duc de Guise, une fois attaqué, grandit encore à tous les yeux par sa fermeté, par son audace, par ses artifices pour envelopper le roi dans tous les périls de la maison de Lorraine. Le jeune roi disait auparavant quelquefois aux Guises : « Qu'ai-je donc fait à mon peuple? Je veux entendre ses doléances et y faire droit. J'entends dire que c'est à vous qu'ils en veulent. » Mais, lorsque réfugié dans le château d'Amboise, où l'avait conduit le duc de Guise, il eut appris la tentative des rebelles, alors il se livra sans réserve à son ambitieux défenseur, et crut se sauver en lui donnant le titre de lieutenant général du royaume.

Armé d'un si grand pouvoir, le duc de Guise multiplia les supplices avec une impitoyable rigueur. Olivier souscrivit en gémissant, et bientôt ses remords punirent sa faiblesse. La honte d'avoir cédé, la douleur de ne pouvoir résister, le conduisirent promptement au tombeau. On raconte que, dans ses derniers jours, visité sur son lit de mort par le cardinal de Lorraine, il détourna la tête en se plaignant de voir l'homme qui le *damnait* peut-être. Cette mort privait la France d'un magistrat longtemps vertueux, et dont la gloire serait irréprochable, s'il n'eût pas repris le pouvoir. La reine Médicis, qui commençait à s'effrayer de la puissance des Guises, voulut donner pour successeur à Olivier quelque homme d'une grande intégrité, qui fût fidèle avant tout au roi, et qui ne servît pas l'ambition des grands. La duchesse de Montpensier lui conseilla de choisir L'Hôpital. Le cardinal de Lorraine avait d'abord destiné cette place à Morvilliers, évêque d'Orléans, homme de bien, mais faible et docile à la puissance des Guises. Morvilliers s'effraya de la difficulté des temps, et refusa. Le cardinal de Lorraine vit sans inquiétude le choix de L'Hôpital. Il le connaissait depuis longtemps, et croyait pouvoir compter sur sa déférence. Les deux princes consentirent à son élévation, et parurent même l'avoir désirée. Mais la reine eut soin de faire connaître au nouveau chancelier qu'elle seule l'avait choisi. L'Hôpital, en revenant de la cour de Savoie, fut donc revêtu de la dignité de chancelier, d'autant plus imposante alors qu'elle était inamovible, et que le titre de cette charge ne se perdait pas, même par la disgrâce et par l'exil. Pendant la retraite d'Olivier, un protégé des Guises, le cardinal Bertrandi, l'avait exercée sous le titre de vice-chancelier, qu'il conservait encore. L'Hôpital exigea la suppression de cette seconde dignité.

Ainsi, vers le commencement de l'année 1560, L'Hôpital prit enfin une part décisive dans le gouvernement du royaume; et l'on vit ce que pouvait tenter un grand homme de bien contre la fatalité des temps et les passions aveugles des partis. L'Hôpital avait, sur la liberté de conscience, les opinions que ses amis Paul de Foix et Arnaud du Ferrier avaient fait entendre au parlement. Comme eux, il s'indignait d'une persécution réprouvée par l'Évangile, et tout à la fois odieuse et impuissante.

Mais un autre sentiment n'était pas moins fortement gravé dans son âme; c'était l'amour des antiques institutions du royaume, et l'horreur des troubles civils. Ainsi partagé entre le désir d'assurer la vie et la liberté des protestants, et la volonté de maintenir le trône et les lois, il arrivait à la puissance au milieu de tous les périls, augmentés par les scrupules mêmes de sa vertu. Ceux qu'il avait vus avec douleur si longtemps opprimés par les lois barbares, il les trouvait sortant d'une sédition, prêts à reprendre les armes, et plus ulcérés qu'abattus par de récents supplices. Cette cour, à laquelle il aurait voulu inspirer des maximes de douceur et de paix, il la trouvait irritée par la terreur du péril qu'elle avait couru, et croyant avoir besoin désormais de supplices pour sa sûreté plus encore que pour sa vengeance. Homme de loi jeté sans appui parmi des guerriers violents, des prêtres ambitieux, des courtisans avides, des femmes mobiles et passionnées, il ne pouvait avoir ni protection ni parti; et cependant, telle était la fermeté de son âme que, dès le premier jour de son élévation, il médita, il prépara l'établissement de la liberté religieuse, sans qu'aucun mécompte, aucun péril lui fît jamais abandonner cette espérance.

A son entrée dans le ministère, les dernières poursuites contre les complices de la conspiration d'Amboise duraient encore; et le prince de Condé lui-même, retenu à la cour, tandis que les hommes engagés sur sa foi périssaient dans les tourments, était dénoncé chaque jour par leurs révélations et leurs plaintes. Le chancelier persuada à Médicis que son intérêt ne lui permettait pas d'abandonner à la vengeance des Guises une si grande victime.

Le cardinal de Lorraine n'osa pas, ou peut-être ne voulut pas insister sur le procès du prince. D'autres soins l'occupaient; il méditait depuis longtemps d'introduire l'inquisition en France, pour soumettre la réforme. Il proposa dans le conseil l'établissement de ce tribunal, comme le seul moyen d'abattre une secte qui, depuis trente années, n'avait fait que s'accroître à travers les alternatives de rigueur et d'indulgence. L'Hôpital sentit combien cette juridiction sanguinaire serait funeste à la France; et il combattit le projet du cardinal de Lorraine, en proposant d'attribuer aux évêques eux-mêmes la connaissance des accusations d'hérésie. Il comprit, et l'événement justifia sa prévoyance, que nul évêque ne pourrait ensanglanter son diocèse par les supplices de ceux qu'il prétendait convertir; et qu'ainsi la religion catholique serait moins accusée, et la persécution moins rigoureuse.

Tel fut l'objet de l'édit de Romorantin. Toutefois, la sagesse de L'Hôpital n'excita d'abord que les murmures du parlement. Le chancelier, en présentant l'édit pour être enregistré, peignit avec force les maux de la France; et ses paroles annonçaient assez la sage tolérance où il voulait amener les esprits : « Tous les ordres sont corrompus, dit-il dans un fragment de ce discours; le peuple est mal instruit; on ne lui parle que de dîmes et d'offrandes, rien des bonnes mœurs; chacun veut voir sa religion approuvée, celle des autres persécutée : voilà la piété. » Ailleurs il rappelait que « les opinions se muent non par violences, mais par prières et par raison. » Dans cet édit, qui donnait aux évêques un si grand pouvoir, L'Hôpital avait inséré une disposition qui leur enjoignait de résider dans leur diocèse, sous peine de saisie de leurs biens temporels. Sachant bien que la licence et les désordres du clergé avaient préparé les premiers troubles, il voulait combattre le schisme par la réforme des mœurs.

Le parlement, zélé pour ses priviléges, ne reçut l'édit de Romorantin qu'après des lettres de jussion; mais le chancelier avait formé le projet de substituer au contrôle impuissant et souvent partial que réclamait le parlement une convocation des états généraux. Le cardinal de Lorraine et son frère frémirent à cette idée, qui menaçait leur pouvoir. L'Hôpital se réduisit à demander une réunion des grands du royaume; elle fut convoquée à Fontainebleau.

Cette assemblée mettait pour la première fois aux prises, dans une discussion solennelle, des hommes qui devaient bientôt se rencontrer dans la guerre civile. A côté des princes lorrains et du connétable de Montmorency paraissait l'amiral de Coligny, longtemps ami du duc de Guise, et compagnon de ses exploits, mais devenu l'appui des protestants persécutés. Là se trouvaient Montluc, évêque de Valence, si favorable aux réformés, dont son frère fut le plus cruel ennemi; et l'archevêque de Vienne, que sa religieuse tolérance fit accuser d'apostasie.

Le jeune roi, près duquel la belle Marie Stuart était assise, prit la parole pour indiquer les motifs de cette réunion, et pour demander des avis libres et sincères; puis il annonça que son chancelier et ses oncles, le cardinal de Lorraine et le duc de Guise, allaient rendre compte de l'état du royaume. L'Hôpital ne dissimula point la grandeur du mal, l'inquiétude et le mécontentement des esprits. Le duc de Guise parla sur l'armée, le cardinal de Lorraine sur les finances.

Alors Coligny, s'avançant vers le roi, met un genou en terre, et présente deux requêtes au nom des protestants de Normandie. L'évêque de Valence et l'archevêque de Vienne parlèrent ensuite avec beaucoup de force contre la persécution; ils rappelèrent l'indulgence de la primitive Église pour les chrétiens qui s'égaraient. Ils se plaignirent des lenteurs de la cour de Rome à convoquer un concile général qui pût donner la paix à la chrétienté; et, après avoir déploré les malheurs du schisme et les scandales trop fréquents de l'ordre ecclésiastique, ils s'accordèrent à demander, comme unique remède, la réunion des états généraux et celle d'un synode national. Coligny, prenant de nouveau la parole, plaida la cause de ses frères d'un ton véhément et persuasif; il blâma les précautions que l'on prenait pour entourer le roi d'une garde étrangère et nombreuse; il pressa le jeune monarque de se confier à l'amour de ses peuples, et de réunir les états généraux. Cette demande semblait attaquer le pouvoir même des Guises. Ils se hâtèrent de lier leur défense aux intérêts de la religion. Le duc de Guise repoussa le projet de réunir un synode religieux, en déclarant que nul pouvoir au monde ne changerait sa foi. Le cardinal accusa les huguenots de méditer la révolte, sous le nom de liberté de conscience; et il protesta contre toute réunion d'un synode national, qui ne lui paraissait, dans la situation de l'Église et de l'État, qu'une menace pour la cour de Rome et un danger pour la foi. Du reste les deux princes parurent également consentir à la convocation des états, si le roi la jugeait utile.

Telle fut l'assemblée de Fontainebleau, premier essai de ces réunions si fréquentes où le chancelier cherchait un appui contre la tyrannie des partis et la capricieuse instabilité de la reine. L'Hôpital se hâta de publier un édit qui fixait au 10 décembre l'assemblée des états généraux, et il fit en même temps ordonner la suspension de toute poursuite pour crime d'hérésie. C'était le but auquel il voulait arriver par ses projets de synode et de concile national. Il le fit connaître au parlement de Paris, et il vint lui-même prescrire à ce corps de recevoir un magistrat qui en avait été exclu pour cause d'hérésie. Ainsi les rigoureux édits et les persécutions qui avaient pesé sur la réforme depuis tant d'années cessèrent tout à coup, et le chancelier entrevit un moment cette paix religieuse qu'il voulait affermir par des lois durables.

Mais les passions des partis détruisirent bientôt ce noble ouvrage. Tandis que le parlement de Paris protestait avec amertume contre une tolérance inusitée, les réformés se soulevèrent dans quelques provinces de France, et se saisirent de plusieurs villes du Midi. Ainsi, cette assemblée des états où le chancelier avait placé son espérance fut réunie sous les auspices de guerre et de vengeance qui faisaient dominer les Guises. Le roi de Navarre et le prince de Condé sont soupçonnés d'avoir excité cette nouvelle conspiration, et le roi leur ordonne de se rendre près de lui dans Orléans, où s'assemblaient les états généraux. Innocents ou téméraires, les deux princes arrivent dans cette cour, qui n'était pas encore souillée de perfidies sanglantes. Dès l'abord, le prince de Condé est arrêté, et le président Christophe de Thou est appelé, avec quelques autres commissaires, pour instruire son procès. Vainement le prince réclama le privilége de sa naissance et le droit de n'être jugé que par les pairs assemblés en parlement. La crainte avait de nouveau rendu les Guises maîtres de la faible volonté de François II, et leurs mains dirigeaient cette inique procédure.

Toutefois, pour frapper plus sûrement un prince du sang royal, ils voulurent rendre la cour entière complice, en lui faisant signer la sentence. L'Hôpital refusa de souscrire, et son exemple, imité par deux hommes de bien, troubla les Guises, et les fit un moment hésiter. Tout semblait prêt pour une crise fatale. La ville d'Orléans était pleine de gens de guerre qu'avait assemblés le duc de Guise, et qui juraient sur son nom d'exterminer les hérétiques. Les députés des états arrivaient de toutes parts, animés d'un zèle ardent pour la foi catholique, et s'indignant de l'audace de ces prétendus réformateurs si longtemps opprimés. Le palais n'était pas moins agité. Le jeune roi, dévoré de langueur, ne retrouvait de force que pour s'irriter à la voix des Guises contre le prince de Condé, et le roi de Navarre accusé de vouloir lui ravir un sceptre qui tombait de sa main mourante. On dit que cette faible main fut presque dirigée par le cardinal de Lorraine sur la poitrine du roi de Navarre, appelé dans le cabinet de François II, sans autres témoins que les meurtriers qui devaient aider les coups mal affermis du jeune roi. On dit que le jeune prince recula devant cette affreuse leçon, et que le roi de Navarre fut sauvé par ce remords.

Cependant, le jeune monarque, instrument infortuné de l'ambition des Guises, s'affaiblissait au milieu de ces crises trop fortes pour sa frêle existence. Il va mourir, et le duc de Guise ose encore proposer à Médicis d'achever son ouvrage, et de frapper les deux princes qu'il avait inutilement livrés à la sentence des juges et au poignard du roi. La reine hésitait devant les craintes diverses qui troublaient son âme, redoutant les princes qu'elle a persécutés, les Guises dont elle a connu déjà l'impérieux appui, les catholiques qui la soupçonnent, les protestants qui la méprisent.

Dans le tourment de cette incertitude, où le remords n'entrait pas, elle fondait en larmes au milieu de ses filles d'honneur. Enfin, elle se résolut à faire appeler le chancelier de L'Hôpital, et lui montra toutes ses pensées. L'Hôpital, effrayé des doutes de la reine, s'efforce de relever au moins par l'ambition cette âme faible et cruelle; il fait briller à ses yeux la régence qui lui est réservée; il intéresse son orgueil, sa sûreté, son pouvoir à ne point sacrifier des princes qui la protégeront elle-même contre les Guises; il lui montre comment elle doit régner pour son second fils encore enfant, sans faire dépendre sa couronne de l'ambition des grands; en même temps il l'engage à se rapprocher du roi de Navarre, moins zélé pour les protestants que le prince de Condé, plus faible, plus facile, et qui n'envahira pas, comme les Guises, le pouvoir du roi qu'elle doit conserver inviolable à l'abri des factions et des ambitieux.

Médicis, dans son effroi, se livra tout entière à de si sages conseils; et cette même nuit, tandis que François II expirait, elle reçut en secret, dans son appartement, le roi de Navarre, qui venait lui promettre de seconder ses desseins et de servir fidèlement le nouveau règne.

A ce prix le salut du prince de Condé fut assuré, et le crédit de la maison de Lorraine sembla frappé du même coup qui enlevait François II. Mais la reine, satisfaite de s'être ménagé dans le roi de Navarre un allié docile, n'osa pas repousser tout à fait le dangereux appui des Guises. L'Hôpital voulut la faire régner pour elle-même et pour la France, avec le secours des états généraux. Son impartialité était celle de la justice, qui ne veut dépendre d'aucun parti, d'aucune ambition; l'impartialité de Médicis était celle de la ruse, qui veut à la fois caresser et tromper tout le monde. Elle ne pouvait comprendre, et surtout elle ne pouvait suivre longtemps la politique généreuse du chancelier, et à peine avait-elle reçu les serments du roi de Navarre, qu'elle concertait de nouveaux plans avec le cardinal de Lorraine.

Déjà même, par ses avis, elle projetait d'éloigner la réunion des états. On avait répandu parmi les députés eux-mêmes l'opinion que la mort du roi annulait leur élection. L'Hôpital, rappelant le principe que le roi ne meurt pas, que son autorité ne change ni ne s'arrête, fit décider que les états une fois nommés appartenaient à la France, et il se hâta d'ouvrir cette assemblée par un discours plein de force et de simplicité où se montraient toutes les espérances qu'il avait conçues par la réunion du roi de Navarre aux intérêts de la couronne; en même temps il parla de l'assemblée des états comme d'une institution essentielle à la monarchie.

Après avoir rappelé l'antiquité de cet usage, interrompu depuis quatre-vingts ans, il combat en peu de mots l'opinion de ceux qui ne croyaient pas utile et profitable aux rois de consulter ainsi leurs sujets : « Il n'est, dit-il, acte tant digne d'un roi, et tant propre à lui, que de tenir les états, que de donner audience générale à ses sujets et faire justice à chacun. » Ensuite le chancelier exposa les maux du royaume, les dangers de l'esprit de secte, la nécessité de le combattre par la sagesse et la réforme des mœurs plutôt que par les supplices : « Nous avons fait, dit-il, comme les mauvais capitaines qui vont assaillir le fort de leurs ennemis avec toutes leur forces, laissant dépourvus et dénués leurs logis; il nous faut maintenant, garnis de vertus et de bonnes mœurs, les assaillir avec les armes de charité, avec prières, persuasion, paroles de Dieu, qui sont propres à tels combats. » Puis il ajoutait : « Otons ces mots diaboliques, noms de partis et de séditions, luthériens, huguenots, papistes, ne changeons le nom de chrétiens. »

Mais en même temps qu'il recommandait cette indulgence pour les erreurs, il annonçait l'intention de réprimer par les lois et la force tout désordre, toute sédition, toute violence; il terminait en exposant la pénurie des finances du roi : « Jamais père, de quelque état ou condition qu'il fût, disait-il, ne laissa orphelins plus engagés, plus endettés, plus empêchés que notre jeune prince est demeuré, par la mort des rois ses père et frère. »

L'Hôpital, dans son discours, n'avait pas nommé les princes de la maison de Lorraine : le cardinal prétendit avoir le droit de répondre seul au nom des états; mais chacun des trois ordres voulut avoir son orateur, et l'on vit bientôt dans leurs discours la diversité de leurs intérêts. L'orateur du tiers état, sans être favorable au protestantisme, censura vivement les scandales et la négligence du clergé catholique. L'orateur de la noblesse, en blâmant les richesses et le luxe de l'Église, demanda pour les protestants la liberté d'avoir des temples. L'orateur du clergé soutint que l'hérétique était digne de la peine capitale et sujet au glaive du magistrat. En même temps il plaida le principe de l'exemption de toute charge publique sur les biens temporels de l'Église.

Sans doute L'Hôpital comprit dès lors qu'il ne pouvait faire sortir de cette assemblée une loi de paix et de tolérance; mais il fit reconnaître par elle le pouvoir de la reine, malgré quelques efforts du roi de Navarre pour obtenir lui-même le titre de régent. Enfin, il s'occupa d'améliorer au moins l'administration du royaume, s'il ne pouvait apaiser les haines des partis; et il fit de bonnes lois au milieu même des approches de la guerre civile. Le plus célèbre de ses travaux fut l'ordonnance d'Orléans, qui réglait la puissance des nobles, abolissait les taxes arbitraires, établissait de nouveaux officiers pour veiller à l'observation des lois, et faisait disparaître les nombreux abus de l'ordre judiciaire. Tel fut le résultat de cette assemblée des états, stérile sans doute, si on compare ses actes aux dangers qui menaçaient la France.

Le plus grand de tous était dans l'existence de deux

partis nombreux, animés, ayant à leur tête des chefs illustres, et sur leurs étendards ces mots de *religion*, de *liberté*, si puissants pour agiter les âmes. Le prince de Condé avait dévoré l'affront d'une rigoureuse captivité, d'une procédure inique dans ses formes et d'une menace de mort prolongée pendant plusieurs mois. Il était sorti de cette épreuve plus fier et plus irrité; et toute sa vengeance était de s'enfoncer davantage dans le parti des protestants. L'Hôpital, attentif aux mouvements de ce prince, voulut le satisfaire et l'apaiser par une réparation éclatante. Elle fut ainsi réglée : admis au conseil, le prince, après avoir nié la rébellion qu'on lui avait imputée, demanda au chancelier s'il avait quelques preuves à produire; le chancelier répondit qu'il n'en avait aucune. Le fier duc de Guise plia lui-même jusqu'au point de dire : « Qu'il ne connaissait rien contre l'honneur du prince; qu'il n'avait été l'auteur ni l'instigateur de sa prison, et ne s'estimerait homme de bien s'il en avait été cause; » et le prince de Condé s'assit au conseil en face de ses ennemis humiliés.

En réunissant ainsi la famille royale, le chancelier semblait avoir assuré le succès de ses vues de tolérance; mais le duc de Guise se vengea bientôt en oubliant sa vieille inimitié contre le connétable de Montmorency, qu'il avait autrefois dépouillé de sa charge et de ses honneurs. Attaché à la foi catholique, le connétable haïssait les nouveaux sectaires; et son humeur rude ne s'accommodait pas des ménagements d'une sage tolérance. Le duc de Guise échauffa son zèle pour les intérêts de la religion; un ancien favori de Henri II, le maréchal de Saint-André, seigneur considérable par ses richesses et son courage, entra dans ce parti. Les parlements, défenseurs des vieilles lois du royaume, et qui tant de fois avaient décerné des supplices contre les hérétiques, s'effrayèrent de l'établissement d'une tolérance qui leur semblait séditieuse. Le chancelier fit publier au nom du roi un édit qui ordonnait de mettre en liberté tous les hommes détenus pour soupçon d'hérésie. Le parlement n'en souffrit l'enregistrement qu'après de longs refus; et la loi, décréditée d'avance, fut mal obéie. Partout le royaume était agité de troubles et de violences; souvent des catholiques poursuivaient les protestants jusque dans leurs demeures, sous prétexte de dissiper des assemblées illicites. L'Hôpital fit approuver par la reine un nouvel édit, qui défendait ces violences sous peine de mort, et permettait aux exilés pour cause de religion de rentrer dans le royaume, sous la condition d'y vivre en catholiques. L'agitation était si grande et le mal si pressant, que le chancelier, sans s'arrêter à l'antique forme de l'enregistrement, adressa sur-le-champ cette déclaration royale aux gouverneurs et aux tribunaux des provinces. Ainsi, défenseur des libertés publiques, gardien fidèle des lois, il se trouvait, par le malheur des temps, conduit à les enfreindre. A la vérité, le chancelier de L'Hôpital, d'après les maximes qu'il a souvent professées avec plusieurs grands magistrats, ne croyait pas que le pouvoir de s'opposer aux ordonnances du prince résidât dans le parlement ; mais enfin il avait reconnu souvent à ce corps un droit de remontrance, tradition antique de la monarchie, qu'il semblait en ce moment éluder ou détruire.

Le parlement, blessé de cette infraction à ses priviléges, défendit par un arrêt de publier la déclaration royale; et il présenta de vives remontrances, où il censurait amèrement les dispositions de cet acte. On peut juger par un seul mot quel esprit de violence et d'anarchie dominait alors les corps les plus respectables : le parlement s'indignait qu'on eût défendu à tout catholique de pénétrer dans les maisons particulières, sous prétexte de voir s'il ne s'y tenait pas des assemblées illicites; et il trouvait dans cette défense de droit naturel et de droit civil une protection pour l'hérésie.

Le chancelier brava d'abord ces plaintes, et poursuivit paisiblement l'exécution de la nouvelle ordonnance; mais la reine, inquiète des murmures du parlement de Paris, voulut tenir une assemblée de cette compagnie, où se trouveraient le roi, les grands de l'État et les conseillers de la couronne. L'Hôpital, à qui sa charge donnait le droit d'ouvrir cette assemblée, y soutint avec force, que les anciens édits contre les protestants devaient être suspendus jusqu'à la prochaine décision du concile. Plusieurs membres du parlement, plusieurs courtisans attachés à la fortune des Guises prétendirent au contraire qu'il fallait punir les hérétiques de mort. Enfin, un dernier avis renvoyait la connaissance du crime d'hérésie aux tribunaux ecclésiastiques. Ces opinions diverses furent débattues, pendant plusieurs jours, en présence du roi de Navarre, des cardinaux de Lorraine, de Châtillon, de Guise, de Bourbon, du connétable de Montmorency, de son fils le maréchal.

Le jeune roi et sa mère n'étaient pas présents; et le chancelier annonça qu'ils ne sortaient pas de peur de la peste; car, dans ce temps de désordre, le fléau des maladies contagieuses se joignait à tous les autres maux. Ces conférences se terminèrent enfin par l'ordre d'entériner la dernière ordonnance du roi ; et le chancelier demeura le maître, malgré l'incertitude de la reine, la volonté des Guises, et les opiniâtres préjugés du parlement.

Au mois de juillet 1561, parut un édit nouveau qui donnait aux protestants toutes les sûretés, hormis le droit de tenir des assemblées publiques. Le chancelier conservait encore l'espérance de rapprocher les deux cultes. Le cardinal de Lorraine croyait pouvoir terrasser les plus célèbres docteurs du calvinisme par son érudition et son éloquence; ainsi l'un et l'autre se réunirent pour conseiller à la reine une nouvelle assemblée, où les docteurs des deux communions discuteraient librement.

Dans l'attente de ce débat solennel, la convocation même des états généraux réunis à Saint-Germain parut d'une médiocre importance. L'Hôpital, parlant à cette assemblée, ne dissimula pas que la nouvelle religion se fortifiait chaque jour; mais, fidèle à son principe de justice impartiale, il blâma ceux qui conseilleraient au roi de se mettre tout d'un côté, expression qui doit être entendue dans le sens de l'ordre civil, et de la justice envers tous; car, du reste, L'Hôpital se montrait sincèrement attaché à l'ancienne religion de l'État; mais ce grand homme prévoyait que, si une fois le glaive était tiré, l'autorité royale protégée par les uns, et armée contre les autres, périrait dans cette lutte pour faire place à l'élévation du chef de parti le plus habile ou le plus heureux. Cette assemblée des états retentit d'ailleurs des mêmes plaintes que l'on avait entendues à Orléans sur les scandales du clergé et la nécessité d'une réforme dans les mœurs. L'ordre ecclésiastique consentit à supporter une partie des charges de l'État; et les évêques se retirèrent pour se rendre à la conférence religieuse, dont nous avons parlé, et qui prit le nom de *colloque de Poissy*.

Le roi, alors âgé de douze ans, présida cette assemblée. L'Hôpital y développa d'abord, avec plus de hardiesse, les principes de liberté religieuse et de tolérance qu'il annonçait depuis tant d'années. Il exhorta les membres des deux Églises à se rappeler ce titre de chrétiens qui leur était commun; il rappela l'exemple de cet homme simple, qui, sans autre science que Dieu et Jésus-Christ, confondit l'erreur de plusieurs philosophes et dialecticiens du concile de Nicée, leur montrant que Jésus-Christ et ses apôtres n'avaient usé de tels moyens pour réduire le monde. Quand L'Hôpital eut fini de parler, le cardinal de Tournon, s'étant levé, lui donna de grands éloges, et demanda que le discours qu'il avait prononcé fût remis à tous les membres de l'assemblée. L'Hôpital, devinant que cette curiosité avait pour objet de trouver dans ses paroles quelque prétexte au soupçon d'hérésie, refusa cette demande, deux fois renouvelée.

Alors un des ministres protestants, Théodore de Bèze, homme éloquent et passionné, tombe à genoux, et commence une prière à Dieu, qu'il prend à témoin de la pureté de sa foi et de l'innocence de ses frères persécutés. Ce spectacle émeut l'assemblée; bientôt les expressions du docteur calviniste offensent les dogmes de la religion catholique dans son plus auguste mystère. Le cardinal de Tournon, la voix tremblante de colère, interpelle le roi, et déclare : « que les évêques se sont fait violence à eux-mêmes, en consentant à descendre dans cette arène, et à écouter les nouveaux évangélistes : les ordres du roi l'ont voulu; il supplie du moins sa majesté de ne pas ajouter foi aux paroles qui viennent d'être prononcées, et d'attendre qu'elles soient réfutées par les évêques; alors le roi et toute l'assemblée comprendront quelle différence sépare le mensonge et la vérité. Il demande un jour pour répondre; cependant il supplie le roi de suivre dans la religion les traces de ses aïeux. Il termine en disant que, sans le respect pour le monarque, les évêques se seraient levés, au bruit des paroles abominables et sacriléges qu'ils viennent d'entendre, et n'auraient pas souffert un plus long discours. »

Frappée de cette protestation énergique, la reine elle-même prit la parole pour déclarer que la réunion présente avait été demandée par les princes et le parlement de Paris ; qu'il ne s'agissait pas de rien changer à la religion, mais d'apaiser les troubles et de rappeler doucement dans la bonne voie ceux qui s'étaient écartés de l'antique piété. Bèze reprit ensuite la parole sur le mystère de l'eucharistie ; et, tout en confessant que les fidèles participaient dans la communion au corps et au sang de Jésus-Christ, il déclara que le corps même de Jésus-Christ était aussi éloigné du pain et du vin que les plus hauts cieux le sont de la terre. Toute l'assemblée frémit à ces paroles, et on se sépara.

Le ministre protestant écrivit à la reine pour se plaindre de n'avoir pas été compris. On reprit les conférences, contre l'avis des plus sages prélats. Le cardinal de Lorraine avait préparé un discours qu'il était jaloux de prononcer, et qui roulait particulièrement sur l'autorité de l'Église. Lainé, l'un des fondateurs de l'ordre des jésuites, parla violemment contre les docteurs calvinistes, qu'il nomma des *singes*, des *renards* et des *monstres*. Ainsi les esprits s'enflammaient dans ce débat, où la foi était méconnue comme la charité.

L'Hôpital pressa la reine de rompre cette assemblée trop nombreuse et trop animée ; et l'on y substitua de chaque côté cinq députés, dont les discussions plus paisibles furent également infructueuses. Cependant le colloque de Poissy était la première assemblée où les protestants avaient eu le droit de paraître et de s'expliquer impunément. Le chancelier de L'Hôpital, à défaut d'un retour à l'unité religieuse, voulut du moins tirer de ce fait reconnu par tout le monde un principe de tolérance civile et politique; il espéra que, s'il parvenait enfin à communiquer cet esprit aux parlements du royaume, la liberté de conscience pourrait se concilier avec la paix publique et l'autorité du souverain. Dans cette intention, il obtint de la reine qu'elle réunirait, dans une assemblée solennelle, des membres choisis de tous les parlements du royaume : c'était le triomphe de sa longue persévérance. Les Guises semblaient avoir cédé; ils ne parurent pas à cette réunion. Le connétable de Montmorency, le cardinal de Tournon, et les plus grands seigneurs du royaume s'y trouvaient.

Le chancelier, plein de cette joie d'une âme vertueuse qui touche au moment d'accomplir le bien qu'il a souhaité toujours, exposa dans un langage éloquent et familier son projet de tolérance : il tendait à punir les actes matériels, les désordres, les violences, jamais la conviction religieuse. Le chancelier appuya ces principes nouveaux sur les vœux qu'avaient exprimés déjà les états généraux d'Orléans et de Saint-Germain. Après avoir combattu les préjugés, les alarmes, les calomnies qu'on pouvait lui opposer : « Je sais bien, dit-il en finissant, que j'aurai beau dire, je ne désarmerai pas la haine de ceux que ma vieillesse ennuie. Je leur pardonnerais d'être si impatients, s'ils devaient gagner au change, mais quand je regarde tout autour de moi, je serais bien tenté de leur répondre, comme un bon vieil homme d'évêque, qui portait comme moi une longue barbe blanche, et qui, la montrant, disait : Quand cette neige sera fondue, il n'y aura plus que de la boue. »

L'Hôpital fit adopter sans peine dans cette assemblée un nouvel édit dont l'exécution fidèle aurait prévenu la guerre civile; mais dont les dispositions mêmes montraient toute la grandeur du mal, et toute la difficulté de le guérir. Par cet acte, la liberté de conscience était enfin établie; les protestants étaient autorisés à tenir leurs assemblées partout, excepté dans les villes; il leur était enjoint de rendre au clergé catholique les églises, les maisons, les biens dont ils s'étaient emparés par violence; il leur était défendu de se créer des magistrats, de lever des troupes, d'établir des contributions, de faire des traités et des alliances; enfin les ministres du culte nouveau devaient s'engager à ne rien enseigner de contraire au concile de Nicée, au symbole et aux livres de l'Ancien et du Nouveau Testament. L'Hôpital, en préparant cet acte solennel avec les députés des divers parlements du royaume, avait sans doute cru s'assurer de la part de ces corps une acceptation plus facile : son espérance fut trompée.

Quoique les intérêts de la religion catholique fussent

soigneusement ménagés dans cet édit, quoiqu'il eût été souscrit par les princes, et même par de zélés défenseurs de la cour de Rome, par le cardinal de Bourbon et par le connétable de Montmorency, le génie seul des Guises balança l'autorité royale, et souleva le zèle du parlement de Paris. Le refus d'enregistrement fut suivi d'une remontrance présentée par le président de Thou, père de l'illustre historien. Le chancelier répondit au nom du roi que, dans la situation de la France, il fallait massacrer les protestants, ou les bannir à perpétuité du royaume, ou leur accorder la liberté de leur culte, seul parti conforme à la religion et à l'humanité. Toutefois, l'ordre d'enregistrer ne fut renouvelé qu'avec une clause qui rendait l'édit provisoire, jusqu'à décision du concile général. Le parlement refusa de publier l'édit même sous cette forme ; et il fallut un troisième ordre du roi, et l'influence du cardinal de Bourbon, qui vint lui-même au parlement.

Des lois promulguées avec tant d'efforts devaient rencontrer encore bien des obstacles dans le zèle indocile, ou dans l'opiniâtre négligence des magistrats. Les soupçons, les murmures se répandaient parmi les catholiques; la cour de Rome éclatait en plaintes et en menaces. Toutefois la sagesse et la vigueur de L'Hôpital tenaient encore les passions en suspens, lorsqu'un incident fatal vint donner à tous le dernier prétexte de la guerre civile.

Le duc de Guise et le cardinal de Lorraine s'étaient

éloignés de la cour, pendant que le chancelier préparait l'édit de tolérance. Leur retour fut marqué par une sanglante catastrophe. Le duc passait, avec une escorte nombreuse, près du bourg de Vassy, presque entièrement peuplé de protestants, et voisin des domaines de sa mère, la duchesse de Guise. Cette dame s'était plainte à son fils de l'audace des hérétiques qui tenaient librement leurs assemblées, depuis la publication du nouvel édit. Le duc, en approchant de Vassy, entend le son d'une cloche; il demande quel est ce bruit. On lui répond : « C'est la cloche qui sonne le prêche des hérétiques. » Ce nom excite les clameurs des gens d'armes et des valets qui formaient le cortége. Le duc traverse le bourg de Vassy, et marche vers le lieu où se tenait l'assemblée. C'était une vaste grange dans un hameau prochain. Une partie de l'escorte du duc l'a devancé, trouble la cérémonie par des menaces et des outrages, frappe et disperse cette troupe sans défense, mêlée de femmes, de vieillards et d'enfants.

La duchesse de Guise, qui suivait en litière à quelque distance, est avertie de ce désordre, et, par un sentiment naturel de pitié, elle envoie message sur message à son mari pour le supplier de sauver ces malheureux habitants. Le duc accourut de toute la vitesse de son cheval ; mais dans la foule il est blessé lui-même d'un coup léger au visage, et son sang redouble la fureur des meurtriers. De Thou, qui cherche la vérité dans l'histoire avec la conscience d'un juge, a déclaré que le duc de Guise mêla les menaces et la prière pour arrêter l'acharnement des siens ; et l'on a peine à croire, en effet, qu'un grand capitaine, qui montra plus d'une fois une âme généreuse, ait pu méditer de sang-froid une si lâche barbarie ; mais telle était la violence des partis qu'il en fut loué, qu'il en fut accusé de toutes parts. Quoi qu'il en soit, « ce fut là, suivant la forte expression du président de Thou, le premier son de la trompette guerrière qui, dans toute la France, appelait les séditieux à prendre les armes. »

Vainement L'Hôpital veut encore croire à la justice, invoquer les lois et poursuivre le massacre de Vassy devant les parlements du royaume. Le duc de Guise a continué sa route jusqu'à Reims, où il reçoit une foule d'amis qui viennent lui offrir leurs épées, et se réunissent à son cortége. Entouré de ces gentilshommes, il marche vers Paris. Malgré les défenses de la reine, il y fait son entrée avec la même pompe que les rois, au milieu des acclamations d'une foule enivrée.

La reine s'était retirée à Fontainebleau, avec le jeune roi et le chancelier de L'Hôpital. Elle douta quelques moments, si elle n'appellerait pas à son secours le prince de Condé, qui, depuis la violation impunie des édits, armait de toutes parts les protestants. Mais le duc de Guise se hâte pendant qu'elle hésite, arrive à Fontainebleau, et, de gré, de force, par persuasion, par menace, ramène la cour à Vincennes, et met ainsi du côté de ses armes l'autorité du trône et des lois.

Dès lors le dernier édit est foulé aux pieds. Le connétable de Montmorency va lui-même, aux portes de Paris, disperser les prêches des protestants ; on met le feu à la chaire et aux bancs qui servaient à leurs assemblées. Toutefois, le sang ne coula point dans ces premiers désordres ; mais la guerre civile est mise en délibération. « On ne parle plus que de guerre, écrivait un témoin de ces événements ; chacun fourbit son harnois ; M. le chancelier s'en contriste ; tous les autres y prennent plaisir. » L'Hôpital, en effet, résistait seul avec une inflexible fermeté. Le vieux connétable de Montmorency lui dit alors qu'un homme de robe ne devrait pas entrer dans un conseil où l'on discute sur la guerre. « Sans doute, je ne sais pas la faire, dit L'Hôpital ; mais je sais très-bien s'il est utile de la faire. » Cependant il fut forcé de se retirer du conseil pendant le reste de la délibération ; et l'on résolut de marcher contre le prince de Condé, qui, à la tête de quelques troupes, publiait des manifestes où il reprochait aux Guises le massacre de Vassy, la captivité du roi, la violation des édits de tolérance, offrant de déposer les armes, si le roi était rendu à la liberté. En même temps, il écrit aux princes protestants d'Allemagne pour leur demander des secours.

L'Hôpital, vaincu dans ses nobles efforts pour empêcher la guerre, n'avait pas quitté cependant les sceaux de l'État ; un nouvel édit parut encore pour confirmer aux protestants la liberté de leur culte et le droit de s'assembler, excepté dans Paris et ses faubourgs; mais la guerre civile gagnait plus vite que ne l'avait prévu l'ambition des chefs. Sur plusieurs points du royaume, les protestants avaient commis des meurtres, des profanations, des pillages; et il s'établissait une horrible compensation de crimes et de haines entre les deux partis. La guerre, qui devait venger ces cruautés, en multiplia les horreurs. Montluc et des Adrets se souillèrent de barbaries également atroces ; et la France, ensanglantée par les champs de bataille et les échafauds, demeura sans lois, sans gouvernement, sans pitié.

Dans ce chaos, la valeur et la fortune de Guise éclataient seules; il avait pris les villes des rebelles; il avait gagné la bataille de Dreux. Dans son propre parti, il avait vu tomber à ses côtés son timide allié, le roi de Navarre, et il avait fait prisonnier le vaillant chef de ses ennemis, le prince de Condé. Enfin il assiégeait Coligny, vaincu et réfugié dans Orléans avec les débris de son armée. Dans ce haut point de sa grandeur, le duc de Guise, au milieu de son camp, est assassiné par Poltrot. Sa mort a tout changé : les deux partis, également fatigués par la guerre, semblent s'arrêter de concert; et Médicis se trouve, en un moment, délivrée des protecteurs et des ennemis qu'elle avait craints.

L'Hôpital n'eut point de peine alors à lui persuader la paix; la mort de Guise, l'absence du cardinal de Lorraine, la captivité du prince de Condé, rendaient ce traité facile à conclure; L'Hôpital voulait qu'il fût durable. Sans examiner à qui restait l'honneur de la victoire dans une guerre funeste, il s'efforça de régler la liberté dont jouiraient les protestants. L'édit de pacification, dont il fut l'auteur, accordait aux seigneurs, hauts justiciers, l'exercice du culte réformé dans les terres de leurs domaines; il le permettait aux autres nobles dans l'intérieur de leurs maisons; enfin, il assurait aux protestants le droit de tenir des assemblées, dans les villes dont ils étaient les maîtres, avant le 7 mars 1563.

Cet édit n'assurait donc aux protestants que les avantages qui leur avaient été promis avant la guerre : mais cela même blessait vivement beaucoup de catholiques. Dans la chaleur des querelles religieuses, les esprits ne pouvaient se faire à l'idée d'une tolérance civile également partagée; les cruautés récentes de la guerre avaient encore envenimé cette haine mutuelle. Les parlements, qui venaient de rendre de nombreux arrêts de mort contre les hérétiques tombés dans leurs mains pendant les hostilités, avaient peine à leur reconnaître le droit d'être protégés, s'ils devenaient paisibles. Toutefois la fermeté de L'Hôpital vainquit ces préjugés opiniâtres; l'édit fut enregistré dans toutes les cours, et commença d'être exécuté. Les hommes qui s'étaient combattus avec tant de fureur se rapprochèrent. Le zèle farouche de quelques ministres protestants parut s'adoucir; les prêches ne furent plus dispersés par des soldats; les églises catholiques ne furent plus profanées par des sectaires furieux.

On vit même bientôt les chefs et les soldats des deux partis, réunis sous un même étendard, expier la guerre civile en marchant contre les ennemis de la France. La reine Élisabeth avait profité de nos troubles pour se faire livrer le Havre de Grâce par les protestants, qu'elle avait assurés de ses secours. Cette ville aux mains des Anglais était un monument honteux des discordes de la France. L'Hôpital, dont la voix avait repris toute autorité dans le conseil, pressa la reine de réunir les protestants à ses troupes et d'assiéger cette ville. L'argent manquait pour cette entreprise ; il ne craignit pas de recourir à une aliénation des biens du clergé, que la cour de Rome avait autorisée dans l'origine, pour faire la guerre aux hérétiques. De nouveaux murmures s'élevèrent ; mais le clergé de France, dont la richesse était très-grande au milieu de la pauvreté publique, racheta les biens aliénés ; et le Havre fut reconquis en quelques jours par les efforts unanimes du connétable de Montmorency et du prince de Condé, des catholiques et des huguenots oubliant leurs animosités dans la joie d'une commune victoire.

Quelle que fût l'importance d'un tel succès, on a reproché souvent au chancelier de L'Hôpital le moyen dont il se servit. On a regardé l'usage qu'il fit alors des biens ecclésiastiques comme une dangereuse épreuve, dans un temps où partout les nouvelles sectes avaient présenté aux princes et aux peuples l'appât de ces confiscations ; mais L'Hôpital fit adopter cette mesure à la fin de la guerre, au moment de la victoire des catholiques. Toutefois le pape parut vivement blessé, et se plaignit avec amertume du chancelier de France. L'Hôpital écrivit au souverain pontife une lettre pleine de candeur et de fermeté, où, répondant au reproche de ses ennemis, il déclarait que, fidèle à l'Église, à la foi catholique, il aurait voulu seulement réformer les scandales et le luxe qui nuisaient à la religion. « Sans doute, disait-il en finissant, j'ai eu tort de lutter contre ce torrent, j'eusse peut-être mieux fait de m'accommoder aux temps présents; mais, très-saint-père, telle est ma façon d'être, que l'âge m'a rendu encore plus difficile et plus fâcheux. »

Le jeune roi, qui avait assisté à la prise du Havre, venait d'entrer dans sa quatorzième année : les catholiques n'avaient plus de chef depuis la mort du duc de Guise; c'était le moment d'élever la puissance royale et de la faire reconnaître dans la personne d'un jeune prince, dont les premières inclinations paraissaient alors vives et généreuses. L'Hôpital pressa la reine de déclarer la majorité du roi, ainsi que l'autorisait une ancienne ordonnance de Charles V. Le chancelier pensait que pour contenir des partis, naguère si acharnés l'un contre l'autre, la présence et l'action d'un souverain seraient plus efficaces que la politique mobile et les ruses de Médicis. Sans doute aussi, dans un temps où le vieux respect de la royauté s'était affaibli par la guerre civile, il croyait utile de frapper les esprits par la pompe de cette cérémonie. Elle se fit au parlement de Rouen, et fut consacrée par un édit, où respirait toute la politique généreuse de L'Hôpital et son esprit de tolérance.

On ne peut douter qu'en choisissant ce lieu pour une telle solennité, L'Hôpital n'eût voulu censurer la rigueur excessive du parlement de Paris. Toutefois, il n'épargna pas les reproches au parlement de Rouen : l'âpreté du zèle de parti était alors si générale et si vive, que la justice ne s'en préservait pas. C'est à ce sujet qu'en présence du jeune roi et de toute la cour, le vieux chancelier, avec sa figure austère, disait aux magistrats : « Vous êtes juges du pré ou du champ, non de la vie, non des mœurs, non de la religion. Vous pensez bien faire d'adjuger la cause à celui que vous estimez plus homme de bien, ou meilleur chrétien, comme s'il était question entre les parties lequel est le meilleur poëte, orateur, peintre, artisan, et non de la chose qui est amenée en jugement. Si vous ne vous sentez pas assez forts et justes pour commander vos passions et aimer vos ennemis, selon que Dieu commande, abstenez-vous de l'office de juges. » Ce ne fut là qu'une partie des sévères conseils que donna le chancelier. Avec ce mélange d'érudition et de familiarité un peu gauloise qui le caractérisait, il parla longtemps de l'état du royaume, de la prise glorieuse du Havre, de cette loi fondamentale qui ne laissait aucun intervalle entre deux règnes, de la majorité précoce établie pour les rois, de l'édit de pacification, enfin, de cette paix que Charles venait de donner et qu'il voulait faire observer. Après ce discours, la reine, se levant, s'inclina devant son fils, qui l'embrassa et lui dit : « Je veux que vous gouverniez et commandiez autant et plus que jamais. » Les princes et les grands de l'État baisèrent la main du roi : puis on entendit plaider un procès particulier qui pendait devant la cour. Les juges opinèrent, et le chancelier prononça l'arrêt; car tel était alors le respect pour les formes de la justice, que le débat et le jugement d'une cause semblaient le spectacle le plus digne d'une telle solennité.

La cour revint ensuite à Paris; la reine tâcha de faire oublier dans les fêtes les maux de la guerre civile, et s'occupa d'enchaîner par les intrigues et les plaisirs le courage et l'humeur altière des chefs de parti qu'elle redoutait. On sait que cette cour fut un théâtre de corruption et de vices empruntés à l'Italie du xv® siècle. La guerre civile avait relâché tous les liens du devoir; et la paix qui suivit invitait à la mollesse et à la licence. Entourée de filles d'honneur choisies pour leur noblesse ou pour leur beauté, la reine encourageait une séduction favorable à sa politique; elle se servait du vice pour préparer le crime. On a peine à concevoir, au milieu de ce palais corrompu, dans ces cabinets de la reine où se méditaient d'impurs amours, le chancelier de L'Hôpital, paraissant par intervalle pour parler à Médicis et au jeune roi le langage de la vertu, de la justice, de la clémence. Le plus grave historien de l'antiquité a d'avance indiqué ce tableau, en montrant Burrhus à la cour de Néron; et les épîtres de L'Hôpital, libres confidences de tous les mouvements de son âme, sont le témoignage de l'indignation qu'il éprouvait. C'est là qu'il se plaint de l'athéisme si commun dans son siècle, au milieu des guerres dont la religion était le prétexte. C'est là qu'il dénonce souvent le luxe comme une cause d'avilissement et d'esclavage.

L'édit de pacification obtenu par L'Hôpital, était en butte aux attaques de tous les partis, dont il comprimait la fureur; et malheureusement l'état de l'Europe, et cet enchaînement de circonstances qui devient la fatalité de l'histoire, ne permettaient pas qu'il fût durable. L'Hôpital avait longtemps espéré que les tardives délibérations du concile de Trente amèneraient un résultat favorable à la paix de la chrétienté; dans cette pensée, il avait fait nommer ambassadeur de la France, auprès de cette assemblée, Arnaud du Ferrier, son ami, ferme et savant apôtre de la tolérance, qu'il avait soutenue dans le parlement de Paris.

Cet habile négociateur s'était cru quelque temps secondé par le cardinal de Lorraine lui-même. Prince de l'Église, mais ministre de France, le cardinal répugnait d'abord aux prétentions ultramontaines qui contrarient l'indépendance de la couronne; et dans son aversion pour les sectes nouvelles, il voulait cependant maintenir les anciennes maximes de l'Église gallicane. Mais après le meurtre du duc de Guise, son indignation l'emporta plus loin : il ne crut pas pouvoir trop accorder; tout ménagement lui parut une faiblesse ; il abandonna les doctrines qu'il devait défendre, et ne se souvint plus de ces libertés gallicanes fondées par saint Louis.

D'ailleurs, il était impossible qu'un concile formé en présence de la réforme, qui sapait tout principe d'autorité religieuse, ne poussât pas au plus haut degré les doctrines de la suprématie romaine. Plusieurs dispositions du concile étaient tellement marquées de ce caractère, qu'elles n'ont jamais été reconnues en France, et que ce refus, perpétué pendant plus de deux siècles, est un principe de notre droit public.

Cependant les États catholiques d'Europe s'empressaient d'accueillir les décisions de cette assemblée. Le cardinal de Lorraine revenait en France pour en presser l'acceptation ; et le roi d'Espagne et le duc de Savoie engageaient, par leurs ambassadeurs, le jeune roi de France à se rendre dans la ville de Nancy, pour y jurer les décrets du concile. Ces ambassades avaient aussi pour objet de demander au roi l'abolition du dernier édit de tolérance, et la poursuite de l'assassinat du duc de Guise. Charles IX, par les avis du chancelier, refusa de se rendre à Nancy, et répondit seulement « qu'il voulait vivre et faire vivre ses peuples selon la bonne et ancienne religion de l'Église romaine. » Ces paroles étaient sincères ; le chancelier détestait la violence des novateurs, et voulait le maintien du culte antique et des franchises nationales. Mais en même temps qu'il repoussait les dispositions du concile de Trente, qui élevait les papes au-dessus des rois, il craignait que l'excommunication absolue, portée contre les hérétiques dans les décrets de ce concile, n'enflammât plus vivement les passions de la guerre civile à peine suspendues. Dans cette pensée, il fit écrire par le célèbre jurisconsulte Dumoulin un mémoire contre l'admission des décrets du concile.

Dumoulin, comme beaucoup d'hommes savants de cette époque, avait été séduit par l'attrait d'une réforme religieuse. Son esprit, à la fois ardent et méthodique, s'était élevé contre les usurpations de la chancellerie romaine, la sacrilége vénalité des indulgences, et beaucoup d'autres abus nés dans des temps barbares, et qu'avait ignorés l'Église primitive. En les combattant d'abord en jurisconsulte, il finit par se passionner en théologien, et il adopta sur la prédestination et sur la grâce les dures opinions de Calvin. Puis il réprouva quelques préjugés de l'Église de Genève, et chercha plus de modération et d'indépendance dans le luthéranisme. Enfin, trouvant partout violence et guerre civile, il se refroidit pour les dogmes de Luther, et parut s'arrêter aux maximes de l'Église gallicane, dont il se montra le défenseur le plus savant et le plus hardi.

Cette mobilité d'opinions n'était pas alors fort rare, les limites des diverses communions chrétiennes étant plus indécises et toutes les sectes se touchant et se repoussant à la fois. Dumoulin n'en eut pas moins de crédit et de renommée; mais il souleva contre lui de violents adversaires parmi les calvinistes et les catholiques. Son mémoire sur le concile de Trente, écrit avec beaucoup de logique et de véhémence, irrita les deux partis. Le parlement de Paris, qui respectait le profond savoir de Dumoulin, se crut cependant obligé de le poursuivre; et là commencèrent les longues persécutions de cet homme célèbre. L'Hôpital le protégea, et parvint à le soustraire aux premières vengeances de ses ennemis.

Pendant ces discussions, le cardinal de Lorraine pressait la reine d'accepter sans réserve le concile et d'en promulguer les décrets dans le royaume. L'Hôpital repoussa cette demande, comme une annonce de guerre civile. Les esprits s'échauffèrent par de mutuels reproches; le cardinal de Lorraine accusait l'édit de tolérance; le chancelier imputait tous les maux de l'État à la violation de cet édit; et la reine mit fin à ce débat trop animé, où, suivant un contemporain, le cardinal et le chancelier *s'étaient dit de grosses paroles*.

Cependant la paix publique fut encore maintenue; quelques violences furent réprimées, et l'édit de tolérance ne souffrit que des restrictions légères.

Mais L'Hôpital, prévoyant avec douleur que son ouvrage serait détruit, et que son zèle ne pourrait prévaloir sur les passions des chefs, les emportements et les fautes des partis, s'occupait de jeter au moins dans l'État le germe de quelques bonnes lois. C'est une chose remarquable et qui surprend d'abord, que plusieurs des sages ordonnances de l'ancienne monarchie se trouvent datées d'un règne funeste dans notre histoire ; L'Hôpital en fut l'auteur. Il s'occupa presque en même temps de la réforme de la justice, de la sûreté du commerce, du luxe et des lois somptuaires.

C'est là qu'on reconnaît le génie particulier de ce grand magistrat, plus fait peut-être pour la sévérité d'une république ancienne que pour la corruption de nos grands États. Dans ces règlements promulgués par Charles IX, la dépense de la table ou de la parure, le nombre des convives, le choix des étoffes sont fixés avec une minutieuse rigueur. Les philosophes qui ont tant loué L'Hôpital dans le siècle dernier, ont eu bien de la peine à lui pardonner ses vieux préjugés grecs ou romains qui choquaient toutes leurs idées sur l'importance du commerce et les bienfaits du luxe. Il faut avouer que ces lois somptuaires étaient au moins inutiles, comme de telles lois le sont toujours. Mais le chancelier, tout rempli des grandes vertus de l'antiquité, voyait que de son temps l'ardeur des richesses, la soif des confiscations, les folles dépenses se joignaient à toutes les fureurs de l'esprit de faction ; et parmi des hommes encore rudes et farouches, les premiers besoins d'un luxe grossier lui semblaient un aliment de plus pour la guerre civile. Cette simplicité à laquelle il eût voulu ramener les autres, il la portait en lui. Un des courtisans corrompus de cette époque, un panégyriste zélé de Médicis, Brantôme, raconte quelque part le dîner qu'il fit chez le chancelier, « dans sa chambre, avec du bouilli seulement, mais où il entendit force beaux discours et belles sentences qui sortaient de la bouche d'un si grand personnage, et quelquefois aussi de gentils mots pour rire. »

Pour mieux assurer l'exécution des édits, L'Hôpital engagea Charles IX à faire un voyage dans les diverses provinces de la France que la guerre avait ravagées. Il parcourut ainsi la Champagne, la Bourgogne, le Dauphiné, la Provence et la Guienne. Il montrait au jeune roi les traces récentes de la guerre civile, les villages à demi brûlés, les pauvres habitants errants et dépouillés. Il excitait la pitié dans son âme, et en même temps il s'appliquait à régler tous les tribunaux de justice. Le parlement de Bordeaux attira surtout son attention par l'importance qu'il avait dans les provinces du Midi. Cette ville avait pris beaucoup de part à la guerre civile; plusieurs magistrats de son parlement avaient servi dans les armées, avaient été commissaires de vivres ou chefs de bandes. Les passions et la licence de la guerre civile les animaient encore : le chancelier, qui voulait porter partout la modération et la justice par la présence du souverain, le pressa de tenir à Bordeaux un lit de justice. Il y prit la parole suivant le privilége de sa charge, et blâma fort les désordres du parlement.

Son discours, original par la vigueur du sens, la vivacité familière des expressions, peut faire juger de tous les maux de la France. L'impunité du meurtre, le mépris des lois, les sentences arbitraires, la concussion, la vénalité sont les abus dont se plaint le chancelier ; et, dans sa rude franchise, il ne craint pas de pousser le reproche aussi loin qu'il peut aller, et n'épargne pas plus les courtisans que les magistrats. « Messieurs, dit-il, je crains qu'il n'y ait céans de l'avarice, car on m'a dit qu'il y en avait qui prenaient pour faire bailler des audiences ; et, quand on le leur reprochait, ils répondaient : C'est bien pis à la cour, et c'est là que sont les gros larrons; mais il n'est pas bien, ni là ni ici. »

Ces dures réprimandes d'un homme irréprochable, étaient une digue au milieu du débordement de tous les vices. Un homme peu fait pour éprouver le respect qu'inspire la vertu, Brantôme, appelle L'Hôpital un rude magistrat, et un Caton le censeur. S'il faut l'en croire, dans ce même voyage, où le chancelier fit une mercuriale si sévère au parlement de la Guienne, il ne ménagea pas non plus un gentilhomme de cette province, le marquis de Trans, fort protégé à la cour, et fort redouté dans le pays pour sa hauteur et ses violences. Mandé au conseil privé, le jeune seigneur avait cru pouvoir plaisanter lui-même sur les méfaits qui lui étaient reprochés. « Comment, vous riez? lui dit le chancelier, au lieu de vous attrister, et de montrer un visage repentant de vos folies! Vous pourriez bien vous donner de garde qu'avec vos risées et vos bouffonneries, je vous ferais trancher la tête aussitôt que j'en aurais donné ordre. »

Cependant la reine se proposait un but secret dans ce voyage : c'était de se rapprocher de la cour d'Espagne et de conférer avec le duc d'Albe sur la politique que les deux monarchies devaient adopter à l'égard des protestants. Charles IX et sa mère s'avançaient à ce funeste rendez-vous, en prodiguant sur la route les promesses de paix et de clémence; et le temps qu'ils passèrent dans Bayonne, avec la reine d'Espagne, fut en apparence tout occupé par les fêtes, les carrousels et tous les jeux d'une cour galante. Jamais la noblesse française n'avait montré plus de luxe et d'éclat; les festins, les spectacles, les fêtes nocturnes se succédaient sans fin; et l'on avait appelé de Paris le poëte Ronsard, pour animer par ses vers toute cette magnificence.

Catherine de Médicis était logée dans le palais épiscopal, à côté duquel on avait élevé, pour la reine d'Espagne, une espèce de tente élégamment ornée, qui communiquait avec les appartements de la reine, et permettait aux deux princesses de se voir à toute heure et sans témoins. Le duc d'Albe était l'âme de ces entretiens; il y représentait Philippe II. Il devait bientôt passer dans les Pays-Bas pour y dompter le protestantisme; et la férocité qu'il porta dans cette expédition, les échafauds innombrables dont il ensanglanta la Hollande, cette fureur de tuer par la main du bourreau plus d'hommes que sur le champ de bataille, attestent assez les conseils qu'il pouvait donner à Médicis. Aussi les écrivains du temps qui ont cru pénétrer le secret de ces conférences de Bayonne, rapportent que le duc d'Albe y déclara qu'il fallait prendre pour modèle les vêpres siciliennes, et massacrer tous les protestants à la fois. Un autre mot qu'on lui impute, annonçait de sa part une politique différente, quoique toujours atroce : « Il fallait, disait-il, ne pas s'amuser inutilement à prendre les grenouilles, et pêcher les gros poissons. »

Quoi qu'il en soit du détail de ces entretiens, on ne peut douter que, dès lors, l'esprit de Médicis n'ait été précipité vers tous les projets de violence et de sang. Ce fut aussi de ce moment que l'autorité du chancelier de L'Hôpital commença de faiblir. Il n'était pas resté parmi les fêtes de Bayonne ; il avait devancé le retour du roi.

Pendant l'absence du chancelier, le parlement de Paris avait jugé le célèbre procès des jésuites contre l'Université, qui refusait de les admettre dans son sein, et leur contestait le privilége de l'enseignement public [1]. Quelques écrivains ont affirmé que ces religieux gagnèrent alors leur cause par la protection de L'Hôpital. C'est mal connaître le caractère du chancelier, sa politique et les particularités de ce débat mémorable. Les jésuites étaient les adversaires les plus incommodes et les plus violents des édits de pacification, des trêves de tout genre que L'Hôpital travaillait à maintenir. Ils étaient les protégés des Guises et les auxiliaires de la politique espagnole, qui triomphait aux conférences de Bayonne. L'avocat qui plaida pour eux contre Étienne Pasquier était atta-

---

[1] *Mélanges* tirés d'une grande bibliothèque. (*Essai sur la vie de L'Hôpital*, par Bernardi.)

ché, comme jurisconsulte, à la maison de Lorraine, dont il présidait le conseil particulier. On ne peut révoquer en doute l'influence qui les protégea dans cette occasion : ce n'était pas celle du chancelier. Il est à remarquer même que l'avocat du roi Dumesnil, admirateur et partisan de L'Hôpital [1], leur fut ouvertement contraire, et qu'après avoir attaqué l'introduction de ces ordres nouveaux, comme dangereuse à la religion et au gouvernement civil, il termina par un avis favorable sur tous les points à l'Université. La cause fut vivement débattue. Les plus intègres défenseurs des principes du parlement, les amis du chancelier étaient pour l'Université. Ils rappelaient que, dix ans auparavant, la Sorbonne avait elle-même réprouvé les jésuites par une déclaration solennelle; que l'évêque de Paris, du Bellay, avait déclaré cette société dangereuse, et née pour la ruine plutôt que pour l'édification.

Cependant l'opinion du plus grand nombre fut pour un ajournement, qui, sans décider la question, accordait à la société la liberté provisoire d'ouvrir une école et d'instruire la jeunesse. Ainsi, les jésuites gagnèrent leur premier procès en France sous une de ces formes obliques et détournées qui sont à leur usage.

Mais, loin qu'un tel succès fût l'ouvrage du chancelier, on peut y voir un des premiers signes de l'affaiblissement de sa puissance.

---

[1] Thuani *Historiarum* lib. XL. Opuscules de Loisel.

Médicis et sa cour était revenue de Bayonne avec des dispositions nouvelles et des leçons de politique espagnole qui n'échappaient point aux yeux du chancelier et à la sagacité de ses ennemis. Il semblait temps de secouer le joug de cet homme de bien qui pesait depuis tant d'années sur les conseils de la reine. Le bruit de sa disgrâce se répandit partout. On désigna son successeur. Mais dans la situation du royaume, cette disgrâce eût paru l'annonce de persécutions nouvelles contre les protestants, et elle fut différée.

Pendant ce répit que l'intrigue et le fanatisme laissaient à la vertu, le chancelier s'occupait à préparer quelques-uns des plus sages édits qu'ait eus la France avant les belles ordonnances de Louis XIV; et, voulant donner à ces lois plus de force et de solennité, il saisit l'occasion d'une assemblée des grands du royaume. Là furent appelés le premier président du parlement de Paris, Christophe de Thou, le président Séguier, et les autres chefs des compagnies souveraines de Toulouse, de Bordeaux, de la province du Languedoc et de Dijon; ils se réunirent dans la chambre même du roi, où se trouvaient la famille royale, les premiers seigneurs de l'État, les Guises, les Montmorency et les Coligny. Le jeune roi leur dit qu'il avait parcouru pendant deux ans tout son royaume pour entendre les plaintes, et aviser aux remèdes; que maintenant il les priait, et au besoin leur ordonnait de le seconder dans ses efforts.

C'était, sous une forme nouvelle, la résolution tant de

fois annoncée, la réforme projetée tant de fois depuis la mort de Henri II ; c'était la vaine tentative toujours recommencée pour éteindre la guerre civile, sans établir la tolérance religieuse. Mais dans cette réunion de cour qui ne semblait qu'un pompeux cérémonial, et qui surtout ne pouvait conduire vers un but que personne n'y cherchait de bonne foi, L'Hôpital sut faire un bien durable ; car il ne désespérait pas de la justice, même aux approches de la guerre civile.

Après avoir exposé les désordres du royaume, la corruption des tribunaux, les maux de la licence et de l'impunité, il écarta le prétexte d'inaction que l'on tire souvent des malheurs publics par cette belle maxime : qu'il n'existe dans aucun temps de motifs qui empêchent le juge d'appliquer la justice, le prêtre d'interpréter de bonne foi la parole de Dieu, et le général de faire loyalement la guerre, et de défendre son roi et sa patrie. Alors il proposa ses vues pour diminuer le nombre des tribunaux inférieurs, bannir les concussions de la justice, limiter la juridiction arbitraire des parlements, et les réduire à n'être que les organes d'une loi positive. Enfin, il proposa plusieurs dispositions d'ordre civil sur les droits des créanciers, les mineurs, les substitutions, qu'il ne permit pas d'étendre au delà du quatrième degré, les donations, qu'il soumettait à l'enregistrement et à la publicité.

Ce grand magistrat semblait, au milieu des révolutions du royaume, uniquement occupé de la perfection du droit civil. Ce n'était pas illusion ou méprise de sa part; de bonnes lois, en améliorant l'état de la société, étaient encore le plus salutaire contre-poids que l'on pût opposer dans l'avenir aux malheurs de la patrie; et le siècle de Louis XIV, héritant avec respect des travaux de législation achevés par L'Hôpital, honore assez la prévoyance et le génie de ce grand homme.

Le chancelier fit aisément admettre par les seigneurs et les chefs de parti les sages réformes qu'il proposait. On discuta pendant plusieurs séances; mais, comme il ne s'agissait que d'un bien éloigné, général, où les passions du fanatisme et de la guerre civile n'étaient pas engagées, il fut fait presque sans obstacle; et de là sortit cette ordonnance de Moulins si justement célèbre.

Une seule disposition de ce grand travail touchait aux intérêts présents : elle avait pour objet d'interdire dans le peuple ces confréries de dévotion, qui déjà servaient à nourrir la guerre civile, et qui furent, quelques années plus tard, les plus puissants instruments de la ligue. Après ce beau succès qu'obtinrent la droiture et la raison supérieure du chancelier, l'assemblée de Moulins ne fut plus occupée que par le spectacle plus fastueux que sincère d'une réconciliation entre l'amiral Coligny et les princes de la maison de Guise. L'amiral jura solennellement qu'il n'avait ni conseillé ni consenti la mort du duc de Guise. Anne, duchesse de Guise, et le cardinal de Lorraine, l'embrassèrent devant le roi, qui leur ordonna d'être amis; et ils se promirent avec une foi mutuelle de ne garder l'un contre l'autre aucun ressentiment du passé. Le jeune Henri de Guise, depuis peu revenu de Hongrie, était présent à cette réconciliation, et ne s'y mêlait pas, immobile, sans approbation, sans colère apparente, et d'autant plus redoutable dans sa haine, que, si jeune, il savait déjà la maîtriser.

Ainsi la cour abandonna Moulins sans avoir rien fait de décisif et de sincère pour la paix du royaume; et les chefs de parti, qui s'étaient réunis un moment, retournèrent bientôt dans leurs camps opposés. Le cardinal de Lorraine avait repris tout son ascendant sur Médicis; il lui montrait les protestants toujours unis pour se défendre, paisibles, il est vrai, quand on ne les persécutait pas, mais prêts de s'armer à la moindre violence. Le chancelier de L'Hôpital recommandait par ses lettres à tous les gouverneurs des provinces l'observation des derniers édits de tolérance; mais, chaque jour, ils étaient violés. Les cruautés, les passions de la guerre civile ne pouvaient s'oublier si vite qu'on laissât vivre en paix dans leur culte nouveau ceux qu'on avait combattus comme hérétiques. Les parlements, défenseurs de l'ancienne foi du royaume, ne se pliaient qu'avec peine à la tolérance consacrée par les nouveaux édits, ils prononçaient encore de rigoureuses sentences contre les protestants; ils condamnaient aux galères les religieux qui, sous prétexte d'adopter la réforme, s'étaient mariés publiquement; ils interdisaient les synodes.

L'aspect de la cour, d'ailleurs, était changé : après avoir

longtemps favorisé les nouvelles opinions par un esprit d'intrigue et de légèreté, elle semblait les menacer par une dévotion affectée, qui se bornait aux pratiques extérieures, et ne retranchait rien sur les passions et les crimes.

D'autres considérations excitaient encore l'inquiétude des chefs protestants; ils voyaient les Pays-Bas envahis par le duc d'Albe; et son armée, si près de la France, leur paraissait menaçante pour eux-mêmes. Enfin, l'intérêt de secte, l'ambition, le goût de la vie aventureuse, disposaient le prince de Condé à reprendre les armes. Le jeune duc de Guise manquait encore d'autorité; et le héros du parti catholique, le vieux connétable de Montmorency, appesanti par l'âge, perdait chaque jour quelque chose de sa vigueur et de sa haine.

Cependant tout demeurait encore paisible : un écrit publié dans Orléans, au nom du prince de Condé, annonçait seulement avec force les griefs et les plaintes du parti protestant. La cour n'en fut ni inquiète ni touchée.

Un corps de six mille Suisses, récemment appelé, semblait la mettre à l'abri de toute entreprise; et la reine se confiait au voisinage et aux promesses du duc d'Albe. Cependant, les gentilshommes huguenots venaient de toutes parts conférer avec l'amiral de Coligny, retiré dans sa terre de Châtillon. Le prince de Condé recevait lui-même les avis de ce chef expérimenté; on agitait, dans ces conseils, le projet d'enlever le cardinal de Lorraine, ou même de surprendre le roi et toute la cour, comme le duc de Guise avait fait à Vincennes, au commencement de la première guerre civile.

Ces projets, que la vie turbulente de ce temps rendait moins coupables et plus faciles aux yeux des complices, demeuraient inconnus ou méprisés de la cour. Le plus habile négociateur employé par Médicis, Castelnau, fut le premier qui, revenant d'une courte ambassade auprès du duc d'Albe, recueillit sur son passage et vint apporter à la cour quelques notions précises de ce complot. Ces avis furent d'abord repoussés : le vieux Montmorency, ne pouvant croire sa prévoyance en défaut, lui dit qu'une armée de huguenots n'était pas chose qui se *portât dans la manche,* et que cent hommes d'armes ne pourraient remuer sans que lui connétable en fût averti.

Le chancelier de L'Hôpital qui, dans cette première annonce, voyait le renouvellement de la guerre civile, fut plus sévère encore, disant que c'était un crime capital de donner un faux avertissement au roi, surtout pour le mettre en défiance de ses sujets. L'Hôpital se trompait cependant sur la vérité du fait. On apprit bientôt que les routes étaient couvertes d'hommes armés qui se rendaient à Châtillon; que des postes étaient pris, des vivres préparés, et que tous les gentilshommes huguenots de Picardie et de Champagne étaient montés à cheval. La cour, alors à Meaux, pouvait être enlevée; les seigneurs étaient sans armes; et ils n'avaient, pour coursiers de guerre que les haquenées des dames de la reine.

Toutefois, on eut le temps de mander les six mille

Suisses, dont la présence écartait tout péril. Dans cette pensée, le chancelier de L'Hôpital insistait pour retenir le roi dans Meaux, et pour éviter toute rencontre avec les rebelles. L'avis contraire prévalut; et le roi, entouré de sa garde, prit la route de Paris avec les seigneurs et les femmes de la cour. Quelques partisans huguenots se montrèrent sur son passage; et l'on vit même le prince de Condé et l'amiral de Coligny approcher à la portée du pistolet, mais sans provocation ni menace. Suivant ainsi les traces de l'armée royale, les protestants, encore peu nombreux, se logent à Saint-Denis, courent la plaine, et commencent la guerre en saisissant les voitures de vivres, et le pain de Gonesse que l'on apportait à Paris.

Cependant la reine, inquiète du parti où elle se précipitait, consentit à négocier avec les rebelles, ou du moins à connaître leurs plaintes. Le chancelier sortit de Paris pour remplir cette mission, avec Morvilliers, évêque d'Orléans. Inflexible dans sa loyauté, il reprocha vivement au prince de Condé et à Coligny la violation de leurs serments, et le crime de lèse-majesté qu'ils commettaient en prenant les armes contre leur roi. Les chefs protestants répondirent par leurs griefs contre la maison de Lorraine, alléguant l'oppression qui pesait sur eux, les desseins formés pour détruire leur religion, les conférences de Bayonne, l'alliance et les funestes conseils du duc d'Albe. En même temps, Condé remit un mémoire où tous les griefs des siens étaient exposés.

Le chancelier, de retour à Paris, détermina la reine à faire un dernier effort pour assurer la paix; et il revint le jour suivant au camp du prince de Condé, apportant un projet de pacification et d'amnistie.

Mais quelles que fussent la vertu du chancelier et l'autorité de ses paroles, tant de promesses oubliées, tant de solennels édits foulés aux pieds, excitaient la défiance des chefs protestants : la modération loyale du chancelier fut loin de les satisfaire. Il revint de cette conférence désespérant de la paix, mais la voulant toujours. Il quittait le camp du prince de Condé, où l'ancienne indépendance féodale s'appuyait sur le zèle de l'esprit de secte, et il rentrait dans cette cour cruelle et corrompue qui attendait impatiemment la guerre civile. L'opiniâtreté des protestants donnait des armes contre lui; on l'accusait d'avoir souhaité, d'avoir promis la paix. Une âme moins sûre d'elle-même eût cédé : sa conscience fut inflexible; il ne craignit pas de publier l'opinion qu'il n'avait pu faire prévaloir.

Jamais l'impartialité, la raison, la justice, ne se montrèrent plus hautement que dans ces pages écrites dans le palais de Charles IX, au bruit des deux camps français qui allaient s'attaquer avec fureur. L'Hôpital n'y ménage rien. Passionné par l'amour du pays, il montre avec une inexorable franchise les injustices des deux partis, et les dangers du combat pour tous deux. Victoire ou défaite, tout lui paraît également affreux; il craint la première goutte de sang, comme une tache contagieuse qui souillera tout le royaume. En terminant ces vives protestations contre la guerre imminente, L'Hôpital disait : « Je sais que ceci sera trouvé âpre, et que je pourrais parler plus doucement ; mais la nécessité arrache malgré moi ces paroles de mon cœur, et me fait préférer la rude vérité à la douce flatterie. »

On respecta la franchise de l'Hôpital sans suivre ses conseils. Il eût fallu, pour en profiter, des vertus plus difficiles que le courage de livrer une bataille.

Le vieux connétable de Montmorency, et les autres chefs catholiques frémissaient de colère et de honte en voyant les rebelles en armes aux portes de Paris. Ils pressaient la reine de ne pas écouter les conseils de cette grande barbe du palais qui ne savait rien des choses de guerre, et voulait toujours faire des traités avec les hérétiques. On disait hautement que lui-même n'était pas tant irréprochable sur le fait d'hérésie ; et l'on répétait, comme un proverbe, qu'il fallait *se garder de la messe du chancelier*.

Tout semblait justifier d'ailleurs des résolutions violentes. Les troupes du roi étaient plus nombreuses que celles du prince de Condé. Les habitants de Paris étaient fort animés : et le pouvoir et la justice semblaient du côté de la cour, si elle repoussait par la force les gentilshommes huguenots qui venaient assiéger le roi dans sa capitale. La bataille fut donnée dans la plaine Saint-Denis.

Malgré la valeur opiniâtre et disciplinée des troupes

protestantes, l'armée royale, forte de douze mille hommes, emporta le champ de bataille, et força le prince de Condé de se replier, avec l'élite de sa cavalerie, pour aller attendre en Lorraine le secours des protestants d'Allemagne. Le connétable de Montmorency, atteint d'un coup mortel à la fin du combat, laissa son parti vainqueur, mais sans chef. Comme l'avait prévu L'Hôpital, rien ne fut décidé par l'effusion du sang; et il fallut revenir aux tentatives de paix que l'on avait faites auparavant. La paix fut conclue de nouveau, paix infidèle comme les précédentes : les partis étaient toujours armés, la question toujours indécise; le cardinal de Lorraine n'avait rien perdu de son crédit. Il était secondé par le duc d'Anjou, prince faible et cruel, et l'Italien Birague, protégé de Médicis, homme important alors, parce que déjà on voyait en lui l'instrument utile de toutes les mauvaises actions qu'on voudrait faire.

Cependant il restait encore dans le conseil du roi trois hommes de bien, Morvilliers, évêque d'Orléans, d'un esprit juste et modéré, joignant à la douceur de ses mœurs l'érudition et l'habileté que l'on puisait alors dans l'Église; Henri de Mesme, magistrat vertueux, nourri dans cette profonde connaissance des lettres grecques et romaines qui donnait à quelques hommes du xvie siècle une gravité et une liberté antique; enfin L'Hôpital, incorruptible soutien de la justice au milieu des factions et de la cour. Ces trois hommes étaient unis dans la pensée d'observer la paix, de garder fidèlement les édits, et de résister au protestantisme par la pureté de mœurs, le savoir et la doctrine du clergé catholique.

Le cardinal de Lorraine, au contraire, altier, violent, préoccupé de mille projets pour la grandeur de sa maison, ne concevait de gloire et de sûreté que dans la ruine entière du parti protestant.

Rome et l'Espagne étaient sa règle et son modèle. Ce n'est pas que, dans l'origine, il eût montré cette même ardeur de zèle. Aux premières sessions du concile de Trente, on l'avait vu défendre quelques maximes de l'Église gallicane, et redouter la domination exclusive de la cour de Rome; mais la mort de son frère, les engagements qu'il prit pour le venger, les sanglantes représailles, les violences qui suivirent, le précipitèrent chaque jour plus avant dans cette politique haineuse et féroce qui devait aboutir à la Saint-Barthélemy. Il souffrait impatiemment les entraves d'une paix qui laissait subsister l'hérésie, et dont L'Hôpital profitait pour adoucir les esprits effarouchés, et ramener quelque ordre et quelque justice dans le royaume.

Le cardinal de Lorraine était un seigneur puissant; il était renommé pour son éloquence, il avait des richesses, des alliances avec les plus hautes familles, une foule de gentilshommes attachés à sa suite, et tout le clergé de France pour clients. Sans paraître au conseil, il dominait Médicis, autant qu'il était possible de fixer l'esprit mobile et corrompu d'une femme trop perfide pour ne pas trahir le parti même qu'elle préférait.

Ainsi, maître de la régente et de la cour, il tenait encore à ses ordres les passions de la multitude, qui vénérait en lui le défenseur de la foi catholique et le frère du duc de Guise.

Pour résister à tant de pouvoir, le chancelier n'avait que sa vertu, sa persévérance et les vœux timides de quelques hommes de bien. Il réussit encore quelque temps à maintenir la barrière que tant de passions furieuses avaient hâte de briser. Le coup décisif pour le perdre vint de Rome. Au mois d'août 1568, on lut au conseil du roi une bulle envoyée par le souverain pontife, et qui permettait au roi de distraire cent mille écus par an des biens du clergé, sous condition expresse de faire la guerre aux hérétiques, et de les détruire entièrement, ou de les ramener à l'obéissance de l'Église romaine. C'était abolir les traités de tolérance, et donner à tous les sectaires l'avis de prendre les armes. Le chancelier combattit avec force cette bulle funeste, injurieuse aux droits de la couronne, et meurtrière pour une partie de la nation; et, s'adressant à la reine, il la supplia de ne point ensanglanter de nouveau le royaume. Son autorité prévalut. On convint de ne pas recevoir la bulle, d'en demander une autre à Rome, et cependant d'user de la permission qu'elle donnait, mais pour les besoins du royaume, et non pour la guerre civile.

Ce dénoûment imprévu redoubla l'animosité des ennemis de L'Hôpital, et les avertit de faire un nouvel effort contre lui. La reine elle-même craignait qu'il ne prît trop de pouvoir sur Charles IX. Le jeune roi respectait la vertu du chancelier, écoutait ses paroles ; et cette âme, qui devait être souillée par un si grand crime, parut un moment se remettre tout entière aux mains du plus vertueux des hommes.

Cependant la cour entretenait toujours une armée nombreuse ; les chefs protestants s'étaient dispersés dans leurs provinces. On crut pouvoir les empêcher de se réunir en coupant les ponts et les passages ; et l'on résolut de saisir d'abord le prince de Condé et l'amiral de Coligny, retirés alors à la terre de Noyers. L'ordre fut donné dans le conseil du roi. Mais le prince et l'amiral échappèrent ; ce qui ne peut étonner, si l'on songe combien, dans ces temps de trahison et de surprise, des hommes de guerre et de parti toujours menacés devaient être alertes et soupçonneux.

Quoi qu'il en soit, cette occasion manquée acheva la disgrâce du chancelier ; on l'accusa d'avoir fait avertir le prince et l'amiral, et de n'être dans le conseil du roi que le fauteur des rebelles et des hérétiques. Charles IX, prévenu de ces défiances que lui inspiraient sa mère et le cardinal de Lorraine, ne reçut plus le chancelier qu'avec un visage froid et sévère. Celui-ci, qui sans doute désespérait de pouvoir être désormais utile à la paix, ne daigna pas même se justifier contre des calomnies de courtisans ; et, quittant le palais, il se retira dans sa campagne de Vignay.

La reine, quelques jours après, lui fit redemander les

sceaux du royaume, qui furent donnés à Morvilliers son ami, et trop homme de bien pour avoir souhaité d'être son successeur.

Ainsi, après avoir été retenu pendant huit ans dans la première dignité du royaume, au milieu de ces temps de corruption et d'injustice, le chancelier retrouvait cette vie paisible et ces champs qu'il aimait. Il avait près de lui sa fille entourée de jeunes enfants; il conservait quelques vertueux amis que lui avait donnés le goût des lettres et non le pouvoir, et qui, comme lui, nourrissaient leur âme des grands sentiments de l'antiquité.

Dans cet exil, L'Hôpital se livrait avec plus d'ardeur à l'amour des lettres. Aux yeux de notre siècle, il y a quelque chose d'étrange dans ces loisirs d'un ministre occupé à composer des vers latins : c'est un passe-temps du XVIe siècle, que notre raison dédaigneuse ou frivole estimera bien peu. Cependant ces vers expriment des pensées si nobles, qu'on ne peut les lire sans attendrissement; c'est un caractère, c'est une âme antique qui s'exprime dans l'ancienne langue des Romains.

Après avoir rappelé ses combats, sa disgrâce, le bonheur de sa vertueuse solitude, L'Hôpital, comme s'il eût craint que son exemple ne décourageât du service public, s'écrie[1] éloquemment : « Avez-vous un génie vaste et propre aux grandes choses? la vie privée ne suffit-

---

[1] *Mich. Hospitalii Epist.* lib. VII.

elle pas à votre âme, jeune ou dans l'âge viril? prenez part aux affaires publiques; c'est la vocation de la nature. Après Dieu, c'est à la patrie que nous devons le premier hommage de notre pieux dévouement. Quand vous vous serez offert à elle, persévérez, souffrez à son service jusqu'au dernier terme de la vie; jusqu'aux portes du tombeau, tant qu'elle le voudra. Si, ennuyée de vous, elle appelle d'autres favoris, allez en paix, retournez à vos enfants et à votre femme, avec une réputation inviolable, un nom sans tache, comblé d'honneurs, et, ce qui vaut mieux, soutenu par la conscience d'une honorable vie. Il est beau de vivre en repos dans sa maison, après avoir bien servi les intérêts publics; il est beau de voir un vieillard, autrefois chargé de grands emplois, conduisant désormais des travaux champêtres, tantôt disposant avec art les arbres de son verger, tantôt lisant ou écrivant des choses que lira la postérité. Mais le bien le plus désirable à nos derniers moments, c'est, après avoir parcouru la carrière de la vie, de quitter son corps, d'exhaler son âme au milieu des embrassements de son épouse et de ses enfants, et d'être enseveli dans la tombe de ses pères. »

Mais pouvait-il être heureux tandis que la pensée du danger public le tourmentait dans sa retraite? La perte du pouvoir laisse quelquefois autant de regrets à l'homme de bien qu'à l'ambitieux; et peut-être même la douleur de se sentir inutile dans un grand danger de la patrie est-elle plus poignante que l'humiliation de se sentir déchu.

On parla plusieurs fois à la cour et dans le public de rappeler le chancelier ; mais, dans un siècle corrompu, rien n'est irrévocable comme la disgrâce d'un homme de bien. Toutes les mauvaises passions, toutes les bassesses jettent un cri d'alarme contre son retour : elles sont à l'aise par sa chute.

L'Hôpital avait compris, dès le premier jour, qu'il ne sortirait plus de sa retraite. La prière, l'étude, l'éducation de ses petits-enfants, devenaient le seul soin de sa vie : un juste et noble orgueil le soutenait sans le consoler. Tels sont les sentiments qu'il exprimait dans une épître au président Christophe de Thou : c'est toujours la langue et la vertu d'un ancien Romain, avec ce caractère de fidélité pour le prince et de zèle pour la liberté publique particulier à quelques grands hommes de nos temps modernes.

« Non, je ne demeure pas vaincu, quoique la violence des hommes pervers ait arraché l'État de mes mains. Je n'ai pas reculé comme les lâches avant le premier péril, ni pris la fuite quand le combat était douteux encore. J'ai souffert tous les travaux que j'avais la force de porter. Je n'ai ménagé ni mon ardeur ni ma vie, tant qu'il me restait l'espérance de servir la patrie, de servir le roi. Enfin, abandonné de tous mes appuis, le roi et la reine n'osant plus me défendre, je me suis éloigné en plaignant le sort cruel de mon pays. Maintenant j'ai d'autres soins : mes études, longtemps interrompues et soutien de ma vieillesse, mes petits-enfants, gage précieux pour moi. Je soigne aussi les richesses de mon champ, que la vie laborieuse de la cour me faisait jadis négliger, et qui me semble maintenant un royaume, si toutefois il y a maintenant pour les citoyens quelque possession durable et sûre. J'espère aussi, puisque la sagesse ne peut plus rien, qu'il descendra quelqu'un du ciel pour comprimer tant de maux d'une main forte, pour sauver nos débris par les armes, et rétablir le roi sur son trône. Oh! combien la mort serait adoucie pour moi dans ma vieillesse, si je voyais mes anciens rois rétablis dans leur pouvoir, et mes concitoyens affermis dans la liberté [1] ! »

Après avoir énergiquement désigné l'homme qui seul, dit-il, opprime de son pouvoir le royaume, les lois et les droits de chacun, et seul s'est assujetti le roi, il revient à des pensées plus calmes animées d'une résignation religieuse.

« Cependant je me console par la douceur de ma vie présente. Tel que le voyageur qui, venant de franchir une vaste mer, approche des bords de sa patrie, et tourne la proue vers le rivage ; ainsi, moi, qui ai passé mon douzième lustre, je songe maintenant à d'autres demeures, à une autre vie : j'aspire au séjour du ciel en quittant la terre. »

Ce repos de l'âme, mérité par tant de vertus, devait être cruellement troublé par les maux de la France. Les

---

[1] « O mihi tunc veniat non injucunda seni mors,
    Regibus antiquis sua reddita regna tuenti,
    Atque meos cives in libertate manentes! »

années qui suivirent la retraite du chancelier avaient vu se renouveler toutes les horreurs de la guerre civile. Le mémorable édit de tolérance, monument de L'Hôpital, fut abrogé, les temples de la réforme fermés de nouveau, les ministres condamnés à mort; et toute cette foule de religionnaires qu'animaient quelques chefs ambitieux, se trouva de nouveau précipitée dans la guerre civile par une intolérable oppression.

Après deux ans de massacres, de pillage, après que les persécuteurs et les opprimés se furent presque également rendus coupables de mille barbaries, le prince de Condé étant mort à la bataille de Jarnac, on en revint à la paix. On avait épuisé cette fureur de guerre civile; on était rassasié de sang. La paix était proclamée, les serments renouvelés, les chefs du protestantisme accueillis dans le palais de Charles IX. Un air de fête et de gaieté succédait aux fureurs acharnées de la guerre civile; et la cour, remplie de jeunes femmes et de guerriers des deux partis, couvrait de toutes les frivolités l'horreur des plus noirs complots, et rassurait par ses folies et ses vices.

Tandis que la cour dissipait, dans les fêtes perfides de la paix, quelques subsides péniblement arrachés aux provinces appauvries par deux années de guerre civile, les dépenses les plus justes étaient mises en oubli, les meilleurs services laissés sans récompense. C'est ainsi que l'on peut expliquer seulement quelques lettres où l'homme qui avait pendant vingt ans occupé de si grands emplois, expose naïvement sa pauvreté. « J'ai, écrivait-il à Médicis, soixante-cinq ans passés, une femme, une fille, un gendre, et déjà neuf petits-enfants; j'ai un train de vieux serviteurs que je ne puis sans déloyauté laisser mourir de faim. Une tour de mon bâtiment tombe en ruine; avec cela, si Votre Majesté, empêchée par le besoin de l'État, ne croit pouvoir m'aider, j'endurerai avec patience : cela n'est ni long ni difficile à mon âge. »

Cette lettre, si simple et si noble, respire un sentiment de douleur qui tenait à d'autres motifs que ceux qu'elle exprime : c'est l'incurable tristesse de l'homme vertueux qui voit le mécompte de ses vœux les plus purs, qui souffre du présent et qui n'attend rien de l'avenir. La vieillesse est alors sans consolation; et la vie ne se marque plus que par les pertes et les malheurs dont elle vous rend témoin. On sent cette impression dans quelques vers où L'Hôpital célèbre la mémoire de son plus fidèle ami, le président Dufaur, qui mourut vers ce temps, et qui avait été, comme L'Hôpital, l'apôtre zélé de la tolérance et de la liberté religieuse.

« La paix, dit-il, est enfin rendue à la terre par la faveur des cieux; mais les hommes n'ont pas dépouillé leurs haines féroces. Ils s'occupent à ranimer par des crimes nouveaux les guerres éteintes. » Puis, s'adressant à l'ombre de son ami : « C'est maintenant, dit-il, que tu me parais heureux d'avoir touché le port avant que tes yeux ne voient les grands maux qui nous attendent, et qui, je le crains, seront plus cruels que ceux que nous avons déjà soufferts. Ame sainte, devance-moi, je te suivrai bientôt. Puisse un même lieu nous réunir! et que la même tendresse qui nous avait liés pendant la vie nous reste dans la mort, si les affections de la terre se conservent parmi les ombres. »

On retrouve dans ces vers les sentiments religieux qui avaient animé toute la vie de L'Hôpital, et qui s'étaient fortifiés encore par l'âge et la retraite. De son temps, ce grand homme fut accusé, tantôt d'être un hérétique caché, tantôt même d'être un athée. Le XVIII° siècle lui a donné le nom de philosophe, dans un sens qu'il n'aurait pas compris, ou dont il n'aurait pas voulu. L'Hôpital était chrétien, et sa religion défia même la surveillance et les soupçons de la cour de Rome irritée contre lui. « Il n'y a pas moyen d'accuser le chancelier d'hérésie[1], écrivait le cardinal d'Este, légat du souverain pontife, puisqu'on le voit aller à la messe, se confesser et communier. » D'une autre part, on ne peut supposer dans un tel homme des apparences de piété, prises seulement pour tromper les espions du pape : et c'est de lui certainement qu'il faut dire que sa pratique attestait sa croyance.

Théodore de Bèze a cru cependant le louer, en lui supposant une préférence secrète pour la réforme. Dans ce siècle de violence et de fanatisme, une tolérance désintéressée semblait impossible. Ceux qui en profitaient

[1] Négociations du cardinal d'Este.

ne la croyaient pas sincère ; car les partis, dans leur âpre jalousie d'envahissement, ne peuvent concevoir l'amour de la vérité pour elle-même, et prennent souvent la justice qu'on leur rend pour une apostasie faite en leur faveur. Ainsi que plusieurs hommes supérieurs de cette époque, L'Hôpital se séparait des abus de la cour de Rome, sans adopter le protestantisme. Il était, par conscience et par supériorité, ce qu'Érasme avait été par circonspection et par finesse d'esprit. Il puisait dans sa religion même cette tolérance qu'Érasme avait trouvée dans sa moqueuse indifférence pour toutes les sectes.

La triste prévoyance de L'Hôpital sur les nouveaux malheurs de son pays ne fut que trop justifiée. On avait vu jusque-là dans le royaume de cruels supplices, des persécutions odieuses, des révoltes opiniâtres, des guerres civiles acharnées, mais rien qui pût de loin égaler l'épouvantable trahison de la Saint-Barthélemy. On peut lire partout les crimes de cette journée. A peine ajouterons-nous à l'horreur qu'elle inspire, en disant que la vie de L'Hôpital y fut menacée, et ne fut sauvée que par le remords bizarre de ceux mêmes qui avaient préparé le meurtre de tant de victimes innocentes. L'Hôpital était dans sa retraite de Vignay, lorsque mille bruits sinistres et le passage des gens armés qui couraient les campagnes lui annoncent que l'on massacre les protestants dans tout le royaume [1]. Bientôt une populace

---

[1] *Michaelis Hospitalii Epist.* lib. VII.

enivrée de fureur entoure sa maison. Ses fermiers sont pris et garrottés. Il croit sa dernière heure venue, et s'y résigne sans effort. Ses domestiques veulent s'armer et repousser les meurtriers. « Non, dit-il, si la petite porte n'est bastante[1] pour les faire entrer, qu'on leur ouvre la grande. »

Cependant on apercevait du château de Vignay une petite troupe de cavaliers qui accouraient, à bride abattue, dans la plaine. Étaient-ce des défenseurs ou des assassins? On pouvait en douter dans ces horribles jours. La troupe arrive, fait retirer les premiers agresseurs, et s'établit dans le château, comme une sauvegarde envoyée par la reine. Ces hommes disent au chancelier que sa famille n'a rien à craindre, et qu'on lui pardonne à lui-même son ancien zèle pour les hérétiques.

« J'ignorais, répondit L'Hôpital, que j'eusse jamais mérité ni la mort ni le pardon. » Son cœur était alors déchiré par une autre inquiétude. Sa fille était à Paris depuis quelques jours, et son sexe n'aurait pu la sauver si la veuve du duc de Guise ne lui eût offert un asile dans son hôtel respecté des assassins. Cette dame, alors malade, voulut veiller elle-même sur la fille d'un homme vertueux qu'elle estimait. Elle la cacha plusieurs jours, et la fit ensuite sortir de Paris dans une voiture couverte, et comme une femme de son service. Telles étaient dans ces jours affreux les précautions dont la veuve du

[1] Suffisante.

duc de Guise avait besoin pour sauver la fille de L'Hôpital.

Rendue à sa famille éplorée, cette jeune femme retrouva son père presque prisonnier dans son château. Malgré sa religion, elle fut, ainsi que sa mère, forcée d'assister à la messe, sans autre conversion que la terreur inspirée par cette espèce de garnison envoyée contre les assassins, et qui leur ressemblait presque. Une dame protestante qui s'était enfuie du massacre de Paris, la veuve du marquis de Feuquières, fit demander en ce moment asile au chancelier; mais elle craignit d'en profiter en apprenant l'oppression militaire qui pesait sur la famille du premier magistrat du royaume. Enfin, après plusieurs jours, cette garde menaçante fut levée, et L'Hôpital se trouva seul avec sa famille en proie à toutes les pensées déchirantes que lui inspirait un tel spectacle.

Chaque jour lui annonçait de nouveaux malheurs et de nouvelles hontes pour le royaume. Quelques-uns de ses amis étaient morts, d'autres avilis. Combien, lorsqu'il apprit dans sa retraite que le premier président de Thou lui-même avait fait l'apologie des meurtriers, et commencé des procédures contre les victimes, ne dut-il pas regretter au milieu de tant de maux cette dégradation des plus nobles caractères, et ce dernier triomphe du crime qui consiste à souiller jusqu'à la vertu?

Cet homme qui n'avait jamais éprouvé d'inquiétude sur ses propres périls, cette âme si ferme et si résignée pour elle-même ne put soulever le poids de l'opprobre et du malheur publics. Il ne fit plus que languir pendant quelques mois. S'il reprenait un moment ses études chéries, s'il parlait encore cette langue poétique dont il avait amusé ses loisirs, elle n'était que l'interprète de ses tristes pensées. Tout l'y reportait sans cesse. Il apprit que la conservation de sa propre vie avait été négociée par les prières de la duchesse de Savoie, son ancienne et noble bienfaitrice. Il fit un effort pour l'en remercier, et pour se montrer à elle moins malheureux qu'il n'était. « Quels rois, lui dit-il, et quels confidents des rois n'avez-vous pas suppliés en ma faveur? Malgré la distance des lieux, votre bienveillance ne m'a pas manqué. Sans vous je languirais dans l'oppression ou je serais enseveli dans la tombe. Maintenant, ajoute-t-il, les laboureurs et les habitants des villes ont retrouvé le repos. Nous sommes tranquilles sur la vie de nos femmes et de nos enfants. Nous jouissons de nos biens comme dans la paix, s'il y a quelque chose d'assuré sur la terre, et si l'on peut se fier aux hommes. »

Il adresse des remerciments plus affectueux encore à cette duchesse de Guise qui avait sauvé sa fille. « Cette unique enfant, lui dit-il, qui me restait de trois enfants que j'ai eus, vit encore; elle vit, sauvée par votre bienfait, tandis que le meurtre désolait Paris, et qu'il ne s'offrait aucun autre salut pour elle. Cette fille attachée sans cesse près de moi, et qui veille avec sa mère sur mon infirme vieillesse, je ne la regarde jamais sans un mouvement de reconnaissance pour vous et pour les vôtres. Vous avez sauvé plusieurs vies en une seule, etc. Elle m'a raconté le soin que vous avez pris, malade et languissante, pour que nul meurtrier ne pénétrât dans votre maison, et ne l'enlevât de cet asile; car dans ce jour la rage du sang n'a pas même épargné les mères, et des enfants à la mamelle ont été jetés dans la Seine[1]. »

Ailleurs, en s'adressant à des amis, toujours dans cette langue poétique dont il avait l'habitude, et qui se prêtait à tous les mouvements de son âme, L'Hôpital s'écriait : « J'ai vécu[2], et je regrette une vie si longue, puisque j'ai vu un généreux caractère tout à coup dénaturé, un roi devenu tyran. Personne ne me l'aurait fait croire, à moi témoin de ses premières années. Telles n'étaient pas les habitudes de nos anciens rois de France. Leurs âmes n'étaient pas faites à la trahison et à la ruse. Ils ne dérobaient pas d'odieuses victoires dans l'ombre de la nuit. Dans mon enfance, personne n'aurait percé le cœur de son ennemi avant de lui annoncer à haute voix l'approche du péril. On combattait à armes égales, en champ clos, sous les murs de la ville, devant le peu-

[1] « Illa mihi curam studiumque jacentis et ægræ
Narravit, ne quis percussor forte subiret
Interiora domus', ne quis se forte latentem
Extraheret (nec enim rabies tum sæva pepercit
Matribus : infantes etiam dicuntur in amnem
Præcipites mersi). »

[2] *A. Michaelis Hospitalii Carmina miscellanea.*

ple tout entier. » Telle était donc l'horreur de ce temps, que L'Hôpital regrettait la guerre civile.

On s'étonnera peut-être de trouver parmi les derniers vœux, les derniers écrits du chancelier de L'Hôpital, une lettre qu'il adressait à Charles IX[1]. Quel commerce de langage et d'idées pouvait-il exister entre le vertueux chancelier et le prince qui s'était couvert du sang de ses sujets? que pouvait demander L'Hôpital près de mourir à cette cour dont il avait depuis si longtemps abandonné les dangereux honneurs? Il faut se souvenir des remords qu'éprouva, dit-on, le jeune roi, et qui hâtèrent sa fin cruelle. Il semble que cette âme troublée ne dut pas recevoir, sans une agitation salutaire, la lettre du vertueux vieillard, dont elle avait autrefois entendu les conseils. Désormais de semblables avis n'étaient plus de saison. Le crime était trop grand pour être blâmé. L'Hôpital se bornait à dire en finissant sa lettre : « Sire, je supplie Dieu de vous donner sa grâce, et vous conduire de sa main au gouvernement de ce beau et grand royaume, avec toute douceur et clémence envers vos sujets, à l'imitation de lui, qui est bon et patient à porter nos offenses, et prompt à nous remettre et pardonner nos fautes. »

L'Hôpital survécut six mois à la Saint-Barthélemy, obsédé par le fantôme de cette horrible journée. Quand il sentit ses forces défaillir, il écrivit en latin son testa-

---

[1] *OEuvres complètes de L'Hôpital*, t. II.

ment, où il rendait un compte sommaire de sa vie, disposait de ses biens et faisait ses dernières recommandations à sa femme, à sa fille et à ses petits-enfants. Il expira, le cœur plein de la douleur de sa famille, et des maux de son pays, à l'âge de soixante-huit ans, le 15 mars 1573. Il fut enterré de nuit, sans aucune pompe funéraire.

Sa mémoire fut honorée, même dans un temps de fureur et de faction. Les esprits les plus graves et les plus frivoles lui rendirent également hommage. Nous avons vu l'éloge qu'en faisait Brantôme ; et l'historien de Thou le compare aux plus grands législateurs et aux plus sublimes philosophes de l'antiquité.

Les siècles suivants ajoutèrent à la gloire de cet illustre magistrat ; et sa renommée, comme il arrive à ceux qui furent supérieurs aux passions de leur temps, a grandi chaque jour avec la raison publique. Quoiqu'il n'ait point réussi à faire le bien qu'il voulait, et quoiqu'il ait fait sentir au monde sa vertu plutôt que son pouvoir, telle est la justice des peuples, que son nom est vénéré comme celui des plus grands hommes qui, secondés par la fortune, ont sauvé leur patrie.

FIN.

TABLE

DES

MATIÈRES CONTENUES DANS CE VOLUME.

Vue générale de l'Europe au xve siècle..............Page 3
Lascaris... 29
Essai sur l'état des Grecs depuis la conquête musulmane.
Chap. I. Démembrement de la Grèce à l'époque de la prise de Constantinople. — Conquête de la Morée par les Grecs... 134
Chap. II. Agitation de la Grèce vers la fin du xve siècle. — Guerres des Vénitiens. — Conquête de Sélim et de Soliman II.................................... 151
Chap. III. État des Grecs depuis l'affermissement de la conquête. — Du clergé grec. — Lettre curieuse du patriarche d'Antioche au patriarche de Constantinople. — Communication avec les Russes. — Moines du mont Athos à la fin du xvie siècle................. 159
Chap. IV. État de l'île de Scio sous la domination turque. — Guerre de Chypre. — Candie paisible sous les Vénitiens. — Mœurs des Spacchiotes. — Poésie grecque. 175
Chap. V. Descente des Turcs dans l'île de Candie. — Siége de la capitale. — Courage des Grecs de Candie. — Secours envoyés par Louis XIV......................... 188
Chap. VI. Émigration d'une tribu de Maniotes dans l'île de Corse. — Vue générale de la Grèce au commencement du xviie siècle. — Intrigues du patriarcat de Constantinople. — Imprimerie dénoncée au divan par les jésuites. — Influence des nobles du Fanar. —

Lettrés de Constantinople. — Napoli. — Athènes. — Commerce de la Grèce......................Page 196

Chap. VII. Conquête de la Morée par les Vénitiens. —Morosini assiége Athènes.—Gouvernement des Vénitiens dans la Grèce. — Ils en sont expulsés de nouveau........ 210

Chap. VIII. Tentatives des Turcs sur Corfou.— Paix de 1718, qui confirme l'esclavage de la Grèce. — Clephtes devenus célèbres. — Commencement de l'influence des Russes sur la Grèce.......................... 217

Chap. IX. Travaux des missionnaires dans les îles de la Grèce. — Tableau d'Athènes au xviii° siècle. — Fondation d'Aïvali. — Progrès de civilisation chez les Grecs. — Intrigues de la Russie........................ 227

Chap. X. Projet d'Orloff pour soulever la Grèce. — Émissaires envoyés dans le canton de Maïna. — Départ d'une flotte russe. — Descente d'Orloff à Porto-Betilo. — Soulèvement d'une partie de la Morée. —Prise de Tripolitza.—Siége de Modon.—Arrivée des Albanais mahométans. — Fuite des Russes. — Exploits héroïques d'un chef de clephtes.................... 237

Chap. XI. Victoire navale des Russes à Tchesmé. — Siége de Lemnos. — Hivernement de la flotte russe dans l'île de Paros. — Pillages et cruautés des Albanais dans la Morée. — Dispersion des habitants. — Colonie d'Hydra. — Massacre des Albanais par les Turcs. — Situation déplorable de la Morée............... 255

Chap. XII. Nouvelle cause d'affranchissement pour la Grèce. — Puissance d'Ali-pacha. — Détails sur les villages de Souli.—Progrès de la marine grecque.— Protection donnée par la Russie aux armateurs grecs. — Tentatives pour soulever l'Épire. — Victoire des Souliotes sur Ali-pacha. — Ambassade grecque auprès de la czarine. — Nouvel abandon de la Grèce. 265

Chap. XIII. Nouvelle guerre des Souliotes contre Ali. — Défaite du pacha. — Intervalle de paix. — École florissante de Janina. — Influence de la révolution française sur la Grèce. — Idées nouvelles. — Entreprise et mort de Rhigas. — Précautions du gouvernement turc. — Circulaire du patriarche de Jérusalem, imprimée à Constantinople....................Page 277

Chap. XIV. Nouvelle guerre d'Ali-pacha contre Souli en 1800. — Héroïsme de Photos, fils de Tsavellas. — Victoire des Souliotes. — Leurs souffrances. — Trêve avec Ali. — Bannissement de Photos. — Son généreux stratagème. — Sa captivité. — Nouvelles tentatives contre les villages de Souli. — Trahison de deux chefs. — Défaite des Souliotes. — Dévouement du moine Samuel. — Capitulation des Souliotes. — Ils sont attaqués, et en partie massacrés dans leur retraite... 288

Chap. XV. Les Russes s'emparent des îles Ioniennes, et leur donnent une constitution. — Nouvelle entreprise des Souliotes réfugiés à Corfou. — Mutations fréquentes de la république sept-insulaire sous le pouvoir des Russes. — Elle est cédée à la France. — Progrès du commerce des Grecs. — Prospérité d'Hydra. — Nouvelle disposition d'esprit parmi les Grecs.......... 303

Chap. XVI. Année 1814. — Influence des grands événements de l'Europe sur la Grèce. — Les Sept-Iles cédées aux Anglais. — Vente de Parga. — *Étairie*. — Dispositions à un prochain soulèvement. — Révolte d'Ali-pacha. Commencement de la guerre.................... 315

Vie de L'Hôpital... 337

FIN DE LA TABLE DES MATIÈRES.

DE L'IMPRIMERIE DE CRAPELET, RUE DE VAUGIRARD, 9.

Beaux ouvrages illustrés, grand in-8.

LE TASSE. — **La Jérusalem délivrée,** *illustrée,* trad. de M. P. DE LA MADE-
LAINE avec une description de Jérusalem par M. DE LAMARTINE, ornée de 170
vignettes, dont 20 grandes, d'après les dessins de Baron et C. Nanteuil. 1 magnifique vol. grand in-8. **12 50**

L'ARIOSTE. — **Roland furieux,** *illustré,* traduction de M. P. DE LA MADELAINE,
orné de 525 vignettes dont 25 grandes, d'après les dessins de MM. T. Johannot,
Baron, Français, et C. Nanteuil. 1 magnifique vol. grand in-8. **15 »**

FOE. — **Robinson Crusoé,** *illustré,* traduit par Mme Amable TASTU, enrichi de
Notices par PHILARÈTE CHASLES, FERD. DENIS, l'abbé LABOUDERIE, etc., 1 vol.
grand in-8 papier vélin glacé, orné de 259 jolies vignettes dont 50 gravées sur
acier et 200 gravées sur bois. **12 »**

WYSS. — **Le Robinson Suisse,** *illustré,* traduit par Mme E. VOŸART, précédé
d'une Introduction, par C. NODIER. 1 fort vol. grand in-8 papier vélin glacé,
orné de 200 vignettes gravées sur bois. **10 »**

FLORIAN. — **Fables** *illustrées,* précédées d'une Notice par Charles NODIER. 1
vol. grand in-8, papier vélin glacé, très-belle édition illustrée par Victor ADAM
de 400 vignettes dont 110 gravées sur acier. **10 »**

TASTU (Mme). — **Éducation maternelle,** *illustrée, Simples leçons d'une
mère à ses enfants,* sur *la lecture,* l'*écriture,* la *grammaire,* l'*arithmétique,* la
géographie, l'*histoire sainte,* etc. Nouvelle et très-belle édition ornée de 500
vignettes, 1 vol. grand in-8, en 9 *parties*. **15 »**

MICHELANT. — **Faits mémorables de l'histoire de France,** *illustrés,*
recueillis d'après nos meilleurs historiens; avec une Introduction par M. de SÉGUR.
1 splendide vol. grand in-8, orné de 120 très-belles vignettes de V. ADAM, gravées par les premiers artistes. **15 »**

GUIZOT (Mme). — **L'Écolier,** ou RAOUL ET VICTOR, édition *illustrée,* ouvrage
couronné par l'Académie française; 1 vol. grand in-8. **10 »**

BERQUIN. — **L'Ami des Enfants,** *illustré,* précédé d'une Notice par BOUILLY,
belle édition *ornée de 100 vignettes.* 1 beau vol. gr. in-8. **10 »**

GENLIS (Mme de) — **Les Veillées du Château,** nouvelle édition, 1 vol. grand
in-8, papier glacé, orné de belles vignettes. **10 »**

HOMÈRE. — **L'Iliade et l'Odyssée,** *illustrées,* traduction nouvelle, par E. BA-
RESTE. 2 vol. grand in-8, belle édit. *ornée de 330 vignettes* dessinées d'après les
monuments grecs. **20 »**

HOFFMANN. — **Contes Fantastiques,** *illustrés* par GAVARNI, traduction nouvelle, précédés de Souvenirs intimes sur la vie de l'auteur, par CHRISTIAN. 1
fort vol. grand in-8, *orné de 200 vignettes*. **12 »**

CERVANTES. — **Histoire de Don Quichotte,** traduite sur le texte original
et d'après les trad. comparées par M. DE BROTONNE, belle édition *ornée de belles
vignettes* dess. par Janet Lange. 1 beau vol. grand in-8. **10 »**

FENELON. — **Les Aventures de Télémaque,** *illustrées,* suivies des AVEN-
TURES D'ARISTONOUS, très-belle édition ornée de 180 vignettes, d'après les dessins
de Baron et C. Nanteuil. 1 vol. grand in-8 (édit. Mallet). **12 »**

FENELON. — **Le même ouvrage,** *illustré* par T. Johannot, Séguin, E Wat-
tier, Marck, Français, etc 1 vol. grand in-8 (édit. Bourdin). **9 »**

CASIMIR DELAVIGNE. — **Messéniennes et Chants Populaires,** *illustrés,* belle édition ornée de 100 vignettes, d'après les dessins de Marck et de
Johannot, 1 vol. grand in-8. **10 »**

DÉROME. — **La Sainte Bible,** *illustrée,* Histoire de l'Ancien et du Nouveau
Testament, avec les réflexions morales, par DÉROME, et une introd. de M. l'abbé
Deguerry; ouv. appr. par les Archevêques de Paris et de Bordeaux. 1 fort vol.
gr. in-8, orné de 54 belles vign. en taille douce et 2 cartes.

www.ingramcontent.com/pod-product-compliance
Lightning Source LLC
Chambersburg PA
CBHW071100230426
43666CB00009B/1768